18 세 기

교류의
시작과
장소의
역사

18 세 기

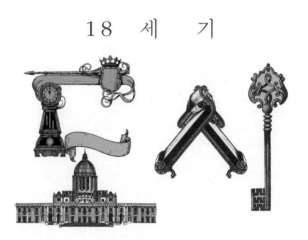

정병설·김수영·주경철 외 지음

문학동네

18세기

세계 도시를

걷다

인간은 역사적 공간을 경험하면서 살아 있음을 가장 구체적으로 실감한다. 오래된 궁궐 넘실거리는 기와지붕들의 곡선을 타고 처마를 흘러 내려오며 줄 서 있는 잡상雜像에서 수백 년 역사의 흐름을 몸으로 느끼고, 다시 수백 년이 이처럼 흘러갈 것을 안다. 역사적 공간을 경험하면 일상 공간도 다르게 보인다. 공간에 켜켜이 쌓인 시간성을 체험함으로써 내가 선 자리에 있었을 보이지 않는 그 옛날 역사와 마주할 뿐만 아니라, 이곳 또한 머지않아 역사적 공간이 될 것임을 안다. 현대인들에게는 가장 친숙하고 아무런 역사성을 찾을 수 없을 것 같은 첨단의 도시에서도 역사는 살아 숨쉰다.

사회적 동물인 인간은 원래부터 모여 살았지만 수렵과 농경 시대에는 밀집도가 높지 않았다. 광활한 땅이 생활의 토대였기 때문에 밀집도가 높으면 모두 굶주릴 수밖에 없었다. 그런데 산업이 발달할수록 1차 산업의 비중은 낮아지고 좁은 공장에서 이것저것 만들게 되면서 사람들은 더 좁은 공간에 몰려 살기 시작했다. 도시는 인간의 삶이 발달한 결과다. 산업도시, 상업도시, 행정도시 등 언제부턴가 이런저런 인간의 필요에 따라 탄생한 도시는 거꾸로 사람의 삶을 지배했다. 농촌에 즐비한 고층 아파트는 농촌에 살아도 도시적 삶을 피해 갈 수 없음을 말해준다. 그 정도로 도시화는 현대인이 맞닥뜨려야 하는 중요한 현상이다.

18세기는 현대적 도시의 성장에서 가장 중요한 시기라 할 수 있다. 유럽에서는 산업혁명이 시작되었고, 동아시아는 정치적 안정 속에서 고도의 경제성장을 이루었다. 산업과 경제의 성장이 도시의 발전을 추동했으니, 18세기는 현대적 도시화가 시작된 때라고 해도 과언이 아니다. 이 시기 일본의 도쿄는 인구 100만이 넘는 메트로폴리탄적 도시가 되었고, 서울 인구도 30만에 육박했다. 근대 산업혁명을 이끈 유럽과 미국 등 서구 도시의 성장은 굳이 강조할 필요도 없다.

이 책은 한국18세기학회에서 활동하는 인문학자 스물다섯 명이 '도시'를 키워드로 18세기 장소의 역사성을 탐구한 책이다. 도시는 국제18세기학회에서도, 그 지부인 한국18세기학회에서도 여러 차례 다룬 주제다. 그런데 이번 기획이 종전과 다른 점은 18세기 세계 도시의 양상을 다양한 각도에서 폭넓게 조명했다는 것이다. 도시의 외형적 기본 설계에 해당하는 토목 건축은 물론 조경, 조각, 회화, 문학 등 문화예술까지 아울렀고, 도시의 상층을 구성하는 정치권력과 경제권력, 지성의 만남과 교류 외에 도시 유흥과 소수자의 삶 등을 포괄했다. 주제의 다양성만큼이나 대상 지역도 폭넓은데, 유사한 기획에서 가장 널리 다루어지는 서유럽과 동북아시아를 넘어 동유럽은 물론 신대륙, 그리고 동남아시아까지 아울러 가능한 한 세계의 전체상을 구성할 수 있도록 심혈을 기울였다. 영국의 바스와 에든버러, 프랑스의 파리와 베르사유, 네덜란드의 암스테르담, 스위스의 제네바, 독일의 베를린, 오스트리아의 빈, 이탈리아의 나폴리, 피렌체, 베네치아 외에 유럽과 아시아를 잇는 가교라 할 수 있는 러시아의 이르쿠츠크를 넣었고, 신대륙 미국의 보스턴과 뉴욕, 동남아시아 태국의 방콕과 인도네시아의 자카르타를 다루었다. 동북아시아에는 중국의 베이징, 일본의 도쿄와 오사카, 한국의 서울과 평양 그리고 수원을 포함시켰다.

지도책을 펼쳐놓고 이 책에서 다룬 도시에 점을 찍어보면, 빠진 곳이 적지 않음을 알 수 있다. 더 다양한 주제와 지역을 담으려고 노력했지만, 한 권의 작은 책에 모든 것을 담을 수는 없었다. 꼭 담아야지 하면서도 담지 못한 부분이 적지 않다. 지금은 중요하고 흥미로운 도시라도 18세기에는 크게 주목할 만한 점이 없는 경우도 있고, 주목할 점이 있다고 해도 그것을 흥미롭게 풀어낼 수 있는 저자를 만나지 못하기도 했다. 이 책은 단순히 현대 도시를 소개하는 책이 아니기 때문이다. 도시에 깃든 인류의 가장 뜨거운 변혁의 시대, 18세기의 역사를 포괄한 의미 있고 흥미로운 글을 써줄 수 있는 분이 많지 않다. 어떤 지역에 관해서는 한 손으로 꼽기도 어려울 정도로 드물다. 이런 점에서 이 책은 부족한 부분이 적지 않음에도 불구하고, 우리 학계에서 최고 수준을 보여주었다고 자부한다.

참여하신 저자 모두 해당 분야의 최고 전문가들이지만, 특히 몇 분은 자기 고향에 대한 각별한 애정을 담은 글을 쓰기도 했다. 소메야 교수는 스스로가 도쿄 토박이인 '에도코'였음을 밝히며 에도코의 특징을 흥미로운 필치로 그렸고, 나수호 교수는 고향 뉴욕의 역사를 깊이 있고 생동감 있게 기술했다. 이 책은 최고 전문가의 글을 모았으되, 일반인이 쉽고 흥미롭게 읽을 수 있도록 썼다. 감히 우리 학계 최고 전문가들이 흥미롭게 풀어낸 18세기 세계 도시 이야기라고 할 수 있다.

나는 이 작은 책이 느긋하게 천천히 읽히기를 바란다. 단체여행객이 버스를 타고 다니며 이 명승 저 박물관 어디를 가는지도 모르게 서둘러 찍고 다니는 여행이 아니라, 수천 년 역사의 옛 도시 구도심에 내려 호텔에 짐을 풀고 천천히 시내를 걸어다니다가 노천카페에 앉아 커피 한 잔 마시는 자세로 읽히기를 바란다. 이 책이 나오기까지의 과정이 바로 하나의 즐거운 여행이었다. 학회 임원들과 어느 도시를 넣고 어떤 저자에게 글을 부탁할지 상의하면서 이미 세계 일주를 했다. 이 과정에 총무이사 김수영 교수의 도움이 컸다. 실제 원고를 모으는 과정에서는 1차적으로 글을 올린 네이버 지식백과 '18세기 세계 도시를 걷다' 담당자, 그리고 문학동네 편집자와 편집의 세부사항을 조정했는데, 이때도 대상이 된 도시들을 함께 돌아다니는 느낌이었다. 네이버의 임성진, 이수경 선생과 문학동네의 구민정 선생께 여행이 즐거웠음을 전한다. 그리고 이 여정에서 세세한 실무를 맡았던 간사 전기화, 신철우와도 함께한 여행의 기쁨을 다시 나누고자 한다.

2018년 봄
여러 저자를 대신하여 정병설 쓰다

contents

3부_ 유럽 주변 도시와 북아메리카

4부_ 아시아

5부_ 한국

1부

유럽의
중심

유럽에서 가장 먼저
부르주아 문화가
시작되다

네덜란드의 암스테르담은 자본주의 경제와 부르주아 문화가 일찍 꽃핀 곳이다. 유럽 경제의 패권을 차지한 이 도시는 빠른 속도로 성장했고, 이곳에서 부유한 상인층이 형성되었다. 그러나 이런 발전의 그늘에서는 다수의 서민과 빈민이 짓눌려 있었다. 복권과 투기 같은 근대적 병폐도 함께 선보였다. 동시에 인간의 내면을 새롭게 파악하는 예술의 움직임도 활발해졌다. 암스테르담은 해방과 억압이라는 양면적인 근대성을 띠고 있었다.

18세기 유럽 부르주아 문화의 원류를 찾다보면 17세기 암스테르담에 가 닿는다. 17세기에 네덜란드는 기적 같은 성장을 이루어냈다. 남한 면적의 절반도 안 되는 좁은 국토, 그나마 많은 부분이 해수면 아래 위치한 늪지의 나라가 유럽 경제 패권을 차지하고 세계 각지에 식민지를 건설했다. 이런 성장의 중심에 암스테르담이 있다. 이 도시는 폭발적인 자본주의 경제 발전과 새롭게 꽃피어나는 부르주아 문화의 발전을 이끌었다. 그동안 어디에서도 경험할 수 없었던 '돈과 자유'라는 새로운 문화를 암스테르담에서 직접 경험한 데카르트는 이렇게 말했다. "생활에 필요한 모든 물품, 사람들이 바라는 모든 진기한 물품을 이토록 쉽게 구할 수 있는 곳, 이토록 완벽한 자유를 누릴 수 있는 곳이 세계에 어디 또 있겠는가?"

팽 창 하 는 도 시
—

암스테르담의 역사는 13세기 초 암스텔Amstel강에 댐을 지어 조성한 조그마한 땅에서 시작된다. 오랫동안 빈한한 어촌에 불과했던 이 도시가 폭발적으로 성장한 것은 16세기에 합스부르크가의 지배에 저항하는 독립전쟁이 발발해 그동안 번창하던 남부 네덜란드가 막대한 피해를 입고 쇠퇴한 이후부터다. 그후 정치와 경제 중심지로 부상한 암스테르담으로 사람들이 몰려들었다. 1570년에 3만 명이었던 인구는 30년 만에 두 배로 늘어나 6만 명이 되고, 곧 10만 명을 넘더니 1630년대에는 20만 명에 이르렀다.

많은 인구를 수용하는 동시에 군사 시설과 산업 기반 시설을 갖추기 위해 네 번에 걸쳐 체계적인 도시 계획을 시행했고, 그 결과 뻘밭투성이의 땅이 국제적인 대도시로 거듭났다. 그 과정은 기적의 연속이었다. 늪지에서 물을 빼고, 운하를 파고, 수만 개의 나무를 땅에 박아 기반을 다진 후 집과 교회, 궁성을 건설했다. 도시 면적이 다섯 배로 증가했고, 여러 겹의 운하 네트워크가 만들어졌다.

얼마 지나지 않아 암스테르담은 유럽의 경제 수도 역할을 맡았다. 유럽과 전 세계의 물품들이 거래소Bourse에서 처리되었고, 이곳에서 결정된 가격이 곧 유럽 경제의 표준이 되었다. '자본주의'라고 이름 붙일 수 있는 고도의 경제 조직이 생겨났고, 세계 최고 수준의 부유한 상인층이 형성되었다. 이들이 거주하는 주택은 일상생활과 장사를 한곳에서 하는 특이한 공간이었다.

그런 공간으로는 프린센흐라흐트Prinsengracht 지역이 대표적이다. 이곳의 대저택을 보면 1층 앞쪽에는 사무실이 있고, 그 뒤에 가족들이 사는 생활공간이 있으며, 위층들과 지하는 상품 창고로 사용했다. 항구에 들어온 무역선에서 하역한 상품들을 보트에 실어 운하를 이용해 이곳의 창고로 옮겨왔다. 이렇게 들여온 인도네시아의 후추, 중국의 도자기, 인도의 차, 카리브 지역의 설탕이 암스테르담 전역에 그득했다. '세계의 창고'가 된 암스테르담에는 부가 넘치고 돈이 돌았다.

부 자 와   빈 자
―

경제가 팽창하고 부가 넘쳐났으니 모든 사람이 부자가 되고 다들 행복했을까? 그렇지는 않다. 자본주의 질서는 결코 그런 식으로 작동하지 않는다. 경제성장은 부의 집중을 통해서 이루어질 뿐 모든 사람이 공평하게 부유해진 일은 역사상 한 번도 없었다. 부자들 밑에 수많은 빈민이 짓눌려 있었다.

주변 국가의 빈민들이 네덜란드로 밀려들어왔다. 굶주림에 시

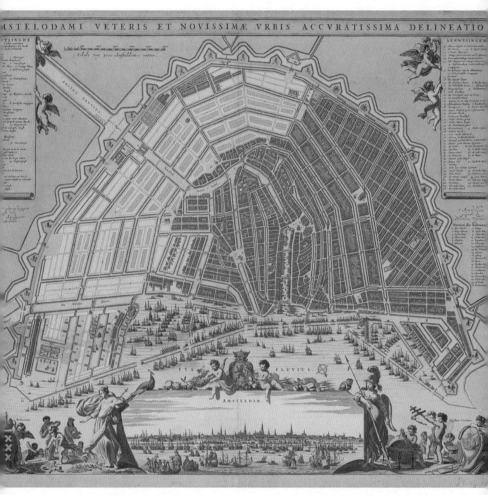

———— 다니엘 스탈파르트Daniel Stalpaert가 만든 1662년경 암스테르담 지도. 암스테르담 대학도서관 소장.
도시 계획에 따라 운하망이 완성되고 암스테르담은 반달 모양의 도시가 되었다.

달리던 사람들은 일단 부유한 지역에 가면 먹고사는 문제를 해결할 수 있으리라 믿었다. 또 운 좋으면 부자가 되지 말라는 법도 없지 않은가. 실제로 실력 있고 운이 따라주어 밑바닥에서 최상층까지 올라간 입지전적인 인물들이 없지 않았다. 그렇지만 그것은 특별한 경우지 누구에게나 일어나는 일이 아니다. 대부분 이주민은 빈곤하고 고된 삶을 살았다.

노동자들은 저임금으로 장시간 일해야 했다. 그야말로 자는 시간과 먹는 시간 빼고는 하루 종일 일했다. 하루 14시간 노동이 다반사였고, 심지어 이웃 도시 레이턴의 직조공들처럼 16시간 이상 일하기도 했다. 아동노동 착취도 심했다. 어린이들은 고용주의 노예와 다름없어, 심지어 일하지 않는 시간에는 길거리로 나가 동냥을 하는 '앵벌이'도 했다. 값싸고 말 잘 듣는 아동노동의 수요가 커지자 이웃 지역 고아원 아이들을 동원하기도 했다. 보다 못한 이웃 직물업 도시 레이턴에서는 시 당국이 나서서 아동은 하루 14시간 이상 일할 수 없다는 '관대한' 조치를 취했다.

살려면 움직여라, 죽을 때까지
—

빈부 격차와 계급 차별이 위험한 수준으로 치달았으나 시 당국이 할 수 있는 일은 일단 힘으로 누르는 것이었다. 암스테르담에는 질서에 순응하지 않는 빈민을 가혹하게 억누르는 기관들이 존재했다. 대표적인 사례가 빈민 사역장의 하나인 라습하위스Rasphuis, '대패질 작업장'이라는 뜻다. 이곳에는 직업 없이 떠돌거나 가벼운 위반 행위를 한 빈민들

—— 어시장에서 청어를 통에 담는 사람들.
청어는 서민들에게 매우 중요한 식량이었다.

이 수용되었는데, 수용자들은 이곳에서 대패로 브라질나무brazilwood 깎는 일을 했다. 열대 지역에서 나는 이 나무를 대패로 깎아 염료 재료로 사용했는데, 나무의 재질이 어찌나 단단하던지 보통 사람들은 아무리 많은 돈을 주어도 이 일을 하려고 하지 않았다. 그렇게 해서 이 일은 라습하위스에 갇힌 사람들에게 돌아갔다.

수용자들은 허리가 부러지는 듯한 고통에 시달리면서 온몸이 땀범벅 되도록 일했는데, 여기에 붉은색 나뭇가루가 날려 피처럼 빨간 땀을 흘리는 듯한 모습이었다. 이곳의 운영 방식은 아주 간단했다. 하루 종일 대패질을 시킨 다음 저녁에 결과물을 저울로 달아서 일정한 양을 넘기면 저녁 식사를 주고 그 양을 넘기지 못하면 저녁밥조차 주지 않았다. 수용자들은 밥 한 끼를 얻어먹기 위해 하루 종일 죽을힘을 다해 대패질을 해야 했다.

게다가 이곳에 갇힌 사람들은 '순결하고 건전한' 삶을 살도록 강요받았다. 아직 정신 못 차리고 노름을 하거나 '더러운 노래'를 부른 사람, 혹은 탈출을 시도한 사람에게는 밥의 양을 줄이고 채찍질을 가했다. 그래도 교정되지 않는 사람들은 물이 서서히 차오르는, 악명 높은 지하 감옥으로 보냈다. 이곳에 갇힌 사람에게는 단순한 펌프 하나를 주었는데, 익사하지 않으려면 그 펌프로 끊임없이 펌프질을 해야 했다. 잠깐 눈을 붙이고 자다가도 다시 일어나 펌프질을 해서 물을 빼내야 했다. 빈민이 가난하게 사는 것은 게으른 탓이므로 노동의 소중함을 '교육' 시킨다는 명분이었다. 그런데 어느 날 한 사람이 너무 지친 나머지 '교육' 받기를 포기하고 익사하는 사건이 일어난 후 이곳은 폐쇄되었다. 찬란한 부르주아 문명 아래에는 슬픈 인생들의 고된 삶이 깔려 있다.

——— 레이니어 빙켈레스Reinier Vinkeles, 〈라습하위스의 정문Poort van het Rasphuis〉.
수용자들은 오직 저녁밥 한 끼를 얻어먹기 위해 온종일 중노동에 시달려야 했다.

튤립, 치명적 아름다움의 광기

—

부유한 도시라고 해서 누구나 돈을 버는 것은 아니다. '분명 세상엔 돈이 많은데 그 돈이 왜 나만 비껴가는 걸까?'라는 생각을 하는 사람이 많다. 어떻게든 단번에 부자가 되면 좋겠다는 덧없는 소망이 사람들을 사로잡으면 사행심과 투기가 범람한다. 복권이 대표적이다. 암스테르담에 복권 제도가 시행되자 복권 판매소 앞에서 서로 먼저 복권을 사겠다는 사람들 사이에 주먹다짐이 벌어졌다.

황금기 네덜란드의 투기 광풍을 상징적으로 잘 보여주는 에피소드가 '튤립 광기tulipomania'다. 페르시아와 터키를 거쳐 16세기에 유럽으로 전해진 튤립은 하를럼과 레이던 근처에서 대량으로 재배되며 전성기를 맞았다. 오늘날 '유럽의 정원'이라 불리는 암스테르담의 쾨켄호프를 봄에 찾아가면 천국의 꽃밭 같은 아름다움에 정신을 잃을 정도다.

황금기 네덜란드 사람들은 우선 튤립의 아름다움에 끌렸지만 곧 이를 이용해서 큰돈을 벌 수 있겠다는 생각을 하게 되었다. 이런 계산은 곧 유례를 찾기 힘든 기이한 투기 광풍으로 이어졌다. 수요가 계속 늘자 꽃값이 오르기 시작했고, 꽃값 상승은 수많은 사람을 화훼 산업으로 끌어들였다. 전 재산을 팔아 텃밭 한 조각을 사서 구근을 키우는 사람들이 생겨났다. 꽃값이 계속 오르는 동안에는 모든 사람이 돈을 벌었다. 그러다 또다른 투자가까지 끌어들여, 꽃값 상승을 더욱 부추겼다. 유명한 셈페르 아우구스투스종 구근은 1633년에 500길더였는데 1637년에는 1만 길더를 기록했다. 그야말로 꽃 한 송이로 집 한 채를 살 수 있을 정도였다. 1633년에서 1637년 사이 하를럼과 암스테르담에서는 2천만 길더의 구근이 거래되었다.

—— 튤립 투기 광기 당시 가장 비싼 값에 거래됐던 셈페르
아우구스투스.

　이렇게 되자 튤립 매매는 전형적인 자본주의적 광기를 띠게 되
었다. 꽃값이 계속 오르자 실제로 손에 쥐고 있는 꽃만이 아니라 아직
땅속에 묻혀 있는 것까지 사고팔게 되었다. 구매자는 선금을 주고 나중
에 수확할 꽃을 미리 사두는 형국이었다. 재배자는 꽃 모양과 색깔 등
이 기록된 약속어음을 받았다. 어음의 등장으로 튤립 매매는 연중 거래
가 가능한 사업이 되었고, 투기 성격도 한층 강화되었다. 오늘날 선물
거래라고 부르는 현상이 시작된 것이다. 실물 없이 거래가 이루어지는
이런 현상을 '바람장사windhandel'라고 불렀다.
　그러나 모든 일에는 끝이 있는 법. 1637년 2월, 사람들은 이제
꽃값이 올라도 너무 올랐다는 생각을 하기 시작했다. 더이상 꽃값이 오
르지 않고 매매도 잘 되지 않았다. 어제까지 1천 길더였던 구근 값이
900에서 700으로 내리고, 500에도 반응이 없었다. 투매가 시작되는 건

시간 문제였다. 팔려는 사람뿐 사려는 사람이 전혀 없었다. 값은 오를 때보다 더 급격히 하락했다. 5천 길더를 호가했던 것이 50길더가 되었다. 막차를 탔던 사람들이 망하는 것은 정해진 이치였다. 투기는 인생 역전을 노리는 가난한 사람들의 꿈을 먹고 자랐다가, 바람과 함께 사라졌다.

렘브란트의 시대

—

근대 초 암스테르담을 두고 단지 돈에 미친 사회라고 할 수만은 없다. 이 도시에서는 과학기술이 발전하고, 위대한 학자와 사상가, 예술가가 배출되었다. 데카르트처럼 유럽의 많은 지식인이 박해를 피해 이곳으로 정신적 망명을 했다. 사람이 오기 힘들면 원고만 보내 책으로 출판했다. 사람은 가둘지언정 정신과 사상까지 가둘 수는 없었다. 암스테르담은 유럽에서 가장 중요한 출판 중심지의 한 곳이 되었고, 더나아가 유럽 근대 문화의 새로운 중심지로 부상했다.

이런 흐름을 잘 보여주는 것이 회화 분야다. 이 시대 회화의 발전은 신흥 부르주아의 성장과 관련이 깊다. 그들은 자기 모습을 초상화 형태로 후대에 남기려 했고, 풍속화와 풍경화로 거처를 장식했으며, 단란한 가족의 모습을 그려 보관하고 싶어했다. 동업조합이나 시의 행정 조직도 단체 '증명사진'을 회화로 남겼다. 분명 이전 시대 궁정이나 귀족 저택을 장식하던 그림과는 확연히 다른 모습이었다.

이런 분위기를 잘 보여주는 화가로 반 라인 렘브란트를 들 수 있다. 어둠과 빛의 극명한 대조를 통해 표현된 그의 그림 속 인물들은

—— 렘브란트가 그린 일명 〈유대인 신부〉.

고흐는 빵과 물만 먹으며 열흘 동안 이 그림을 보아도 좋겠다고 말한 바 있다.

이 시기 부르주아 문명의 내면에 대한 세밀한 증언이다. 전통적인 주제를 다룰 때도 그는 이전과 확연히 다른 그림을 그렸다. 예컨대 그가 그린 유다는 단지 돈을 받고 배반한 신앙의 배신자가 아니라 자신의 잘못을 고통스럽게 뉘우치는 한 사람의 내면을 드러낸다. 부활한 예수가 엠마오 마을에서 두 제자에게 빵을 나누어주는 그림을 보라. 예수는 그윽한 빛 속에서 부드러운 표정을 띠고 있을 뿐, 다른 인물과 완전히 다른 존재로 그려져 있지 않다. 렘브란트가 그린 예수는 인간을 도그마에 옭아매는 답답한 종파의 신이 아니라 신성 그 자체여서, 그의 그림을 보는 사람 누구나 자신의 신을 찾을 수 있다고 한다.

이처럼 암스테르담은 해방과 억압이라는 양면을 동시에 지닌 근대 부르주아 문명이 처음 등장하고 자라난 곳이다. 해외 무역의 발달로 엄청난 부가 쌓였지만 동시에 빈민을 극심하게 억압했던 곳, 유럽에서 가장 아름다운 꽃을 피워냈지만 곧 투기 광풍에 휩싸인 곳, 과학 기술과 자유로운 사상이 발전한 동시에 인간 내면의 높은 가치를 발견한 곳, 17~18세기 암스테르담은 근대 세계의 요람이라 해도 과언이 아니다.

〈참고문헌〉
러셀 쇼토, 『세상에서 가장 자유로운 도시, 암스테르담』, 허형은 옮김, 책세상, 2016.
주경철, 『네덜란드: 튤립의 땅, 모든 자유가 당당한 나라』, 산처럼, 2003.
마이크 대시, 『튤립, 그 아름다움과 투기의 역사』, 정주연 옮김, 지호, 2002.
M.T. Hooker, *The History of Holland*, Greenwood Press, 1999.
Audrey Lambert, *The Making of the Dutch Landscape*, London, 1985.
Simon Schama, *The Embarrassment of Riches*, New York, 1987.
Simon Schama, *Rembrandt's Eyes*, Knopf, 1999.
Roelof van Gelder, *Amsterdam 1275–1795, De ontwikkeling van een Handelsmetropool*, Meulenhoff, 1983.

━━
주경철_서울대학교 서양사학과 교수
1960년 서울에서 태어났다. 서울대학교 경제학과를 졸업하고 서양사학과에서 석사를 마친 후 프랑스 사회과학 고등연구원에서 박사 학위를 받았다. 유럽경제사 분야에서 출발해 문화와 경제의 역사적 관계에 대한 여러 분야로 관심을 확장했다. 『주경철의 유럽인 이야기』 『대항해시대』 『문명과 바다』 『문화로 읽는 세계사』 등의 저서가 있다.

이방인을

사랑한 도시

18세기가 되면서 베를린은 프로이센 왕국의 수도로 격상되었다. 베를린은 이 시기에 새롭고 낯선 이방인들을 적극적으로 받아들였다. 계몽주의의 관용정신 아래 프랑스의 위그노파 신교도, 유대인, 네덜란드인이 모두 새로운 시민으로 합류했다. 이들은 프로이센 왕국의 낙후된 부분을 발전시키고 문화와 예술의 격을 높였으며 운하와 수로 사업에 이바지했다. 도시는 물이 흐르듯 문화와 문명이 막힘없이 흐를 때 발전한다. 베를린은 이것을 인정할 때 발전의 선봉에 섰고, 이를 부정할 때 퇴보하는 도시가 되었다.

베를린? 베를린!

—

요즘 베를린 하면 유럽인은 젊은이의 도시, 다문화 도시, 녹색 도시라는 상큼한 이미지를 떠올린다. 한국 영화 〈베를린〉에서 묘사한 냉전의 도시, 혹은 나치의 도시라는 과거 이미지와는 사뭇 다르다. 도시 전역에 1년 사시사철 관광객이 몰려오고 사방에서 외국어가 들리며 '토박이 베를린 사람(?)' 같지 않은 사람들도 정말 많다. 여름에는 무거운 배낭을 메고 도시 곳곳을 누비는 젊은이들과 반바지 차림에 운동화를 신고 여기저기 구경하는 세계 각국의 할머니, 할아버지들을 쉽게 찾아볼 수 있다.

베를린은 이미 현대미술의 중심으로 자리잡았다. 게다가 수천 명이 밤을 즐기는 베를린의 클럽 문화는 동서독 젊은이들만 통합시킨 것이 아니라 유럽 전역의 젊은이들을 자석처럼 끌어당긴다. 베를린은 독일 도시 중 가장 열린 도시로서 다문화, 즉 '물티쿨티Multikulti'를 도시의 대표 이미지로 자랑한다. 이러한 베를린의 문화적 풍경은 이미 18세기에 그 싹이 텄다. 역사적으로 이러한 열린 흐름을 탔을 때 베를린은 번영했다.

베를린은 중세부터 기록에 나타나며 이후 지속적으로 성장해온 도시로 동유럽과 서유럽의 교통로에 위치했다. 브란덴부르크 공국의 수도였던 베를린은 18세기가 시작되는 1701년에 프리드리히 1세가 프로이센 왕국의 초대 왕으로 즉위하면서 왕국의 수도로 격상되었다. 18세기 프로이센의 왕들 중 특히 유명한 세 명의 왕은 그들이 지닌 서로 다른 개성처럼 도시를 다르게 발전시켜, 도시 면적과 재정뿐만 아니라 인구도 거의 열 배 가까이 증가했다. 세 명의 왕은 바로 프리드리히

1세, 프리드리히 빌헬름 1세(별명 군인왕), 프리드리히 2세(별명 프리드리히 대왕)다.

초대 프로이센 왕이 베를린을 수도로 정하고 문화와 예술을 사랑했으며 학술원을 만들었다면, 두번째 왕은 별명에 걸맞게 프로이센을 군사 강국으로 키웠다. 근검절약을 중시해 궁정 종속적인 상공업을 위축시키고 도시민의 5분의 1을 그의 '사랑하는 푸른 아이들(군인들)'로 채우고 학문과 예술을 등한시했다는 점은 그의 치세에 드리운 그늘이다. 하지만 그는 국가 재정을 튼튼히 했을 뿐 아니라 왕국에 초등학교를 2천 개나 신설하고 의대를 만들었으며 도시 수공업자와 시민에게 국방의 의무를 면제해주었다. 이들의 삶의 질이 높아지자 유럽에서 온 이주민이 대폭 증가했다.

프리드리히 대왕은 "짐은 국가의 제1 충복이다"라는 모토로 프로이센 왕국의 정치, 경제, 외교, 행정을 개혁하고 학문과 예술, 문화의 전성기를 일구어냈다. 프리드리히 대왕은 당시 유럽 선진국이었던 프랑스의 계몽주의에 큰 영향을 받았다. 그는 베를린 시내와 포츠담에 새 왕궁들을 건설하고 시민 주택을 2층에서 4층으로 높여 베를린의 스카이라인을 바꾸었을 뿐 아니라 무엇보다 외국인 학자와 전문가, 기술자를 적극적으로 초청했다. 특히 말년에는 '근심 걱정이 없다'는 뜻의 프랑스어 이름을 붙인 상수시Sanssouci 궁전을 짓고 철학자 볼테르를 3년간 초청해 계몽주의 정신을 전파하고자 했다.

또한 베를린과 포츠담의 상하수도와 수로 문제를 해결하기 위해 네덜란드인 기술자를 대거 불러왔다. 이들은 지금도 건재한 수많은 아름다운 운하와 상하수도 시설을 건설해주었다. 지금 포츠담에 가면 '네덜란드 구역Hollandisches Viertel'이라 불리는 빨간 벽돌로 지은 이색

적이고 아름다운 관광 거리가 있는데, 이곳이 바로 이 기술자들의 공동 주택지였다. 프리드리히 대왕은 또 이국 식물인 감자를 수입했는데, 감자에 대한 당시의 끔찍했던 평판에도 불구하고 감자 재배를 장려해, 포츠담 왕궁 내 그의 무덤에는 사랑하는 충견들의 조각상과 함께 감자가 놓여 있다.

베를린을 탐사하는 경로로는 여러 가지가 있겠지만 이 글에서는 아직까지 잘 알려지지 않은, 이방인을 사랑했던 18세기 프로이센 왕국의 흔적을 따라가보려 한다. 특히 프랑스에서 건너온 신교도들과 유럽에서 모여든 유대인들의 삶의 흔적을 살펴본다. 이들 역시 프로이센 왕국의 자랑스러운 국민이었다. 이러한 흐름은 베를린 남부의 터키 지구와 난민 유입의 역사에서도 이어진다. 2015년과 2016년에 걸쳐 독일은 100만 명 넘는 난민을 받아들였는데, 이는 유럽 최대 규모였다.

'북쪽의 아테네'를 만든 위그노파와 프랑스 돔

—

구 동베를린 지역의 중심 거리인 프리드리히가街나 운터덴린덴가街를 중심으로 이리저리 산보를 하다보면 갑자기 넓고 시원한 장다르메마르크트 광장을 만난다. 가운데 화려한 음악 홀을 중심으로 좌우에 독일 돔과 프랑스 돔이 멋지게 우뚝 솟아 있다. 동독 시절에는 방치되었다가 통일 후에 원래 모습으로 복구되었는데, 이 두 교회가 나란히 사이좋게 서 있는 것을 보면 의아함을 감출 수 없다. 왜 같은 모양의 웅장한 교회를 나란히 지었을까? 하나는 기존 베를린 시민인 루터파 신

교도를 위한 교회, 다른 하나는 새로운 시민인 위그노파 시민을 위한 교회였다.

1685년에 선제후 프리드리히 빌헬름은 루이 15세 휘하의 프랑스에서 박해받던 칼뱅파 신교도인 위그노파들에게 브란덴부르크로 오면 특별 대우를 하겠다는 칙령을 발표하고, 처음 도착한 난민들을 친히 나가 환영해주었다. 당시 1만 6천 명 넘는 위그노파가 건너와 6천 명 이상이 베를린에 둥지를 틀었는데, 이는 베를린 전체 시민의 6분의 1에 해당했다. 이 선제후가 프로이센의 초대 왕이 되면서 베를린은 적극적으로 유럽에서 난민과 소수민족을 받아들였다. 그리고 18세기 말 프리드리히 대왕은 위그노파들이 많이 살던 프리드리히슈타트 구역에 프랑스 돔을 짓게 해 이들이 프랑스어로 예배를 볼 수 있게 해주었다.

이 프랑스 돔은 당시 엄격한 종교개혁을 추종한 신교도들의 교회답게 꾸며져 있다. 화려하고 웅장한 겉모습과 달리 우상숭배 금지규정을 지켜 내부는 제단이나 그림, 모자이크, 심지어 십자가조차 없이 전체가 하얀색으로 소박하게 칠해져 있다. 내부는 신도 전체의 하나됨을 강조해, 간결하고 소박하고 우아한 아름다움이 느껴진다. 이곳엔 오로지 성서를 읽는 책상 하나만이 전면에 놓여 있을 뿐이다. 당시 베를린으로 이주한 위그노파는 대부분 수공업자로서 염색이나 섬유 분야에서 일했다. 이들은 우단이나 비단 같은 고급 섬유를 들여왔고 전통적인 면, 모직 섬유 산업을 크게 일으켜 베를린을 유럽 섬유 산업의 중심지로 발전시켰다.

더불어 이들은 커피 문화나 정원 문화 등 세련된 유럽 문화를 들여와 베를린에 유행시켰다. 이들 덕분에 도시는 풍요롭고 부유한 유럽의 도시로 격상되었고 문화, 예술, 학문을 장려한 프리드리히 대왕 시대에는 베를린이 '북쪽의 아테네'란 별명까지 얻었다. 현재 프랑스 돔 안에는 위그노 박물관이 있다.

샤 미 소 와 「 페 터   슐 레 밀 의   기 이 한   이 야 기 」
—

프랑스에서 독일로 피란 온 위그노파의 후손들은 10만 명에 달할 정도였다. 이들은 나라를 떠나오긴 했지만 종교는 버리지 않았고 새로운 언어인 독일어를 배우고 독일 사회에 적응하여 많은 후손을 남겼다. 한국 독자들에게는 「페터 슐레밀의 기이한 이야기」 혹은 「그림자를 판 사나이」란 단편으로 잘 알려진 베를린의 낭만주의 작가 아델베르트 폰 샤미소Adelbert von Chamisso, 1781~1838가 그중 한 명이다. 독일의 낭만주의는 열린 세계관과 철학관을 바탕으로 전 유럽에 큰 영향을 미쳤고 샤미소는 이방인으로서 그만의 독특한 시각과 문체, 주제를 보여주었다.

―――― 작가 E.T.A. 호프만의 스케치, 〈슐레밀이 북극으로 여행하다〉.

　　그의 대표 단편은 여행과 낯섦을 주제로 한다. 외국에서 온 주
인공은 부자가 되어 도시에 자리를 잡고 사랑하는 여인과 결혼하려고
자신의 그림자를 낯선 자인 악마에게 팔아버린다. 그러나 이후 그림자
가 없다는 결격 사유 때문에 낮에 나갈 수도 없고 주위의 눈총을 받자
그는 다시 그림자를 되찾으려 한다. 그러자 악마는 그의 영혼을 요구한
다. 슐레밀은 더이상 악마와 계약 맺기를 포기하는 동시에 시민적 행복
도 포기하고, 그림자 없는 사람으로 전 세계를 여행하면서 식물과 동물
그리고 자연을 연구하는 학자가 된다.
　　이 샤미소의 정신을 본받아 제정된 문학상이 현대의 샤미소상
이다. 이 상은 독일 출신은 아니지만 독일어로 글을 쓰는 소위 '이민 작
가'들에게 주는 상이다. 다양한 국가에서 온 400명 넘는 작가들이 독일
에서 활약하면서 독일 문학에 새로운 시학과 낯선 시각으로 생기를 불

어넣고 있다. 대표적인 작가로는 에미네 세브기 외즈다마Emine Sevgi Öz-damar, 페리둔 자이모글루Feridun Zaimoglu, 다와다 요코Tawada Yoko, 헤르타 뮐러Herta Muller 등을 들 수 있다.

그림자를 판 것은 아니지만 물려받은 전 재산을 쏟아부어 평생을 자연 탐험과 연구에 바친 기이한 사나이 알렉산더 폰 훔볼트 역시 베를린 사람이다. 당시의 영국, 프랑스, 스페인에 비해 독일은 민족국가가 형성되지 않은 약소국이라 훔볼트는 여행에서 고국의 지원을 받지 못했지만 대신 식민지 열강들의 이해관계에 얽매이지 않고 한 개인으로서, 탐험가로서 남미 대륙을 조사할 수 있었다. 어린 시절부터 소망했던 열대지방에 가기 위해 그는 전 재산을 들여 남미 여행에 나섰다. 학술적인 목적을 우선한 남미 탐험은 훔볼트가 처음이었기 때문에 지금도 많은 사람이 그를 기리고 있다. 베를린은 외부인이 유입되기만 하는 도시가 아니라 열린 마음으로 세계로 나아간 시민들의 도시이기도 했다.

유 대 인 과 시 너 고 그

—

베를린 시내에 자기들의 커뮤니티를 만든 이방인들은 위그노파 이외에도 소수 그룹이 여럿 있었다. 스위스나 뵈멘 혹은 프랑켄에서 온 소규모 신교도 이주민 그룹도 있었지만 18세기부터 베를린의 핵심 시민으로 자리잡은 그룹이 또하나 있는데, 바로 유대인들이다. 유대인들은 위그노파들만큼 환영받지는 못했지만 베를린에 삶의 터전을 일구어갔다.

    유럽의 유대인들은 고향 예루살렘을 떠나온 이후 2천 년간 유럽을 떠돌며 디아스포라의 삶을 살았지만, 일단의 유대인들은 현재의 독일과 오스트리아에 정착했고 베를린의 유대인 커뮤니티는 점차 확장되어갔다. 격리된 게토가 아니라 담이 없는 유대인 거주 구역이 지금의 하케셔마르크트 북쪽에 생겨났으며 이곳에서 유대인들은 공동체를 이루어 학교, 의료 시설, 장애인 시설, 공동묘지를 만들었다. 현재 가장 큰 시너고그synagogue, 유대교의 예배당가 있는 곳은 오라니엔부르거 거리이고 이를 둘러싸고 유대인의 삶의 흔적들이 많이 남아 있다.

    당시 프로이센의 왕가를 중심으로 퍼져나간 계몽주의는 관용을 모토로 하고 있었으며 무엇보다 종교의 관용을 설파했다. 많은 유대인이 베를린으로 유입되었는데 일부는 학자로 활동했다. 그중 특기할 만한 것이 바로 베를린의 유대인 살롱들이다. 당시의 살롱들은 프랑스의 궁정 살롱을 본떠 생겨났다. 독일에서는 지식인, 예술가, 작가를 비롯한 시민이 주로 살롱에 모여 새로운 사상, 새로운 실험, 새로운 이념에 대해 논의하고 교제했다. 주로 여성이 이 살롱을 이끌었는데, 가장 유명한 곳은 베를린에 위치한 헨리에테 헤르츠의 살롱이었다. 슐레겔 형제를 비롯해 훔볼트 등 당대의 철학자와 예술가들이 이처럼 개인의 집 살롱에 모여 교류했다. 독일 낭만주의는 상당 부분 이러한 교류에 힘입은 것이었다.

    당시 가장 유명한 유대인 학자는 모제스 멘델스존Moses Mendelssohn이었다. 그는 1754년 독일의 가장 대표적인 계몽주의 극작가 고트홀트 레싱을 베를린에서 만난다. 작가들은 왕가의 계몽주의와 달리 독자적으로 시민 주도의 계몽주의 문학을 개척하고 있었다. 멘델스존은 유대교의 경전을 독일어로 번역해 유대교를 독일 사회에 알렸고, 동시

—— 오라니엔부르거 거리의 신 시너고그.

에 '하스칼라'라 불리는 유대인 계몽주의를 이끌어 유대인들이 독일어
와 학문을 익혀 서구 사회에 적응하도록 이끌었다. 그는 이후 200년간
지속된 독일과 유대인의 공생을 이끈 선구자였다.

레 싱 의 『 현 자 나 탄 』
—

레싱은 계몽주의를 철칙으로 삼은 극작가였다. 그는 당시로서
는 드물게, 어쩌면 거의 유일하게 유대인이 선한 주인공으로 등장하는
작품을 썼다. 그는 「유대인」이라는 희곡을 쓰고서 나중에 『현자 나탄』
이라는 계몽주의를 대표하는 걸작을 쓴다. 이 역시 베를린에서 있었
던 멘델스존과의 교류를 바탕으로 하고 있으며 그를 모델로 한 것이
다. 멘델스존은 당시 기독교 신학자 라바터Lavater에게서 기독교로 개
종하라는 압력과 종교 문제에 대한 분명한 답을 하라는 압박을 받고 있
었다.

레싱은 중동을 배경으로 해서 이 문제를 "기독교, 이슬람, 유
대교 중 어떤 종교가 가장 우월한가?"라는 술탄의 난제로 바꾸었다. 극
속 주인공인 나탄은 '현명한 자'라는 이름에 걸맞게 세 아들 중 한 사람
에게 반지와 후계자 자리를 물려주어야 하는 한 상인의 문제를 예로 들
어 훌륭한 대답을 한다. 모든 종교가 각자 참 정신에 맞게 노력해야 하
고 이를 실천하는 자가 적자이며 이를 실천하는 종교가 가장 우월하다
는 것이다.

—— 다니엘 오펜하임, 〈멘델스존의 집에 모인 레싱과 라바터〉, 1856.

열 린 베 를 린 과 다 문 화

—

베를린-쾰른이라는 두 작은 지역이 합해져 생겨난 도시, 동서 왕래가 많았던 도시, 프로이센 왕국의 영광을 간직한 도시, 독일인만의 세계도시로 만들겠다는 나치의 야욕과 몰락을 간직한 도시, 제2차 세계대전 이후 아무것도 없는 폐허에서 새로 출발한 도시, 동서독으로 나뉘어 냉전의 현장이 된 도시, 전후 경제 기적 때 각국 이주 노동자들이 몰려와 중심부를 점령한 도시, 통일 이후 새로운 개발이 이루어졌고 외국인과 난민들이 몰려오는 도시. 바로 베를린이다.

과거와 현재의 아름다운 독일 교회와 성당들 옆에 유대교의 시너고그와 이슬람의 모스크가 공존한다. 베를린의 각 구역은 이방인의 역사를 간직하고 있으며 이를 자신들의 자랑으로 삼는다. 위그노파들이 도시 전역에 산재한다면 노이쾰른에는 터키계 주민이 대다수이고 케밥이 가장 흔한 요리다. 샤로텐부르크로 가면 새로운 독일 시민인 러시아계 유대인들을 볼 수 있다. 역사적으로 베를린은 원래 이동하는 상인들의 도시였고 베를린은 늘 이주민들이 몰려오고 몰려가는 다양성과 다채로움 속에서 생기를 찾곤 했다.

이러한 역사와 사명을 망각하고 베를린이 하나의 민족, 하나의 종족만을 고집하고 밀어붙였을 때 일어난 역사적 비극 또한 우리는 기억하고 있다. 나치의 베를린 시대엔 이방인, 특히 유대인 없는 도시를 만들고자 했다. 히틀러와 알베르트 슈페어Albert Speer가 주장한 세계의 중심지 '게르마니아'가 바로 그러한 계획이었다. 베를린은 그러나 전후에 이러한 치부도 모두 공개해 역사의 장소로 만들었다. 구 프린츠알버트 거리의 게슈타포 본거지에 세워진 '공포의 지형도', 유대인박물관,

유대인기념비, 작센하우젠의 수용소 등이 바로 그 기억의 생생한 흔적
들이다. 이 또한 베를린이 열린 도시라는 증거다. 과거의 어두운 역사
만 바라보면 현대 베를린의 다양한 얼굴을 놓치기 쉽다. 베를린에 지금
왜 그렇게 많은 사람이 몰려올까? 답은 베를린이 이방인을 사랑한 도
시라는 데 있다. 베를린 사람들은 처음에는 친절해 보이지 않지만, "할
로!" 하고 먼저 말을 걸면 어느새 빗장을 풀고 따뜻한 속마음을 보여줄
것이다.

〈참고문헌〉
고트홀트 레싱, 『현자 나탄』, 윤도중 옮김, 지식을만드는지식, 2014.
막스 디몬트, 『유태의 역사』, 대원사, 1990.
아델베르트 폰 샤미소, 『페터 슐레밀의 기이한 이야기』, 임한순 옮김, 지식을만드는지식, 2011.
울리 쿨케, 『훔볼트의 대륙』, 최윤영 옮김, 을유문화사, 2014.
이동미, 『다시 베를린』, 미디어블링, 2008.
Uwe Klußmann, *Berlin*, *Spiegel-Verlag*.
Heinz Ohff, *Preußens Konige*, Piper, 2016.

최윤영_서울대학교 독어독문학과 교수
독일 사실주의 소설 연구로 독일 본 대학에서 박사 학위를 받았고, 귀국 후 주로 현대독일문학을 연구하고 있다.
특히 독일의 이민문학, 소수자문학, 유대인문학을 중점적으로 소개하고 있다. 지금까지 에미네 세브기 외즈다
마, 다와다 요코, 라픽 샤미, 막심 빌러, 프레트 반더, 헤르타 뮐러 등에 대한 논문을 썼다. 다와다 요코의 『영혼
없는 작가』와 『목욕탕』을 번역했다. 저서로 『카프카, 유대인, 몸』과 『민족의 통일과 다문화사회의 갈등』이 있다.

권력의 공간에서
공간의 권력으로

태양왕 루이 14세의 영광과 권력을 과시하기 위해 대대적으로 지어진 베르사유 궁전. 18세기 들어 베르사유 궁전은 그 자체가 구체제의 구조적 권력이 되지만, 1789년 프랑스 대혁명 이후 이상화된 국민의 궁전으로 거듭난다. 이후 19~20세기 동안 베르사유는 프랑스를 상징하는 공간으로, 굴곡진 역사적 순간들을 경험한다.

새로운 행정 도시, 베르사유의 탄생
—

프랑스의 공식적인 수도는 파리지만 프랑스가 유럽을 주도했던 17~18세기에 실질적인 수도 역할을 한 곳은 베르사유였다. 파리가

'골Gaul'족이라 불리는 켈트인들의 시대까지 연원이 거슬러 올라가는 유서 깊은 곳이라면, 베르사유는 17세기 중반 루이 14세가 완전히 새롭게 창조한 곳이었다. 부왕인 루이 13세 때까지 왕실 사냥터 역할을 하며 조그마한 별장과 울창한 숲이 있던 베르사유는 루이 14세에 이르러 완전히 새로 태어났다. 당대 서유럽에서는 보기 힘들던 거대한 규모의 궁전과 정원을 중심으로 하는 베르사유라는 '도시'가 들어섰기 때문이다. 특히 베르사유궁은 단순히 왕의 사적인 처소를 넘어 프랑스 전역을 관장하는 중요한 정부 기능을 담당했기 때문에 오늘날의 시각으로 보면 베르사유궁 건설은 행정 신도시 건설과 유사하다고 할 수 있을 것이다.

1661년 3월 왕을 대신해 국정을 운영했던 재상 마자랭이 사망하자 스물세 살의 젊고 패기 넘치는 국왕 루이 14세는 친히 국정을 운영하겠다고 선언했다. 이 친정親政의 포부는 베르사유에 새로운 국정운영과 왕권의 중심지를 세우는 것으로 바로 연결되었다. 그에게 파리는 새로운 왕권을 정립하기에 부적합한 곳이었다. 파리는 그에게 혼란과 무질서의 공간, 서민들의 소요와 귀족들의 봉기(프롱드 난)라는 악몽이 도사리는 장소에 불과했다.

끊임없는 계획 변경과 증축으로 공사가 장기간 진행되어 루이 14세는 파리 외곽의 별궁들을 돌아다니며 기거했다. 루이 14세가 베르사유에 정착한 것은 공사가 시작된 지 20여 년이 지난 1682년이었다. 이때까지도 베르사유는 완공되지 않은 상황이어서 곳곳이 공사판이었다. 어쨌든 이후부터 1789년 프랑스 대혁명이 발발할 때까지 베르사유는 이른바 '절대왕정'의 권력이 자리잡은 명실상부한 정치와 통치의 중심지 기능을 했다.

———— 피에르 파텔, 〈베르사유궁〉, 1668년경, 베르사유궁 소장.

파리와 다르게 베르사유에서는 루이 14세의 왕권만이 전면적으로 가시화되었고 이곳으로 몰려든 지방 분권적인 귀족 세력들은 루이 14세가 주도하는 중앙정치에 종속되어갔다.

궁전: 루이 14세의 인간에 대한 통치
—

베르사유궁은 크게 궁전과 정원으로 구성되어 있다. 궁전이 동쪽을 향해 북쪽과 남쪽에 위치한 두 익랑을 양팔 모양으로 길게 내뻗고 있는 반면, 정원은 서쪽을 향해 길고 커다란 카펫을 펼치고 있다. 궁전과 정원은 각각 '인간에 대한 통치'와 '자연에 대한 지배'라는 태양왕 루이 14세의 생각을 대변하고 있다. 규모로 보면 정원의 넓이가 어마어마하기 때문에 상대적으로 궁전이 왜소해 보이지만, 바로 이 궁전과 주변 부속 건물에 무려 5천여 명이나 수용할 수 있었다. 물론 몰려드는 사람이 너무 많아 궁전은 늘 공간이 부족했고 궁정에 새로 진출한 귀족들은 여기에 자신들의 조그마한 거처라도 얻으려고 치열한 경쟁을 치렀다.

궁전에는 수백 개의 크고 작은 방들이 마련되어 있었다. 수많은 귀족과 궁정인, 시종이 들락거리던 이 궁전에서 가장 큰 관심을 받은 곳은 당연히 루이 14세의 일상이 펼쳐지는 공간들이었다. 특히 루이 14세 시기부터 정무와 시찰은 물론이거니와 기상과 예배, 식사, 취침 등 왕의 사적인 일과 또한 만인에게 공개되어야 하는 공식적인 의례였다.

각 방들을 옮기면서 행해지는 이러한 일과 의례는 특정 지점에 권력을 정적으로 고정시키기보다는 궁전 전체를 역동적인 권력이 전개

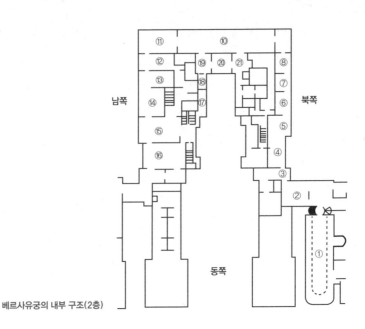

남쪽

북쪽

동쪽

—— 베르사유궁의 내부 구조(2층)

① 왕실예배당Chapelle royale (1층)

왕의 공식 처소
② 헤라클레스의 방Salon d'Hercule
③ 풍요의 방Salon d'Abondance
④ 베누스의 방Salon de Venus
⑤ 디아나의 방Salon de Diane
⑥ 마르스의 방Salon de Mars
⑦ 메르쿠리우스의 방Salon de Mercure
⑧ 아폴로의 방Salon d'Apollon

공식 회랑
⑨ 전쟁의 방Salon de la Guerre
⑩ 거울의 방Galerie des glaces
⑪ 평화의 방Salon de la Paix

왕비의 처소
⑫ 왕비의 방Chambre de la Reine
⑬ 귀족의 방Salon des Nobles
⑭ 대기실Antichambre
⑮ 왕비근위대실Salle des gardes de la Reine
⑯ 궁전경비대실Sall des Gardes

왕의 내실
⑰ 국왕근위대실Salle des gardes du Roi
⑱ 만찬실Antichambre du grand couvert
⑲ 천창天窓의 방Salon de l'oeil de Boeuf
⑳ 국왕의 침실Chambre du roi
㉑ 참사회의실Cabinet du Conseil

—— 베르니니가 조각힌 루이 14세 흉상이 디
아나의 방에 놓여 있다.

—— 전쟁의 방에는 적군을 진압하는 루이 14세의 부조
가 있다.

되는 무대로 만들었다. 이러한 권력의 무대에서 왕은 자신이 총애하는
정도에 따라 마음 가는 대로 수시로 귀족들에게 서열을 매겼고 이들에
게 다양한 명예와 물질적 혜택을 부여했다. 자연스레 귀족들은 왕에게
보다 더 가깝게 다가설 수 있는 위치를 차지하기 위해 부단한 경쟁을
펼쳤다. 왕이 총애하는 대상이 변하면 이에 따라 궁정사회 내부의 관계
또한 변동했다. 물론 이러한 각종 일과가 펼쳐지는 공간 곳곳에는 루이
14세의 업적과 영광을 찬양하는 회화 및 조각 작품들이 벽면과 천장을
가득 채웠다.

　　베르사유궁 전체에서 가장 핵심이 되는 장소는 바로 국왕의 침
실(⑳)과 거울의 방(⑩)이었다. 침실에서 루이 14세는 동쪽을 바라보며
기상하고 서쪽으로 머리를 뉘었다. 특히 이곳은 내밀한 사적 공간이라

기보다는 가장 공개적인 장소로, 모든 대신이 참석한 가운데 루이 14세
의 기상 '의식'과 환복換服 '의식'이 이루어졌다. 또한 이곳과 거울의 방
은 베르사유궁 전체를 조망하는 감시 장소이기도 했다. 여기에서 왕은
동쪽 정문으로 들어오고 나가는 모든 사람을 파악할 수 있었으며 베르
사유시 전체를 굽어보았다.

　침실 뒤쪽으로 길게 뻗은 회랑인 거울의 방은 북측 익랑과 남
측 익랑을 연결하는 건물 내 유일한 통로로, 왕의 시야에 늘 포착될 수
있는 공간이었다. 이렇게 해서 베르사유 궁전은 루이 14세 왕권의 전시

실이자 연극 무대로서의 기능을 했으며 인간세계에 대한 그의 통치를
상징적으로 구현했다.

정 원 : 루 이 14 세 의   자 연 에   대 한   지 배

—

궁전을 나와 건물 후면으로 가면 확 트인 전망 아래 끝없이 펼
쳐진 거대한 정원이 나온다. 먼저 레토나^{Latona}의 분수를 중심으로 원
뿔과 구를 비롯해 각종 기하학적인 모양으로 손질된 다양한 나무들이
질서정연하게 정리되어 있다. 그 아래로 거대한 잔디밭이 직사각형으
로 뻗어 있고 잔디밭 아래쪽으로는 곧이어 아폴로 분수대와 십자가 형
태의 대운하가 펼쳐져 있다. 그리고 잔디밭(폭 40미터 × 길이 335미터)과 대
운하(폭 62미터 × 길이 1,500미터)를 가운데 축으로 하여 양편으로 직육면
체로 손질된 나무들로 둘러싸인 광활한 삼림지대가 펼쳐져 있다. 물론
이 삼림지대 또한 보스케^{bosquet}라고 불리는 작은 규모의 수풀 공간들이
다. 이곳은 기하학적으로 질서정연하게 구역화되어 있고, 각각의 보스
케들은 다양한 분수대와 조각상으로 화려하게 장식되어 있다. 사실 베
르사유궁을 건설할 때 가장 힘든 공사는 바로 이 정원을 조성하는 것이
었다. 늪지대에 불과했던 곳을 인간의 힘을 통해 대칭적 질서와 규칙을
갖춘 곳으로 재창조하기란 쉽지 않았다. 특히 가장 많은 비용이 들었으
며 최다 인원이 동원된 대운하 공사가 제일 어려웠다.

이렇게 해서 궁전 후면에서 바라본 정원은 태양왕의 원근법적
시선 아래 하늘과 땅, 물, 초목을 한눈에 포착하는 형태를 지니고 있
다. 그리고 반대로 대운하에서 바라본 풍경은 그 모든 것이 베르사유

궁전 후면 중앙으로 향하고 있어 관찰자가 궁전으로 이끌린다는 느낌을 준다. 이 거대한 정원에 대한 루이 14세의 애정이 어찌나 컸던지 그는 직접 『베르사유 정원 관람 방법Maniere de montrer les jardins de Versailles』을 집필하기까지 했다.

─── **베르사유 궁전 정면.** 가운데 아치형 창문이 있는 곳이 국왕의 침실이다.

궁 정   사 회

—

베르사유 궁전에서의 모든 활동은 루이 14세를 중심으로 이루
어졌다. 태양계의 중심이 태양이듯 말이다. 하지만 사람에 불과한 그
가, 태양계 전체에 중력을 미치는 태양처럼 존재만으로 영향력을 미치
기란 불가능했다. 그렇다고 베르사유 궁전 구석구석을 쫓아다니면서
모습을 드러내고 소통한다면 피곤할 뿐만 아니라 위신을 깎아내릴 위
험이 있었다. 모든 곳에 존재하지 않으면서도 모든 곳에 그가 영향을

미친 방법은 무엇일까? 한낱 인간에 불과한 루이 14세는 어떻게 태양처럼 권력의 햇살을 곳곳에 뿜어냈을까?

　루이 14세는 자신이 직접 등장하지 않아도 마치 자신이 있는 것처럼 모두가 행동하게 하는 장치를 만들어냈다. 그것은 바로 섬세하고도 엄격하게 조직된 궁정 예절과 의례들이었다. 이것들은 베르사유에 거주하고 이와 관계 맺는 모든 사람의 언행에 강력하게 부과된 일종의 구조였다. 궁정 예절과 예식들은 이미 중세 말 이래 크게 발전했지만 루이 14세는 산만하고 불규칙한 여러 관행을 일괄적으로 종합하고 정리해 베르사유에서 엄격하게 적용되는 규범 체계를 만들었다.

　이러한 예절과 예식들은 베르사유 궁정에 거주하는 사람들이 위계적인 관계들을 몸으로 체득하게 했다. 하지만 태양계와 달리 궁정 사회에서는 왕을 제외하고 각 위계의 자리와 그 자리를 점유하는 자가 끊임없이 변한다. 세세하게 나뉘어 적용되는 몸짓과 표정, 말투와 어법은 미묘하고 복잡한 차별의 위계를 새롭게 재생산해냈고 왕의 총애를 둘러싼 치열한 경쟁은 이 위계의 자리를 차지하는 자들을 계속해서 갈아치웠다. 높은 자리, 즉 왕과 가까이할 수 있는 자리를 차지하기 위한 경쟁은 그 자리를 유지하기 위한 경쟁으로 이어졌는데 바꾸어 말하면 이는 모두 왕의 총애를 획득하고 유지하기 위한 경쟁이었다. 이러한 관계는 국정을 논의할 때뿐만 아니라 왕의 일상적인 의례, 즉 기상, 식사, 산책, 연회가 진행되는 비공식적인 자리에서 더욱 가시적으로 드러났다.

　루이 14세는 이러한 관계 구조를 통해 자신의 표정과 손짓 하나로 귀족들의 운명이 좌우되는 상황을 만들어냈다. 즉 베르사유는 왕이 귀족들을 좌우하는 권력의 공간이었다. 그렇다면 귀족들이 루이

—— 베르사유 궁전 후면에서 본 정원.

14세의 규칙에 따른 이유는 무엇일까? 바로 왕과의 관계를 통해 국가 재정과 정치 사회에서 합법적으로 획득할 수 있는 명예와 부 때문이었다. 게다가 일상생활마저 매일 규칙적인 예식으로 만든 루이 14세의 '근면함'은, 귀족을 좌지우지하는 왕권이 수행해내야 할 역할이기도 했다. 즉, '절대군주'가 된다는 것은 그에 기대되는 군주의 규범을 따르는 것을 의미했다. 개인으로서의 왕은 공적 존재로서 부여받는 왕의 직무를 온전히 이행해야만 왕으로 대접받을 수 있었다. 이후 18세기에 그의 뒤를 이어 즉위한 루이 15세와 루이 16세는 바로 이러한 구조의 포로가 되었고 루이 14세가 만든 왕의 직무는 그들을 압박했다. 베르사유궁이라는 공간은 궁정 사회라는 구조적 권력 그 자체를 체화했다.

—— 샤를 니콜라 코생 2세, 〈거울의 방 가면무도회〉, 1745, 루브르 박물관 소장.

혁 명 과   국 민

—

　18세기 말부터 20세기 초까지 베르사유궁은 프랑스, 나아가 서양의 중요한 사건들이 전개된 중요한 역사적 장소였다. 그러면서 베르사유궁은 프랑스의 영욕을 함께하며 국왕의 공간에서 국민의 공간으로 거듭났다. 흥미롭게도 베르사유가 가장 먼저 목격한 사건은 바로 미국의 혁명과 건국이었다. 1776년부터 시작된 미국 혁명은 1783년 9월 3일 파리조약으로 마무리되었다. 이때 미국 대표들과 영국 대표들, 나아가 프랑스 및 스페인 대표들은 파리와 베르사유에서 미국의 독립과 새로운 국제질서를 승인했다. 흥미로운 점은 미국 혁명에 참전했던 프랑스의 재정 고갈은 얼마 후 벌어진 프랑스 대혁명의 여러 요인 중 하나가 되었다는 사실이다.

　절대왕정에 작별을 고한 1789년 프랑스 대혁명 당시에도 베르사유는 중요한 역사적 장소가 되었다. 7월 14일 바스티유 함락 이후 혁명은 10월 5, 6일 전개된 '베르사유 행진'으로 본격적인 궤도에 올랐기 때문이다. 흉작과 기근으로 고통받던 파리 시민들, 특히 여성 시민들이 베르사유로 행진해 루이 16세를 파리로 데려왔고 이때부터 왕권은 혁명세력의 감독을 받기 시작했다. 이제 프랑스가 더이상 구체제가 아니듯이 베르사유 또한 정치의 중심이 될 수 없었다. 하지만 1799년 11월 정국의 혼란을 틈타 나폴레옹이 독재권력을 장악한 후 1804년 황제로 즉위하자 베르사유는 1806년부터 나폴레옹의 황궁으로 보수 및 개조되었다.

　　1815년 나폴레옹의 몰락 이후 복귀한 부르봉 왕조의 보수 공사 대상 1호가 된 베르사유는 1830년 7월 혁명과 더불어 새로운 전환기를 맞이했다. 혁명에 가담했던 부르봉 왕조 방계 출신의 루이 필리프 1세가 '시민왕'으로서 베르사유를 왕궁이 아닌 박물관으로 개조했기 때문이다. 루이 필리프 1세는 스스로 구체제와 혁명을 모두 구현하고 있다고 생각해, 그가 다스리는 프랑스에서는 두 흐름이 승화되어 비로소 하나의 '국민nation'이 되어야 한다고 여겼다. 베르사유는 그가 생각하는 이상적인 '국민' 형성의 기념 공간이 되어 1837년부터 '프랑스역사박물관Musee de l'Histoire de France'이 들어섰다.

굴 곡 진　역 사 의　순 간 들
—

　　이후 1848년 2월 혁명과 제2공화정, 나폴레옹 3세의 쿠데타와 제2제정을 거친 후 19세기 말부터 20세기 초까지 베르사유는 치

욕과 불행, 복수의 순간들을 경험했다. 치욕의 순간들 먼저 꼽아보자.
1870년 제2제정의 대對 프로이센 전쟁 패배 후 새로운 독일 제2제국이
1871년 거울의 방에서 선포되었다. 빌헬름 1세와 재상 비스마르크가
자신들의 제국 선포 장소로 굳이 베르사유 거울의 방을 고른 데는 복잡
한 해석이 있긴 하지만 당시 프랑스로서는 치욕이 아닐 수 없었다.

　　불행의 순간도 있었다. 프로이센에 대한 굴욕적인 패배를 받아
들인 신생 제3공화정 당시 여전히 독일군에 포위된 상태였던 파리 시
민들은 항복을 거부하고 항전을 결의했다. 독일군과 제3공화정 군대에
맞서 파리코뮌이 결성되자 당시 행정부 수반이었던 아돌프 티에르Adol-
phe Thiers는 베르사유로 정부를 이전했다. 베르사유 정부는 파리를 포위
한 뒤 코뮌을 무자비하게 진압했다.

　　복수의 순간을 보면, 베르사유는 치욕과 불행의 원천이었던 독
일 제국과 또다시 만난다. 비스마르크를 실각시키고 친정을 시작한 독
일 황제 빌헬름 2세재위 1888~1918 치세에 제1차 세계대전이 발발했으나

—— 안톤 폰 베르너, 〈독일 제국 선포〉, 1885, 비스마르크 박물관 소장.

독일이 패전국이 되었기 때문이다. 승전국 프랑스는 1871년의 선포에 대한 복수라도 하듯 1919년 6월 28일 예정인 전후 평화회담 개최지로 베르사유 궁전 거울의 방을 선택했다. 결국 거울의 방은 얄궂게도 독일 제2제국의 성립과 몰락을 선포한 곳이 되었다.

17세기 말에서 20세기 초까지 베르사유는 프랑스를 상징하는 공간으로서 파리와 경쟁했다. 파리의 소란과 반항을 탐탁지 않게 생각한 권력자들은 늘 베르사유에서 자신의 입지를 다지고 강화했다. 하지만 역시 프랑스의 수도는 파리가 될 수밖에 없었고 베르사유는 이제 파리에서 전철로 쉽게 갈 수 있는 근교 관광지가 되었다. 이러한 점에서 베르사유의 역사적, 지리적 의미는 파리와의 관계를 통해서만 이해할 수 있을 것이다.

〈참고문헌〉
이영림, 『루이 14세는 없다』, 푸른역사, 2009.
Joël Cornette, *Absolutisme et Lumières 1652–1783*, Paris, Hachette, 2000.
Joël Cornette, éd., *Versailles*, Paris, Pluriel, 2012.
Michèle Fogel, *L'État dans la France moderne de la fin du XVe au milieu du XVIIIe siècle*, Paris, Hachette, 2000.
Gérard Sabatier, "Versailes, un imaginaire politique", Culture et idéologie dans la genèse de *l'État moderne*, Paris, École française de Rome, 1985, pp. 295~324.
Frédéric Tiberghien, *Versailles: le chantier de Louis XIV, 1662–1715*, Paris, Perrin, 2002.

━
홍용진_원광대학교 역사문화학부 교수
고려대학교 서양사학과를 졸업한 후, 동 대학원에서 「중세 말 프랑스 왕정과 '국가' 이데올로기」로 석사 학위를 받고, 파리1대학에서 「왕과 정치사회: 1315–1360년 프랑스 군주정과 정치적 의사소통체계」로 박사 학위를 받았다. 저서로 『지적 권위와 정치권력—중세 말 파리대학과 정치』 『13세기 말~14세기 초 프랑스 왕권 이미지 생산』(2014년 역사학회 우수논문상 수상) 「중세 말 프랑스 국가발생과 폭력의 역사—필리프 4세와 필리프 5세 시기를 중심으로」가 있고, 공저로 『교육과 정치로 본 프랑스사』가 있다.

루브르,

왕궁에서 박물관으로

재탄생하다

프랑스 파리의 루브르^{Le Louvre}를 떠올릴 때 가장 먼저 생각나는 단어는 아마도 박물관일 것이다. 이처럼 오늘날 우리에게 루브르는 유명한 회화·조각 작품들이 즐비한 장소로 익숙한 공간이다. 하지만 사실 루브르는 파리를 지키던 요새이자 왕궁이었고, 루브르가 박물관의 역할을 하기 시작한 것은 18세기 이후부터였다.

역사적 공간: 요새에서 왕궁으로
—

12세기 말, 필리프 오귀스트왕 치하에서 파리는 눈부신 발전을 이룩하며 작은 마을에서 프랑스 수도로 차츰 변화하기 시작했다. 그

── 루브르성의 원형 망
루들이 아직 박물관
내부에 남아 있다.

는 십자군 원정을 떠나기 전, 파리를 적의 공격에서 보호하기 위해 성
벽을 쌓았고, 센 강변을 따라 거대한 요새를 세워 강력한 방어 기지를
마련했다. 이렇게 루브르는 도시를 보호하기 위한 목적으로 탄생했다.
수백 년이 흐른 지금도 우리는 박물관 내부에 남아 있는 원형 망루들에
서 중세의 흔적들을 느낄 수 있다.

  이후 샤를 5세는 요새였던 루브르를 왕실의 거처로 개조했으
며, 자신이 수집한 수사본들을 내부에 새로 지은 도서관 탑에 장서해놓
았다. 16세기에 이르러 프랑수아 1세는 필리프 오귀스트왕이 세운 원
형 망루를 허물고, 건축가 피에르 레스코Pierre Lescot를 기용해 대대적인
공사를 지휘하도록 했다. 이때부터 루브르는 중세의 요새에서 벗어나
본격적인 왕궁의 모습을 갖추며 화려하게 변모해나갔다.

  이러한 분위기에서 프랑스의 왕들은 루브르를 통해 자신들의
권위와 명예를 세상에 알리고자 야심 찬 계획을 세웠다. 특히 앙리 4세
는 신·구교 간의 종교 전쟁이 끝난 후 파리로 돌아와 루브르궁과 카트

린 드메디시스Catherine de Medicis가 건립한 튈르리궁을 연결해 협소했던
루브르를 확장하는 공사를 진행했다. 그러나 그는 끝내 오늘날 남아 있
는 루브르 대회랑grande galerie의 완공을 보지 못한 채 암살되었다.

루 이 1 4 세 ,
루 브 르 를 떠 나 베 르 사 유 로 가 다
—

　루브르궁의 증축 공사는 앙리 4세 서거 후 잠시 중단되었다가
루이 13세 때 재개되었다. 건축가 자크 르 메르시에Jacques Le Mercier는
루브르를 원래 규모의 네 배로 확장하는 공사를 진행했고, 니콜라 푸생

을 비롯한 많은 화가가 궁의 내부 장식을 담당했으며, 조경사 앙드레 르 노트르André Le Nôtre는 프랑스풍의 왕실 정원을 가꾸는 데 총력을 기울였다. 이렇게 루브르는 절대군주의 권력에 힘입어 완전히 새로운 모습으로 다시 태어났다.

루이 14세 재임 시절에는 소회랑petite galerie, 지금의 아폴론 회랑이 재건되었고, 베르니니와 같은 유명한 이탈리아 건축가들이 프랑스로 초청되어 왕궁 재건축 설계에 도움을 주기도 했다. 또한 루이 14세는 궁 정면을 웅장하게 보이도록 하기 위해 클로드 페로Claude Perrault를 주축으로 한 건축위원회에 콜로나드Colonnade, 원주로 장식된 부분 축조를 명했으나, 왕이 베르사유로 처소를 바꾸면서 이 계획은 결국 미완성으로 남게 되었다.

태양왕 루이 14세가 베르사유로 떠난 사건은 루브르궁에 큰 타격을 입혔다. 물론 왕궁의 역할이 완전히 멈춘 것은 아니었다. 그 안에는 선왕들의 컬렉션이 여전히 남아 있었고, 예술가들은 자신들의 개인 아틀리에에서 창작활동을 계속 진행했다. 루브르 안에는 작업실뿐만 아니라 예술가들의 주거 공간도 마련되어 있어서, 18세기 프랑스 정물화가로 유명한 샤르댕은 가족들까지 함께 거주했던 것으로 알려져 있다. 또한 17세기 중반에 설립된 프랑스 왕립 회화·조각 아카데미는 루브르에서 정기적으로 수업과 강연을 열어 미술 교육을 한층 더 강화시켰다. 하지만 프랑스 군주들의 영광을 상징하던 루브르궁은 루이 14세의 갑작스러운 부재로 텅 비고 말았다.

예술 공간으로 변신
—

프랑스의 걸작들이 있는 건물(루브르궁)을 지속적으로 관리할 수
있는 가장 신속하고도 효율적인 방법으로 제가 제안할 수 있는 것
은 궁전 안의 청결한 장소를 택해 거기에서 (왕의 소장품인) 유럽 최
고 거장들의 작품들과 베르사유에 아무렇게나 쌓여 있는 작품들을
(아카데미가 정한 회화 장르의 위계에 따라) 잘 정리해 전시하는 것입
니다.

−라 퐁 드 생티엔, 「프랑스 미술 현황에 대한 고찰
Réflexions sur quelques causes de l'état présent de la peinture en France」, 1747.

쓸모없이 방치된 루브르는 18세기부터 활력을 되찾기 시작했
다. 아카데미에서 주최한 첫 전시회가 1667년 팔레루아얄Palais-Royal에
서 개최되어 이후 간헐적으로 열리다가, 1699년에는 루브르의 대회랑
에서, 1725년에는 대회랑의 서쪽에 있는 살롱 카레Salon Carré, 정사각형 모
양의 방에서 아카데미 회원들의 작품들을 전시하기 시작했다. 그때부터
전시회장의 이름을 따서 전시회 자체를 '살롱Salon'이라고 불렀으며, 루
브르궁은 점차 예술 작품들을 전시하는 공간으로 변화하면서 박물관의
초석을 다져나갔다.
　루브르궁에서 개최한 살롱전展은 1753년부터 정기적으로 2년
에 한 번, 즉 현재의 비엔날레Biennale 형태로 개최되었으며, 약 한 달
동안 대중에 개방되어 언제나 북새통을 이뤘다. 살롱전의 활성화는 미
술비평 작업으로 연결되었고, 철학자 드니 디드로Denis Diderot는 전시회
관람에 대한 평을 『문예비평Correspondance littéraire』에 실어 미술비평가로

—— 생토뱅이 스케치한 1765년 살롱전의 모습.

서의 역할을 수행하기도 했다. 당시 살롱전의 모습은 가브리엘 드 생토
뱅Gabriel de Saint-Aubin의 스케치에 생생하게 기록되어 있는데, 이를 살펴
보면 몇 가지 흥미로운 점을 발견할 수 있다. 첫번째는 오늘날과 달리
그림들이 전시회장의 벽에 빈틈없이 빼곡히 걸려 있다는 점이고, 두번
째는 그림들 중에서 당시 그 가치를 높이 평가받았던 역사화나 종교화
가 상층 가장 중요한 자리를 차지하고 있다는 점이다(프랑스 왕립 회화·조
각 아카데미는 '회화 장르의 위계hiérarchie des genres'를 정해, 인문학적 지식을 필요
로 하는 역사화나 종교화, 알레고리화는 가장 높은 단계의 회화로 인정하고, 나머지
정물화나 풍경화, 인물화 등은 눈으로 보고 모방할 수 있는 주제들을 담고 있기 때문
에 열등한 장르로 간주했다).

　　한때 무용지물 건축물로 전락할 뻔했던 루브르는 살롱전과 함
께 부활했다. 미술비평가 라 퐁 드 생티엔La Font de Saint-Yenne을 비롯한
18세기 왕실 건축 총감독들은 루브르 전체를 뮤즈muse들의 전당, 즉 박
물관musée에 가깝게 만들기 위해 모든 노력을 기울였다. 라 퐁 드 생티

엔은 「프랑스 미술 현황에 대한 고찰」에서 비어 있는 루브르궁을 활용할 수 있는 여러 가지 방안을 제시했고, 건축 총감독이었던 마리니 후작Marquis de Marigny과 앙지비에 백작Comte d'Angiviller은 루브르궁을 채울 작품들을 적극적으로 수집하고 주문했다.

프 랑 스 대 혁 명 과 루 브 르 박 물 관

—

1789년, 프랑스 대혁명이 발발했다. 같은 해 7월 14일, 성난 시민들은 파리의 바스티유 감옥을 습격했다. 베르사유궁에 기거하다 민심의 심상치 않은 변화를 감지하고 탈출을 시도했던 루이 16세와 마리 앙투아네트 일가가 시민들에게 붙잡혀 파리로 압송되었고 차례로 단두대에서 처형되었다.

구체제의 붕괴와 더불어 루브르궁에 있던 왕실 소유의 수많은 예술작품도 혁명 정부에 몰수되었다. 새로운 국가에 대한 열망에 휩싸인 프랑스에서, 예술작품은 '모두를 위한 것'이어야 했다. 대혁명 이후 군사적인 업적들로 얻은 인기에 힘입어 정권을 손에 쥔 나폴레옹 보나파르트는 정치·경제적 문제들로 불안했던 당시 프랑스 사회를 안정시키는 데 주력했다. 또한 그는 미완성으로 남아 있던 루브르-튈르리궁의 연결 공사를 재개했으며, 궁의 내부와 외부 장식들을 보완하고, 리볼리 거리와 북쪽 회랑을 건설하는 등 루브르 대공사에 돌입했다. '무엇이든 큰 것이 아름답다'고 생각한 나폴레옹의 의지에 힘입어 루브르는 세상에서 가장 크고 아름다운 박물관으로 거듭났다.

18세기 말, 루브르의 웅장한 모습은 화가 위베르 로베르Hubert

— 위베르 로베르, 〈루브르 대회랑 보수 계획〉, 1796.

Robert가 그린 그림들에 잘 나타나 있다. 특히 그는 루브르의 발전 방향을 모색하면서 여러 상상화를 그린 것으로 유명한데, 그 시대의 대회랑과 오늘날의 전시실 모습을 비교해보면 흥미로운 점을 많이 발견할 수 있을 것이다. 나폴레옹 시대의 루브르는 왕궁에서 탈피해 엄청난 컬렉션을 자랑하는 '박물관'으로 공식 인정되었다. 1793년 8월 10일, 루브르는 마침내 대중에 첫선을 보이면서 더이상 왕궁이 아닌 '중앙박물관Muséum central des Arts'으로서 역사를 새로 쓰기 시작한다.

라 카즈 컬렉션

—

루브르는 중세부터 18세기까지 매번 그 모습을 달리하며 변화했다. 그렇다면 루브르 박물관 내부의 예술작품들은 어떤 변화를 거쳐왔을까? 나폴레옹은 자신의 권위를 과시하기 위해 루브르 박물관을 이탈리아에서 약탈한 전리품들로 가득 채웠다. 고대의 조각작품은 소회랑 1층에, 회화작품은 주로 대회랑에 전시했다. 이들 중 가장 유명한 작품인 조각 〈라오콘Laocoon〉은 나폴레옹이 루브르 박물관으로 참모들을 불러 함께 야간 특별 관람을 할 정도로 아꼈다. 훗날 이 작품은 본국으로 반환되었다.

오늘날 루브르 박물관에는 18세기 프랑스 회화와 관련해 눈여겨볼 만한 장소가 하나 있다. 그곳은 바로 쉴리관에 있는 37번 방, 라 카즈 컬렉션 전시실이다. 루이 라 카즈Louis La Caze는 원래 의사였는데, 1830년대부터 18세기 회화를 비롯해 유럽 거장의 예술품들을 수집하기 시작하면서 엄청난 양의 컬렉션을 보유했던 것으로 알려져 있다. 그

—— 루이 라 카즈가 기증한 장 앙투안 와토의 〈피에로 질〉, 1718.

는 사망하기 전에 583점의 개인 소장 예술품을 모두 루브르 박물관에 기증했으며, 이로 인해 루브르의 컬렉션은 이전보다 훨씬 풍성해졌다.

　　라 카즈의 컬렉션 중에서 가장 돋보이는 것은 무엇보다 장 앙투안 와토Jean-Antoine Watteau의 작품들일 것이다. 그중에서도 와토의 〈피에로 질Pierrot, dit autrefois Gilles〉은 변함없이 대중에게 사랑받는 작품으로, 라 카즈 전시실의 대표작이라고 할 수 있다. 노래하고 춤추는 일을 해야 하는 피에로 질은 연극 무대에서 우수에 찬 눈빛으로 우리를 바라본다. 현대 관람객들은 그림 속 피에로의 고단한 표정과 무언의 언어를 통해 삶의 위로를 받는다. 혹시 루브르 박물관을 방문한다면, 피에로 질을 꼭 만나보기를 청한다.

〈참고문헌〉
Le Louvre, Gallimard, 2006.
Gérard-Georges Lemaire, *Histoire du Salon de peinture*, éd. Klincksieck, 2004.
전진성, 『박물관의 탄생』, 살림, 2012.
『루브르박물관展』 도록, GNC media, 2006, pp.24~33.
김선형, 「프랑스 미술비평의 탄생과 초기 쟁점들」, 『불어문화권연구』 제25호, 불어문화권연구소, 2015,
pp.5~45.
La Collection La Caze : Chefs-d'œuvre des peintures des XVIIe et XVIIIe siècles, Musée du
Louvre, 2007.

━━
김선형_홍익대학교 교양학부 조교수
프랑스 파리 소르본Paris IV 대학에서 18세기 프랑스 문학 및 미술비평을 전공했으며, 현재 홍익대학교 교양학
부 조교수로 재직중이다. 18세기 살롱 전시회, 디드로의 미술비평과 미학, 바로크·로코코 미술과 관련된 논문
을 다수 썼으며, 공저로 『문학과 미술의 만남』(2016)이 있다.

합스부르크 왕가의
유일한 여왕,
마리아 테레지아

2017년은 역사학자 브리기테 하만이 "오스트리아 역사에서 가장 사랑받는 여성"이라고 칭한 마리아 테레지아 여왕1717~1780의 탄생 300주년이 되는 해였다. 이를 기념하며 빈과 빈 근교 여러 곳에서는 이 전설적인 여인을 기억하기 위한 행사들이 치러졌다.

마리아 테레지아 여왕이 이처럼 300년이 지난 후까지 기억되는 것은 단지 그녀가 유구한 역사를 자랑하는 합스부르크 왕가의 유일한 여왕이었기 때문이거나, 단두대의 이슬로 사라진 마리 앙투아네트의 어머니였기 때문만은 아니다. 그보다 중요한 것은 마리아 테레지아 여왕이 이후 오스트리아-헝가리 이중 제국과 제국의 수도 빈의 발전에 결정적인 기여를 한 계몽전제군주의 전형이었다는 사실이다.

17세기 말부터 19세기 중반에 이르기까지 빈 도심의 윤곽을

─── 마리아 테레지아가 지배하던 18세기 후반 빈의 지도.

결정지은 것은 1683년에 있었던 오스만 제국의 침공이었다. 빈은 오스만 제국이 지배하던 헝가리 지역의 국경에서 150킬로미터밖에 떨어져 있지 않았다. 1683년 오스만 제국의 술탄 메흐메트 4세는 20만의 대군을 이끌고 빈으로 향했고, 선발대는 7월 13일 빈에 도착했다. 이에 로트링겐 대공은 오스만 제국군이 엄폐물로 사용할 수 없도록 도심을 둘러싼 성곽 바깥의 모든 것을 불태우도록 명령했다. 이렇게 생겨난 폭 최대 450미터, 총 길이 5.2킬로미터에 이르는 공터는 우선 비어 있는 상태로 유지되었으며(위 지도에서 성곽으로 둘러싸인 도심과 분홍색 외곽 도시 사이), 18세기 후반에 가로수가 심어진 이후 공원처럼 이용되다가, 군사적 의미가 완전히 사라진 19세기 중반에야 개발이 시작되었다.

　　　이것이 오늘날 빈의 구도심을 둘러싼 거리, 링슈트라세다. 1683년 두 달 동안이나 빈을 포위했던 메흐메트 4세의 군대는 오스트리아와 동맹을 맺고 있던 폴란드 군대가 도착하자 마침내 퇴각했다.

오 스 트 리 아   왕 위   계 승   전 쟁
—

오스트리아의 황제이자 마리아 테레지아의 아버지였던 카를 6세는 이미 1713년에 국본 조칙을 통해 왕위를 계승할 아들이 없을 경우 딸이 왕위를 계승할 수 있도록 했다. 그리고 아들이 없었던 카를 6세가 1740년 10월에 버섯 요리를 먹고 갑자기 사망하자 장녀인 마리아 테레지아가 왕위를 물려받았다. 이때 마리아 테레지아는 스물세 살에 불과했으며, 네번째 아이를 임신한 상태였다.

국본 조칙에도 불구하고 마리아 테레지아의 입지는 불안했다. 마리아 테레지아보다 6개월 앞서 프로이센의 왕으로 즉위한 프리드리히 2세프리드리히 대왕가 슐레지엔의 소유권을 주장하며 전쟁을 일으켰다. 오스트리아의 영토 일부에 대한 상속권을 주장하던 바이에른의 선제후 카를 알브레히트가 작센 및 합스부르크가와 오랜 적대 관계에 있던 프랑스 부르봉가와 손잡고 오스트리아를 침략해 흔히 '오스트리아 왕위 계승 전쟁1740~1748'이라 일컬어지는 전쟁이 일어난 것이다. 왕위에 오른 지 두 달 만에 전쟁의 소용돌이에 휘말린 마리아 테레지아는 그러나 세 차례에 걸친 슐레지엔 전쟁과 8년간이나 이어진 왕위 계승 전쟁을 극복해냄으로써 합스부르크 제국을 성공적으로 지켜냈다.

1683년 오스만 제국 침공을 막아내고 전쟁의 위협에서 자유로워진 오스트리아의 왕족과 귀족들은 그들의 고양된 감정을 화려한 바로크 문화를 통해 드러냈다. 이탈리아의 영향을 강하게 받은 18세기 초

—— **링슈트라세에 지어진 의회.** ©홍진호
링슈트라세는 19세기 중반에 개발되기 시작해 시청사, 의회, 새로운 대학 건물, 궁정 오페라극장, 부르크테아터 등 다양한 양식의 기념비적인 건물들이 들어섰다. 이 건물들과 함께 링슈트라세는 오늘날 빈 관광의 중심지 중 한 곳이 되었다.

반 빈의 바로크 문화는 건축, 음악, 가구, 의상, 정원, 무대예술 등 모든 예술 분야에서 화려하게 꽃을 피웠다. 당시 지어진 바로크의 건축물들은 오늘날까지 그대로 남아 당시 오스트리아 귀족들이 누렸던 영화를 자랑하고 있다.

왕립도서관은 카를 6세의 명령으로 요한 베른하르트 피셔 폰 에를라흐Johann Bernhard Fischer von Erlach가 짓기 시작해, 그가 죽은 후 그의 아들인 요제프 에마누엘 폰 에를라흐Joseph Emanuel von Erlach가 완성했다. 이 도서관의 일부인 프룽크잘Prunksaal은 '화려한 홀'이라는 이름 그대로 바로크 실내 장식의 화려함을 잘 보여준다. 프룽크잘은 '세계에서 가장 아름다운 역사적 도서관 홀' 중 하나로 꼽히며, 이탈리아 출신 조각가 로렌초 마티엘리의 조각과 다니엘 그란의 천장 프레스코화로 장식되어 있다.

1713년에는 흑사병이 빈을 휩쓸었다(이것이 빈에서 발생한 마지

막 흑사병이었다). 이에 카를 6세는 흑사병의 치료자로도 알려졌던 16세기 밀라노의 대주교 카를로 보로메오의 이름을 딴 교회를 짓기로 결정했다. 카를스 교회 또한 왕립도서관과 마찬가지로 요한 베른하르트 피셔 폰 에를라흐와 그의 아들 요제프 에마누엘 폰 에를라흐가 1716년부터 1739년에 걸쳐 지었다. 카를스 교회는 알프스 북쪽에 남아 있는 대표적인 바로크 건축물 중 하나로 꼽힌다.

——— 링슈트라세에 지어진 극장 부르크테아터. ⓒ홍진호

마 리 아   테 레 지 아   여 왕 의   개 혁

—

마리아 테레지아가 왕위를 물려받았을 당시 오스트리아는 아직 행정체계가 제대로 갖춰지지 않은, 혼란스러운 다민족 국가였다. 또한 오스만 제국과의 전쟁으로 재정 상태도 열악했고, 군 체계도 효율적이지 못했다.

이러한 문제들로 인한 개혁의 필요성을, 마리아 테레지아는 왕위 계승 전쟁과 슐레지엔 전쟁을 겪으면서 뼈저리게 깨달았다. 그리고 거의 8년 동안이나 이어진 왕위 계승 전쟁이 끝나고 평화가 찾아오자 그는 곧장 행정과 사법, 경제, 교육 등 사회 전 분야에 걸친 개혁에 착수했다.

마리아 테레지아는 적국이었던 프로이센을 모델로 삼아 신분제 의회를 국가 행정 조직에서 배제하고 행정 조직을 재편함으로써 강력한 중앙집권 체계를 확립했다. 대법원을 설립하고 행정과 사법을 분리하는 동시에 귀족과 성직자, 지주들의 재판권을 크게 제한해 법치의 토대를 마련했고, 귀족과 성직자들도 세금을 내도록 하는 조세법 개정, 독점 기업 금지, 길드동업조합 규약 철폐 등 일련의 경제개혁 조치들을 통해 근대적 경제발전의 토대를 마련했다. 마리아 테레지아는 또한 의무제 초등교육 기관인 보통학교를 설립하고, 예수회 교단을 빈 대학의 감독에서 배제함으로써 고등교육이 종교가 아닌 국가의 책임과 감독하에 이뤄질 수 있도록 만드는 등 과감한 교육개혁을 단행했다. 그 밖에 태형, 마녀 재판, 농노 제도, 농민들의 부역 등 중세적인 제도들도 철폐하거나 제한했다.

쇤브룬 궁전은 마리아 테레지아 여왕의 권위를 상징하는 궁궐이자, 그녀가 가족들과 함께 생활하는 거처였다. 원래는 마리아 테레지아 여왕의 할아버지인 레오폴트 1세가 계획해 마리아 테레지아의 삼촌인 요제프 1세 때 세워졌으나, 마리아 테레지아가 왕위에 오르고 나서 오늘날의 모습으로 보수·확장되었다. 이때 마리아 테레지아는 피셔 폰 에를라흐의 화려한 바로크식 원안을 폐기하고 니콜라우스 파카시Nicolaus Pacassi의 상대적으로 수수한 로코코식 설계에 따라 궁전을 확장했다. 이는 경제적인 이유 때문이기도 했지만, 국민과 주변국들한테 전쟁 중에 호사스러운 낭비를 하는 모습을 보이지 않기 위해서이기도 했다. 이후 쇤브룬 궁전은 여왕과 여왕 가족의 주거처가 되었으며, 오늘날까지도 마리아 테레지아 여왕의 궁전으로 기억되고 있다.

—— 왕립도서관(현재의 국립도서관)의 프룽크잘. ©홍진호
프룽크잘은 '화려한 홀'이란 뜻으로, 이곳은 이름 그대로 바로크 실내 장식의 화려함을 잘 보여준다.

—— 쇤브룬 궁전. ⓒ홍진호

쇤브룬 궁전 내부 모습. ⓒ홍진호

—— 안드레아스 뮐러가 그린 마리아 테레지아의 어릴 적 모습. 1727.

마리아 테레지아와 가족

—

1723년에 카를 6세는 보헤미아의 왕위에 오르기 위해 가족들과 함께 프라하로 갔다. 그리고 그곳에서 당시 다섯 살이었던 마리아 테레지아는 그녀보다 아홉 살 많은 프란츠 슈테판 폰 로트링겐Franz Stephan von Lothringen, 프란츠 1세을 운명적으로 만났다. 프란츠 슈테판 폰 로트링겐은 이후 마리아 테레지아의 소꿉친구가 되었고, 이어 평생토록 그녀의 유일한 사랑으로 남았다. 열아홉 살이 되던 해 그와 결혼한 마리아 테레지아는 남편을 진심으로 사랑했다. 1765년에 남편을 잃은 후 마리아 테레지아는 "나는 남편을, 내 친구를, 내 사랑의 유일한 대상을 잃었다"고 썼으며, 죽을 때까지 상복을 입고 지냈다. 마리아 테레지아는 모두 열여섯 명의 자녀를 낳았다. 그녀는 천 년에 가까운 신성로

—— 카를스 교회. ⓒ홍진호

마 제국의 역사상 가장 많은 자식을 낳은 황비였다.

　　마리아 테레지아는 자녀들의 결혼을 외교적 목적, 특히 프랑스 부르봉가와의 관계 개선을 위해 이용했다. 그 결과 결혼한 네 명의 딸 중 세 명이 부르봉가 출신의 왕족에게 시집을 갔다. 이들 중 가장 유명한 사람이 마리아 안토니아, 즉 마리 앙투아네트다. 그녀는 열다섯 살에 프랑스의 왕 루이 16세에게 시집을 갔으며, 프랑스 혁명 와중에 단두대에서 처형당했다. 장남이었던 요제프 2세는 아버지 프란츠 1세가 죽은 후 신성 로마 제국의 황제 자리를 물려받았다(여성은 신성 로마 제국의 황제가 될 수 없었기 때문에 신성 로마 제국 황제의 왕관을 쓴 사람은 실질적으로 황제 역할을 한 마리아 테레지아가 아니라, 남편인 프란츠 1세였다). 이후 요제프 2세는 마리아 테레지아가 죽을 때까지 15년간 오스트리아와 신성 로마 제국을 공동으로 통치했다.

마리아 테레지아는 왕위에 있을 때도, 죽은 후에도 오스트리아의 영원한 국모로 사랑과 존경을 받는 인물이다. 18세기 후반의 빈은 그녀가 이룩한 개혁, 그리고 그녀가 합스부르크 제국의 수도인 빈의 시민들에게 받은 사랑과 존경이 있었기에 '마리아 테레지아의 빈'이라 불릴 만하다.

〈참고문헌〉
Franz Herre, *Maria Theresia. Die große Habsburgerin*, München u.a, 2004.
Anna Ehrlich, *Kleine Geschichte Wiens*, Regensburg, 2011.
Dietmar Pieper & Johannes Saltzwedel Hrsg., *Die Welt der Habsburger. Glanz und Tragik eines europäischen Herrscherhauses*, München, 2010.
임종대, 「오스트리아의 역사와 문화 2」, 유로서적, 2014.

홍진호_서울대학교 독어독문학과 교수
서울대학교 독어독문학과 학사, 석사를 마친 후 독일 베를린-훔볼트 대학교에서 독문학 박사 학위를 받았다. 현재 서울대학교 독어독문학과 교수로 있으며 19~20세기 독일 소설 및 드라마 분야를 연구하고 있다. 역서로 「슈니츨러 라이겐」, 「그림 형제」, 「독일 전설」 등이 있고 논문으로 「「꿈의 노벨레」 꿈속의 현실과 현실 속의 꿈」, 「슈니츨러의 「라이겐」-변하는 것들과 변하지 않는 것들」, 「자연주의와 세기 전환기 문학의 사이에서-에두아르트 폰 카이절링의 「세 번째 계단」」, 「통계로 살펴본 독일 연극과 공연예술의 현황」, 「상징세계와 이상세계 사이에서: 세기전환기 독일 사이언스 픽션 속의 초현실 세계」 등이 있다.

파편에서 콜라주로,

도시의 역사성과

깊이

중세의 오밀조밀함과 근세의 시원스럽게 뚫린 축선이 공존하는 빈을 걷다보면 시간의 편차를 두고 만들어진 편린들을 덧이어 새 생명을 획득하는 콜라주 도시를 만나게 된다. 콜라주 도시는 외면당한 파편들을 '차이'와 공생의 관계로 엮어내 지루한 투명성 대신 신명 나는 깊이를 획득하는 토포그라피topography의 도시이기도 하다.

골 목 길 과 무 한 대 를 향 해 질 주 하 는 축 선 :
빈 의 중 세 도 심 과 벨 베 데 레 궁 정 원
—
빈의 원 도심을 걷다보면 전형적인 중세 도시의 풍경을 만난

─── 전형적인 중세 도시 풍경. ⓒ백진

다. 시원스럽게 쭉쭉 뻗어나가는 대로大路 대신 좁고 기다란 길들이 미로처럼 얽히고 이리저리 꺾여 5분 정도만 걸으면 여지없이 방향감을 잃고 만다. 물론 이 도시에서 살아가는 사람들에겐 길을 따라 걸으며 직장, 집, 시장 또는 카페로 가는 것이 숟가락이 입으로 가는 것처럼 쉬운 일이겠지만, 이방인에겐 그것이 마치 어둠 속에서 문고리 찾는 것처럼 어렵게 느껴진다.

건축의 세계에 입문한 후 언젠가 꼭 한번 가보고 싶었던 아돌프 로스Adolf Loos의 작품 '아메리칸 바American Bar'(1908)를 찾아가는 길도 그러했다. 그나마 휴대전화의 지도 앱이 있어서 시간을 단축할 수 있었다. 내가 어디로 움직이는지 빤히 보여주는 이 지도 앱이 없었다면 살갗을 바짝 태우는 땡볕 아래 미로 같은 골목길을 여러 번 맴돌다 기진하고 나서야 거기에 발을 들여놓았을 것이다.

이 미로의 도시에 그래도 숨통을 틔워주는 것은 12세기부터 축

조되기 시작했다는 슈테판 대성당 앞의 커다란 광장이다. 나무가 빽빽이 박힌 숲속에 불현듯 나타나는 호수처럼 확 트인 이 마당은 이런저런 길들이 모여드는 곳이기도 하고, 이리저리 흩어져 갈리는 곳이기도 하다. 그러고 보면 이 성당의 남쪽 트랜셉트transept 위에 쭉 뻗은 첨탑의 높이가 장장 136미터에 이르는 데는 이유가 있는 것 같다. 거미줄처럼 얽힌 미로 속에서 영원히 헤매지 않도록 도심 어디에서나 보이는 방향타이자 돛대처럼 길잡이 역할을 하려고 첨탑은 하늘 높은 줄 모르고 뻗어 올라간 것 아닐까?

이 원 도심을 벗어나 바깥으로 15분 정도 걸어 나가면 벨베데레

—— 하부 벨베데레 궁전. ⓒ백진

궁이 나온다. 이 궁은 많은 사람이 구스타프 클림트의 그림 〈키스〉를 보러 찾는 곳이지만, 내 관심을 끄는 것은 사실 정원이었다. 18세기 초에 설계된 이 정원은 도미니크 지라드Dominique Girard의 작품이다. 그는 베르사유궁의 정원을 디자인했던 앙드레 르 노트르의 제자였다. 수水공간을 만드는 데 전문가였던 지라드는 베르사유궁의 정원에 호수 같은 연못을 만들고, 태양의 신 아폴론(물론 루이 14세를 상징한다)이 밝음과 어둠이 교묘하게 섞이는 석양볕을 배경으로 아름다운 님프에 둘러싸여 휴식을 취하는 그로토grotto를 만드는 데 일조했다. 지라드는 벨베데레궁의 정원에도 똑같이 연못을 만들고 그로토를 만들었다.

　　하지만 도시사都市史의 관점에서 가장 흥미로운 대목은 스승 르 노트르의 대범한 기획을 어깨너머로 배운 지라드가 벨베데레궁의 정원에도 무한대를 향해 달리는 거대한 축선을 도입했다는 점이다. 가운데 넓은 길 하나와 좌우에 자리잡은 길 두 개가 원 도심을 향해 질주

하듯 내달린다. 이 길들 사이의 널따란 장방형 공간에는 거대한 카펫이라도 깔린 것처럼 관목들이 기하학적 패턴으로 깔끔하게 정리되어 있다. 길의 가장자리로는 짙은 녹색의 나무들이 원뿔 모양으로 각을 잡고 군인처럼 열병하고 있다. 시원하게 거침없이 내달리는 길의 끝자락에는 슈테판 대성당 트랜셉트 꼭대기의 첨탑이 초점처럼 눈에 들어온다.

베르사유궁과 벨베데레궁의 정원은 파리와 빈의 도시 조직에 대한 비판을 담고 있다. 절대 권력자 루이 14세에게 중세의 파리는 답답하고 꾀죄죄하고 찌글찌글했다. 마차가 시원스레 달리고 싶어도 부러진 나무젓가락을 덧이어놓은 것처럼 이내 끊기고 마는 요리조리 꺾인 길목은 좌절을 안겨주었다. 군대를 행진시키고 싶어도 폭이 좁고 길이 쉴새없이 주름처럼 접히는 바람에 모양새가 나지 않았다. 그렇다고 건물을 다 허물고 길을 다시 뚫을 수도 없는 노릇이었다.

도시 외곽의 정원이 대안으로 떠올랐다. 무한 권력을 소유하고 있으니 세상 어느 누구도 상상할 수 없는 면적의 정원을 만들 수 있고, 거기에 거대한 축들로 질서를 잡은 새로운 공간을 구현할 수 있었다. 단절, 굴절 그리고 좌절의 공간을 시원하게 날려버리고 자신의 무한 권력을 구현하고 표상하는 유토피아적 공간을 등장시킨 것이다.

투시도 기법을 바탕으로 무한대를 향해 달려나가는 축선을 따라 시원하게 뻥뻥 뚫린 대로들을 갖춘 정원은 이런 점에서 부재하는 이상 도시에 대한 대리 충족물이기도 하다. 도시를 아예 새로 짜지는 못하더라도, 조경을 통해 이상 도시의 그림자를 구현해본 것인지도 모른다. 벨베데레궁의 정원도 스케일은 훨씬 작지만 마찬가지로 빈의 중세 도심을 향한 비판이자 신질서에 대한 연습이었던 것이다.

정 원 을 넘 어 도 시 로 :
링 슈 트 라 세 의   도 시   개 조
—

산업혁명의 여파로 조경에서 나타난 이상 도시에 대한 염원은 새로운 장을 맞이한다. '도시'는 일자리를 찾아 몰려드는 시골 사람들이 닭장 같은 방에서 군집 생활을 하며 창궐하는 쥐와 동거하고, 오물 냄새가 진동하고, 썩은 물을 마셔야 하며 대기는 이산화탄소로 시커멓게 타들어가는 곳으로 변했다. 다층 건물이 미로 같은 좁은 길을 따라 쭉 빈틈없이 들어서다보니 빛도 들지 않고, 바람도 들지 않아 음침한 기운이 도시 전체에 쫙 깔렸다. 그 바람에 도시는 각종 질병이 배양되는 온상이 되고 범죄 행위 또한 끊이지 않는다.

투시도 기법을 기반으로 한 조경술은 이런 도시의 모습을 타개하려는 꿈을 꾸는 이들에게 큰 희망으로 다가온다. 베르사유궁의 정원 없이 19세기 중반에 대대적으로 전개되었던 오스만의 파리 대개조가 나올 수 있었을까? 20세기 초반 세기의 건축가 르코르뷔지에도 유사한 꿈을 꾸었다. 그는 5퍼센트의 땅만 건물로 덮고, 나머지는 거대한 공원으로 만들며, 직각 및 대각선 방향으로 내달리는 대로를 시원하게 뚫어주는 꿈을 꾸었다. 이들이 벌인 일에 대해 전반적으로 칭찬보다는 신랄한 비판이 가해졌던 것이 사실이다. 오스만은 무식하고, 교양 없고, 취향도 없고, 역사를 무자비하게 없애면서도 양심의 가책을 전혀 느끼지 못하는 범법자라는 비판을 고스란히 들었다. 르코르뷔지에는 지나치게 계몽주의적 환상에 젖어 이성의 빛과 바람만 좇았고, 업무·주거·여가·이동이라는 극히 단편적인 네 가지 잣대로 인간의 삶을 분석했다고 비판받는다.

링슈트라세를 중심으로 19세기에 전개된 빈의 도시 개조 역시 18세기에 등장한 벨베데레궁 정원이 보여주는 공간감이 그 모델이었다. 투시도 기법에 따라 무한대로 내달리는 축을 설정하고 이를 대로로 구체화하는 방식은 오스만이나 르코르뷔지에가 꿈꿨던 파리 대개조와 일면 유사하다.

　　하지만 빈의 도시 개조는 의미가 남다르다. 링슈트라세는 원래 중세 성곽 도시였던 빈이 외부에서 침입해오는 적을 막는 저지선이었다. 성곽을 따라 폭 200미터에서 500미터에 이르는 원형 띠 형태의 완충지대를 둔 것이다. 산업혁명의 파급이 빈까지 이르러 성 바깥쪽에는 신흥 부르주아와 노동자가 몰려와 살기 시작했고, 이내 성안과 바깥은 둑이라도 터진 것처럼 교류가 왕성해졌다. 방어를 위한 완충지대라는 원형 띠의 용도는 더이상 의미가 없어진 것이다.

　　이런 띠의 운명을 획기적으로 바꾸어놓은 것은 1848년 혁명이었다. 유럽 전역에 '시민'의 힘이 역사 변혁의 동인으로 분출되고 있던 때, 유혈 투쟁과 살육의 상잔을 겪은 파리와 달리 빈에서는 일종의 대타협이 이루어진다. 빈에서는 황제와 귀족이 한편을 이루고, 부르주아와 노동자로 대변되는 시민이 한편을 이루어 피 흘리는 싸움 없이 타협을 이루어내는데, 바로 이 타협의 산물이 링슈트라세라는 공간의 개조였다.

　　원형의 띠는 다각형 형태의 대로 몇 개로 정리된다. 정리된 길들을 따라 '시민'들을 위한 극장, 도서관, 학교, 공원 같은 시설들이 들어선다. 의회 또한 민주주의의 이상을 좇겠다는 의지를 천명하고자 그리스 건축 양식으로 건립된다. 원형의 띠가 대로로 정리된 것에 대한 정치적 해석도 있긴 하다. 파리에서 게릴라전을 벌인 시민들이 골목길

—— 링슈트라세의 거리 모습. 오른쪽 뒤편으로 부르크테아터가 보인다. ⓒ백진

—— 그리스 건축 양식으로 건립된 의회. ⓒ백진

을 활용해 바리케이드를 쳤다는 점을 기억하고, 게릴라전이 어렵도록 길을 아예 넓게 뻥뻥 뚫었다는 것이다. 사실일 것이다. 하지만 또하나 분명한 사실은, 링슈트라세의 공간 개조는 타협과 공존의 정치적 성과물이었다는 것이다. 황제와 귀족의 자금으로 '시민'이라는 군집의 규모에 걸맞은 공간을 만들어냈다. 그들 삶의 질을 높이는 방편으로 길과 공공시설을 연계해서 개발한 것이다.

시 민 들 을 위 한 정 원, 폭 스 가 르 텐
—

링슈트라세의 개조 과정을 살펴보면, 18세기에 등장한 한 정원을 통한 연습이 약 한 세기가 지난 후 도시 공간을 조직하는 원리로 작동하는 것을 알 수 있다. 링슈트라세가 완성되었을 때 빈은 두 개의 얼굴을 갖게 되었다. 정치적으로는 신, 황제, 귀족으로 대변되는 구질서와 시민으로 대변되는 신질서가 서로를 인정하며 공존하게 된 것이다. 공간적으로는 원도심과 신시가지가 만나며 서로 이질적인 도시 조직이 접목되자 빈만의 색깔이 만들어졌다.

중세 도심의 구불구불한 길을 걸으며 신체를 감싸안아주는 것 같은 휴먼 스케일human scale의 편안함을 즐기다보면 어느덧 햇빛 가득한 탁 트인 공원을 만나고, 몇 사람이 상의를 벗어던지고 일광욕을 즐기는 일상의 풍경이 등장한다. 어머니의 품에 안기는 것 같은 휴먼 스케일과, 거침없이 드러난 대지와 하늘을 만나는 활짝 트인 초超휴먼스케일이 서로 만난다. 골목길의 편안함과 공원의 해방감이 만나 서로의 부족한 부분을 채워준다. 이 두 개의 질서는 서로 다르기에 마치 한 몸

—— 뒤편으로 자연사 박물관이 보인다. ⓒ백진

—— 왼쪽 뒤편으로 빈 시청사가 보인다. ⓒ백진

인 것처럼 엮일 수 있다. 하나로 고정된 삶을 강요하는 도시가 아니라, 다양한 상황을 담아내는 스펙트럼을 가진 도시가 되는 것이다.

서로 다른 상황이 만나 적층을 이루고 상호 차이에 의해 서로를 지탱하기에, 사람들이 필요에 따라 혼자서, 둘이서, 또는 군중을 이루어 이곳저곳으로 잠깐씩 숨어들어 안기는 것이 가능하다. 위상기하학의 차이 생산 방식인 토폴로지topology가 아니라, 삶의 다양한 양상을 담아내는 '차이'의 네트워크로서 토포그라피topography를 지닌 도시가 탄생하는 것이다. 같은 것이 반복되는 지루한 투명성(전체주의자들의 도시) 대신 이면에 무언가를 살포시 숨기고 유혹하는 신명 나는 깊이감을 가진 도시가 탄생하는 것이다.

파 편 을   이 어   의 미 를   만 드 는   콜 라 주   도 시
—

중세의 조직과 근대의 조직을 잇는 빈처럼, 시간의 편차를 두고 만들어진 편린들을 이어 새로운 의미를(아니면 '길'을) 만들어내는 도시를 무엇이라고 부를 수 있을까? 나는 콜린 로Colin Rowe라는 건축·도시 이론가의 말을 따서 그런 도시를 '콜라주 도시'라 부르고 싶다. 로는 파블로 피카소의 그림을 예로 들며, 콜라주의 의미를 도시 읽기의 방편으로 도입한다. 그럼으로써 습관적으로 지나쳐버리는 것에 새로운 의미를 담고, 데면데면하며 멀찌감치 떨어져 있던 것들을 가까이 붙여서 새로운 의미를 창출한다.

때로는 어쩔 수 없이 충돌이 불가피하다. 낯선 것들이 서로 교우하면서 모든 것이 아름다운 창조의 영역에 이르는 것은 아니기에 순간적인 메스꺼움도 피할 수 없다. 하지만 이 충돌 속에 새로운 의미를 향한 지향이 자리잡고 있다. 콜라주는 이런 면에서 파편의 재발견을 의미한다. 전체에서 탈피한 의미 없는 외톨박이 존재가 아니라, 다른 파편과의 연대 속에서 구질서를 전복하고 새로운 전체를 향한 상상과 염원을 촉발시키는 힘을 지닌 파편을 찬미한다. 연대를 통해 자기 존재를 확인하고 의미를 창출하기에 콜라주는 자폐적이고 완결적인 개체를 거부하고, 불완전하고 아직은 의미가 부여되지 않은 상태에서 상호 의존과 상호 지탱의 관계를 짜고자 한다. 이항 구도를 넘어 다항 구도에 대해서도 열려 있기에 다양한 차이들이 서로를 지탱하는 매트릭스 같은 세계를 그린다.

중요한 사실은, 콜라주는 시각예술만의 문제만이 아니라 도시의 문제이기도 하다는 점이다. 서로 이질적인 것들이 만나는 장인 도시는 하나의 일방적 시스템이 각인된 결과물이 아니다. 도시는 동질의 한 가지 논리가 지배하는 순수 결정이 아니라, 서로 다른 이질적인 시스템들이 경쟁하듯 포개지며 형성된다. 처음에는 혼돈스러운 것 같지만, 그 안에서 차이의 관계를 읽어낼 때, 서로 다른 체계의 편린들이 만나 적층을 이루며, 상호 차이에 의해 서로를 지탱하는 의미의 장이 열린다. 중세 도시의 골목길과 근세의 공원에서는, 몸을 안아주는 품 같은 골목길의 노천카페에 앉아 친구랑 커피를 홀짝거리다 오후 나절 뻥 뚫린 널따란 공원에서 일광욕을 할 수도 있다. 콜라주의 삶이 이런 도시에서 나오는 것이다. 서로 뒤죽박죽 정글처럼 뒤얽혀 있던 것들이 어느 순간 혼돈의 세계를 탈출해 영롱하게 튀어오르며 의미를 획득한다.

그렇다면 콜라주 도시를 창출하는 첫번째 단추는 서로 다른 시스템들이 탄생하는 원인과 흔적, 그 요소들을 기록하고, 시스템들이 병치되는 경계부를 넘나들며, 행여나 태생은 다르지만 서로 겹치는 대목이 없는지 따져보는 것이다. 이 차이의 네트워크를 상황과 연계된 삶의 언어로 시나리오를 짜듯 읽어내는 것이다.

콜 라 주 도 시 서 울 을 꿈 꾸 며
—

상황은 너무나 다르지만 서울이 걸어갈 미래의 단초를 빈에서 본다. 벨베데레궁의 정원이 만들어놓은 공간 만들기 방식과 중세의 공간 만들기 방식이 서로 접목되어 상생의 관계를 이루어냈다. 이런 콜라주 도시를 꿈꾸며 서울에서 살아가는 이에게 주어진 소임은 무엇일까? 마침 압축 성장의 동력도 멈춰 섰으니 진지하게 고민할 때가 왔다. 불도저로 밀어붙이듯 거침없이 진군해온 상전벽해의 변화 속에서도 조선시대, 대한제국시대, 일제강점기의 도시 조직은 여전히 곳곳에 남아 있다. 개발 시대의 도시 조직과 겹쳐지며, 때로는 정글처럼 서로 얽혀 있다. 하지만 이 혼돈 속에 아무도 예측하지 못한 새로운 접목과 상생의 이야기가 숨어 있는지도 모른다.

하나의 논리가 지배하는 도시는 위험하다. 다른 가치에 대한 증오를 넘어 용서, 화해, 포용 그리고 해학이라는 역사적 타협을 이루는 것이 콜라주 도시의 정치학이다. 다양한 가치와 그 가치들을 담아내는 공간적 구조가 공존하고 서로 덧이어지는 흐름이 존재하는 도시, 이것이 빈을 통해서 내다보고 만들어갈 서울의 운명 아닐까? 콜라주의 도시, 이면에 더 보여줄 것을 살며시 숨긴 깊이를 지닌 토포그라피의 도시—그런 서울을 꿈꾸어본다.

〈참고문헌〉
Colin Rowe and Fred Koetter, *Collage City*, Cambridge, MA.: MIT Press, 1978.
Henriette Steiner and Maximilian Sternberg eds., *Phenomenologies of the City: Studies in the History and Philosophy of Architecture*, Surrey, England: ASHGATE, 2015.

백진_서울대학교 건축학과 교수
서울대학교에서 건축학을 전공하고, 동 대학원을 졸업했다. 미국으로 건너가 예일 대학교에서 건축학 석사 학위를, 펜실베이니아 대학교에서 건축학 박사 학위를 받았다. 펜실베이니아 주립대와 도쿄대 등에서 교편을 잡았고, 현재 서울대학교 건축학과 부교수로 재직중이다. 현상학적인 관점을 바탕으로 건축과 도시에 관한 주제를 꾸준히 연구하며 글쓰기와 디자인 작업을 병행하고 있다. 지은 책으로는 *Nothingness: Tadao Ando's Christian Sacred Space*(Routledge, 2009), *Architecture as the Ethics of Climate*(Routledge, 2016)가 있다. 환경을 풍경이라는 말로 풀어보는 에세이 성격의 저서 「풍경류행」(효형출판사, 2013)을 출간하기도 했다. 콜라주와 토포그라피라는 현상학적 관점을 바탕으로 서울을 읽는 책을 집필중이다.

파편에서 콜라주로, 도시의 역사성과 깊이

2부

또다른
유럽

사교계의
중심이 된
고대 스파 도시

영국 남서쪽에 자리잡고 있는 바스는 이름 그대로 온천수를 대량으로 뿜어내는, 옛날부터 잘 알려진 온천 도시다. 1세기에 영국을 점령한 로마인들은 원주민 켈트족의 성지였던 이곳에 로마식 온천탕과 사원을 세웠다. 그들은 이 사원을 켈트족의 치유와 온천의 여신인 술리스Sulis에게 바치고, 이곳의 온천수를 '술리스의 물'이라 불렀다. 바스는 지금도 로마의 목욕탕이 가장 잘 보존되어 있는 유적지로서 유네스코 세계문화유산에 등재되어 있다.

—— 바스의 로마식 온천탕.

고 대 스 파 도 시 에 서
1 8 세 기 사 교 계 의 중 심 으 로

—

로마인들이 떠난 후 바스는, 비록 중세에 양모 거래의 중심지로 주목받기도 했으나, 수 세기 동안 류머티즘 또는 피부병을 앓는 병자들이나 찾는 조그만 지방 도시에 머물렀다. 그러다가 18세기에 들어서면서 바스는 영국 부유층이 가장 선호하는 세련된 요양과 사교의 도시로 거듭났다. 바스의 갑작스러운 번영에는 몇 가지 이유가 있다. 온천수를 마시는 치료법이 유행하면서 요양지로서 가치가 새롭게 인식되었고, 이에 따라 1702년에 이곳을 찾은 앤 여왕을 비롯해 많은 왕족과 귀족, 부유층이 건강과 휴식을 취하기 위해 모여들었다.

또한 18세기 들어 도로 사정이 좋아지고 마차가 좀더 안락해지는 등 교통수단이 개선돼 사람들이 좀더 편하게 여행길에 오를 수 있게 됐다. 이에 따라 관광이라는 근대적인 여가 활동이 정착되었다. 더욱이 18세기는 영국이 크게 번영한 시대여서, 새롭게 부를 형성한 중산층도 휴식과 오락, 사교를 원했다. 바스는 이들의 수요와 갈증을 충족시켜줄 수 있는 장소로 떠오르면서 최고의 전성기를 맞이한 것이다.

이러한 인기에 힘입어 소설가 토바이어스 스몰렛, 제인 오스틴, 프랜시스 버니, 극작가 리처드 셰리든 등 수많은 문인이 이곳을 찾았고, 이에 따라 바스는 18세기 문학작품에도 자주 등장하는 명소가 되었다. 그런 작품으로 스몰렛의『험프리 클링커의 여행』(1771)과 오스틴의『노생거 사원』『설득』(유고작. 1818) 등을 들 수 있다. 『험프리 클링커의 여행』에서 삼촌 브램블 씨와, 당시 부유층 사이에서 최고의 인기를 누리던 바스를 방문한 소설 속의 인물 리디아는 이 도시가 모든 것이 유쾌하고 화려하며 즐겁기만 한 '지상의 낙원'이라는 찬사를 보낸다.

바스의 이런 화려한 변신은 온천이라는 자연적인 조건과 위에 언급한 역사적 환경에 기인하기도 했지만, 바스의 발전을 이끌어간 몇 사람의 눈부신 활약 덕분이기도 했다. 바스로 영국 사교계를 성공적으로 끌어들인 리처드 내시Richard Nash, 아름다운 신고전주의적 건축물로 새로운 도시 개발을 시도한 건축가 존 우드John Wood 부자, 그리고 재정적 지원을 아끼지 않았던 사업가이자 한때 바스의 우체국장과 시장을 역임한 랠프 앨런Ralph Allen 같은 사람들이 없었다면 화려한 휴양지 바스는 탄생하지 못했을 것이다.

'바 스 의 왕' 사 교 계 의 주 인 '보 내 시'

—

바스를 찾아온 사람들은 온천수를 마시기도 하고 온천에 몸을 담그기도 하면서 시간을 보냈으나, 그 외 나머지 시간을 위한 사교와 오락도 필요로 했다. 이를 형성하는 데 가장 크게 기여한 사람이 바로 내시다. 멋진 옷차림과 세련된 매너로 '보Beau, 멋쟁이 내시Nash'라 불리던 그는 1704년부터 약 반세기 동안 바스 사교계의 주인 격인 '마스터 오브 세레머니Master of Ceremonies'로 활약하면서 스스로를 '바스의 왕'이라 칭했다. '마스터 오브 세레머니'는 비록 공식 직책은 아니었으나, 그는 새롭게 방문한 사람들이 사교계에 참여할 자격이 있는지 여부를 확인하고, 이들을 서로 소개하고, 무도회나 음악회 등 다양한 사교 모임과 오락거리를 주선함으로써 사교계가 원활히 돌아가도록 관리했다.

내시는 거친 말투나 천박한 행동은 말리고, 교양 있는 매너를 권하면서 바스 사교계를 문화적이고 세련된 모임 장소로 격상시켰다. 그는 특히 그곳을 찾은 다양한 계층의 사람들을 서로 융화시키려 노력함으로써 계층 간의 거리를 좁히고 교류를 장려하는 풍토를 만들어갔다. 이런 바스의 특징은 스몰렛의 작품에서 작중 인물들의 엇갈린 평가로 언급되는데, 한 젊은 남성은 바스가 고위직에서부터 판사, 장군, 주교, 사업가, 철학가, 재담꾼, 시인, 배우, 약사, 연주가, 광대 등을 다 접할 수 있어 큰 구경거리를 제공한다고 했지만, 보수적인 시골 신사인 그의 삼촌 브램블 씨는 바스를 어중이떠중이들이 모여서 소란을 피우는 무질서한 곳이라고 혹평했다.

이렇게 모여든 사람들은 온천수를 마시기 위해 매일같이 '펌프룸Pump Room'을 찾았다. 늘어나는 방문객을 수용하기 위해 수차례 확장

을 거듭한 펌프 룸에서 사람들은 음악도 듣고, 커다란 홀을 거닐기도 하며 사교의 시간을 가졌다. 오스틴의 『노생거 사원』에서 펌프 룸은 젊은이들의 연애 장소로 등장하며, 여주인공 캐서린이 좋아하는 남자를 만나려고 이른 아침부터 이곳으로 달려갔다가 그가 나타나지 않자 크게 실망하는 장면이 있다. 한편 스몰렛의 작품 속에서 리디아는 펌프 룸을 두고 "갤러리에서 연주되는 음악과, 많은 사람이 모여서 생기는 열기와 냄새, 그리고 웅성거리는 소리가 두통과 어지럼증을 가져왔다"고 말했다.

　　펌프 룸 외에도 바스에는 어셈블리 룸Assembly Rooms이라 불리는, 무도회나 음악회를 개최하는 집회장이 여러 군데 있었다. 사람들이 가장 많이 모여들던 10월에서 6월 사이 사교 시즌에는 매주 두 차례 무도회와 일련의 음악회, 연극, 카드 모임 등이 정기적으로 열렸고, 이러한 행사들은 입장권을 팔아 운영되었다. 리디아는 현란하게 밝혀진 어

—— 토머스 롤린슨Thomas Rowlinson
이 풍자한 펌프 룸. 1798.

—— 토머스 롤린슨의 그림. 가장무도
회와 같은 행사는 바스가 제공하
는 중요한 오락거리 중 하나였다.

셈블리 룸에서는 근사하게 차려입은 사람들이 차를 마시거나 카드놀이
를 하거나 담화를 나누는 모습을 볼 수 있다고 했다. 이처럼 과거에는
병자들의 모습만 보이던 우울했던 바스가 18세기에는 런던 다음으로
화려한 사교계의 중심이 되었다.

—— 음악회 등 각종 행사가 벌어지곤 했던 화려한 옥타곤 룸.

신고전주의 팔라디언 건축의 요지

—

이러한 인기에 힘입어 바스의 인구는 18세기에 지속적으로 증가했다. 약 2천 명이던 인구가 후반에는 3만 8천 명으로 증가하는 놀라운 현상을 보였다. 늘어나는 주민과 영국 각지에서 몰려드는 방문객은 숙박 시설이 필요했고, 이런 수요에 따라 바스에는 대대적인 건축 붐이 일어났다. 이에 따라 바스에는 신도시가 새롭게 형성됐는데, 이는 건축가 존 우드 부자의 야망과 비전을 실현한 결과다. 건축물을 지은 돌은 근처 채석장에서 제공됐는데, 이 채석장은 랠프 앨런의 소유였다. 아버지 존 우드가 건설한 여왕의 광장Queen's Square, 반달 모양의 로열 크레센트Royal Crescent, 원형의 서커스Circus는 바스의 명물로 자리잡아 또다른 구경거리가 되었다.

아버지 존 우드는 고대 로마 건축 스타일을 재현하고자 했던 16세기 이탈리아 예술가 안드레아 팔라디오의 영향을 받아, 신고전주의적 웅장함과 우아함, 그리고 균형미를 겸비한 건축물을 자연 풍경과 조화를 이루도록 배치함으로써 자연과 건축물이 어우러지는 새로운 형태의 도시를 만들었다. 서커스는 원을 세 부분으로 나누어 그 사이에 밖으로 통하는 통로를 두고, 중앙에 커다란 정원을 자리잡게 한 특이한 건축물이었다. 원의 각 부분은 33개의 주택으로 나누어져 있었으며, 이 서커스와 로열 크레센트는 바스로 몰려드는 부유층이 머무는 장소가 되었다. 그러나 비난도 없지 않아, 스몰렛은 브램블 씨의 글을 통해 서커스의 각 집이 원의 한 부분을 차지하는 까닭에 방의 모양이 쓸모없고, 위치도 시내에서 멀어 불편하다고 혹평하기도 했다. 그러나 대부분의 사람들은 바스의 새로운 건축물에 매료되었고, 다른 도시에서는 이런 건축 양식을 모방하기도 했다.

화 려 한   쇼 핑 가 와   소 비 의   도 시

—

이처럼 요양과 오락을 즐기러 찾아온 사람들, 특히 세련된 삶을 원했던 부유층이 북적대는 18세기의 바스는 자연스레 소비의 중심지가 되었다. 바스의 쇼핑가는 특히 화려했던 것으로 알려졌다. 특히 구시가지와 신시가지 사이에 자리잡은 밀섬가Milsom Street는 상점들이 즐비하게 늘어선 곳으로, 소설에서도 자주 언급된다. 『노생거 사원』에서 한 여성은 "방금 밀섬가에서 정말 예쁜 모자를 보았어"라고 하며 감탄한다. 『설득』에서도 주인공 앤이 프린트 가게 앞에서 윈도쇼핑을 하고 있는 지인을 만난다.

오늘날과 같이 커다란 창에 손님의 구미가 당기게 상품을 진열

—— 부유층의 숙소 로열 크레센트.

—— 웅장함과 우아함을 지닌 팔라디언 스타일의 건축물 서커스.

해두는 식의 상점들이 18세기에 새롭게 등장하기 시작하는데, 이러한 상점들은 쇼핑을 하나의 도시적 오락거리로 만들고 윈도쇼핑이라는 행위를 탄생시켰다. 바스에서는 밀섬가나 펌프 룸 주위에 이와 같은 상점들이 밀집된 거리가 형성되었다. 이런 거리는 특히 향수, 그림, 도자기, 옷, 모자, 모피, 시계와 장신구 등의 사치품을 취급하는 상점들로 유명했다. 고급 식품점도 유행했는데 『설득』에서 앤이 비를 피해 들어간 페이스트리 가게 몰런즈Molland's, 1774년에 문을 연 아이스크림 가게 등이 사람들을 유혹했다.

책이 하나의 사치품이었던 이 시대에 회원제로 책을 빌려주는 유료 도서관이 유행했는데, 바스에는 이런 도서관이 몇 군데 있었고, 그중 마셜스Marshall's는 왕족과 다수의 귀족들을 회원으로 자랑했다. 특

밀섬가 유료 도
서관 전경.

히 각종 장식품 등 사치스러운 잡화를 파는 장난감 가게toy shop와 도자
기 상점은 런던보다 더 훌륭하다는 평을 받기도 했다. 주로 중국에서
수입되던 도자기를 영국에서 처음 개발해 생산하기 시작한 조사이어
웨지우드Josiah Wedgewood는 1772년에 밀섬가에 도자기 가게를 열었다.
이렇듯 18세기 후반 바스 중심가는 영국 각지에서 들여온 고급 사치품
과 수입품을 판매하는 가게들로 인해 런던 다음가는 쇼핑 도시로 명성
을 누렸다.

　　이렇게 18세기에 화려한 도시로 변신한 바스에서는 근대 도시
의 문제점들도 나타났다. 바스는 한때 18세기 심각한 사회 문제였던 도
박의 온상이 되어 바스로 전문 도박꾼들이 몰려들었는데, 사실 내시도
전문 도박꾼이었다고 한다. 그 밖에 브램블 씨가 불평했듯이 많은 사람
이 몰려들어 발생한 소음과 무질서, 지나친 사치와 남녀가 비교적 자유
롭게 교류할 수 있는 분위기에서 오는 성적 문란함 등도 이 도시의 비
난거리가 되었다. 어떤 작가는 바스가 대도시 런던의 사악함을 모방하
는 데 결코 뒤지지 않는다고까지 했다. 18세기 말에 들어서면서 사람

들이 보다 조용하고 차분한 다른 휴양 도시를 찾기 시작하면서, 바스의 휘황찬란했던 영광과 번영의 시대도 서서히 막을 내린다.

〈참고문헌〉

Fawcett, Trevor. "Eighteenth-century shops and the luxury trade." *Bath History 3* (1990): pp. 49~75.
Smollett, Tobias. *The Expedition of Humphrey Clinker.* Ed. James L. Thorson. New York: Norton, 1983.

문희경_고려대학교 영어영문학과 교수

옥스퍼드 대학교에서 학사, 석사, 박사 학위를 취득했다. 현재 고려대 영어영문학과 교수로 재직중이며, 고전영문학, 특히 17세기와 18세기 영문학을 전공하고 있다. 저서로 『고전영문학의 흐름』 등이 있다.

'북쪽의 아테네'에서 꽃핀
스코틀랜드 계몽주의

에든버러는 중세 초기 노섬브리아 왕국의 중심지였던 이래 현재까지 명실상부한 스코틀랜드의 중심 도시다. 1707년 스코틀랜드와 잉글랜드의 합병으로 대영 제국이 탄생했지만 그 이후에도 스코틀랜드인들의 수도는 여전히 런던이 아닌 에든버러였다고 할 수 있다. 에든버러는 11세기 이후 줄곧 스코틀랜드 왕실의 거주지였다.

아름다운 중세 도시의 외관을 그대로 간직하고 있는 구시가지와 18세기에 조성된 신시가지는 1995년 유네스코 지정 세계문화유산에 등재되었다. 또한 에든버러는 18세기부터 본격적으로 성장한 영국 출판 산업의 중심지이자 월터 스콧과 로버트 번스 등 유수의 문인들을 배출하기도 했다. 에든버러는 2004년에 유네스코 선정 문학의 도시로 지정되었다.

—— 칼튼 힐Calton Hill에서 내려다본 에든버러. ⓒ정희원
오른쪽의 구조물은 계몽주의 철학자 듀갈드 스튜어트 기념비다.

    7세기에 노섬브리아의 에드윈왕이 외적의 침입을 막기 위해
거대한 화산암 절벽으로 둘러싸인 바위 위에 축조한 에든버러성은 이
도시를 대표하는 상징물이다. 에든버러성과 동쪽지대의 홀리루드하우
스 궁전을 잇는 하이 스트리트는 흔히 로열 마일Royal Mile이라 불리는
데, 그 거리는 왕족과 귀족들만 통행할 수 있었고 대략 1마일에 이르
는 까닭이다. 대로로 통행할 수 없었던 시민들은 주로 좁은 골목길
로 다니곤 했는데 클로스close라 불리는 이 작은 골목들은 마치 타임머
신을 타고 중세로 돌아간 듯한 느낌을 선사하며 로열 마일의 매력을 완
성한다.

—— 클로스. ⓒ정희원

에든버러와 18세기 스코틀랜드 계몽주의

—

17세기 말까지 스코틀랜드는 잉글랜드에 비해 사회경제적으로 뒤처져 있었으나, 18세기 들어 스코틀랜드 계몽주의가 만개하면서 에든버러는 학문과 문화의 중심지로 거듭났다. 프랜시스 허치슨과 데이비드 흄, 애덤 스미스 등 다수의 계몽주의 사상가들이 에든버러와 글래스고를 중심으로 활동했다. 이 시기에 에든버러 대학과 글래스고 대학은 잉글랜드의 상류층 자제들도 선망하는 명문 대학으로 거듭났다. 로열 마일 중심부에 있는 세인트자일스 대성당 옆 머캣 사거리에 서 있으면 "몇 분 안에 천재와 지식인 50여 명을 만나 악수할 수 있다"고 말할 정도였다. 구시가지에 여전히 자리잡고 있는 오래된 선술집들은 철학자들과 과학자들이 만나 대화하고 생각을 나누던 흔적을 간직하고 있다.

에든버러를 중심으로 스코틀랜드 계몽운동이 활발히 전개될 수 있었던 이유는 출판 산업의 발달과 더불어 독서 대중이 형성되어 있었기 때문이다. 18세기 스코틀랜드 종이 산업의 발달은 인쇄소와 도서관의 증가로 이어졌다. 18세기 중반에 5개 정도 있던 제지공장이 1794년에는 260개로 늘어났고, 1760년대부터 1790년대 사이 30여 년 동안 인쇄소의 숫자와 이 도시에서 발행되는 신문 부수는 세 배가 되었다. 앨런 램지Allan Ramsay 같은 이는 순회도서관을 설립해서 로열 마일 곳곳에서 책을 대출해주었고, 이는 공공도서관 설립 운동으로 이어졌다. 에드워드 토팜Edward Topham은 당대에 "에든버러에서 가장 장사가 잘되는 업종은 서점"이라고 단언할 정도였다. 유명 문필가들의 글을 읽고 강연을 듣고자 했던 독서 대중의 탄생은 18세기 후반 스코틀랜드에서 당대

—— 로열 마일에 있는 세인트자일스 대성당과 애덤 스미스 동상. ©정희원

최고 수준의 사상과 저작들이 탄생한 밑거름이 되었다.

북 쪽 의   아 테 네
——

18세기부터 에든버러는 '북쪽의 아테네', 혹은 '근대의 아테네'로 불렸다. 우선 에든버러의 지형이 고대 아테네의 지형과 닮았다. 1820년대에 한 스코틀랜드 귀족은 "포스만the Firth of Forth은 분명 에게해에 견줄 만하고 리스Leith는 아테네의 항구 도시 피레우스Piraeus만큼 훌륭하며 바위 위의 에든버러성은 아크로폴리스와 같다"고 했다. 어떤 프랑스 관광객은 칼튼 힐 위의 스코틀랜드 국립기념물을 아테네 파르테

—— 로열 마일의 하이 스트리트. ⓒ정희원

논 신전에 비유하기도 했다.

　　이런 지형적 유사성 외에도 계몽과 문화의 도시로서 에든버러는 종종 아테네에 비견되었다. 아치볼드 앨리슨Archibald Alison은 1819년에 『블랙우드 에든버러 매거진』에 실은 「에든버러에 건립될 국립 기념물에 관하여」라는 글에서 "제국에서 런던이 젊은이들과 야망을 품은 이들, 쾌락을 좇는 사람들이 몰리는 로마와 같다면, 예술과 과학이 발달한 에든버러는 또다른 아테네가 될 것"이라고 보았다. 18세기 중반부터 이루어진 신시가지 조성은 계몽의 도시로서 에든버러의 입지를 더욱 강화하는 계기가 되었다.

—— 항구도시 리스. ©정희원　　　　　　　—— 칼튼 힐 위의 스코틀랜드 국립 기념물. ©정희원

신 시 가 지　탄 생 과　취 향 의　섬 세 함

　　에든버러 도시 계획은 18세기 중반부터 19세기 중반까지 대
략 한 세기에 걸쳐 이루어졌다. 이를 전문적으로 연구한 학자 영슨A. J.
Youngson은 신시가지를 '계몽주의의 산물'이라고 정의한다. 17세기부터
상업을 통해 축적된 스코틀랜드의 국가적 부와 건축 기술의 발전이라
는 물리적 요소가 뒷받침되어 신시가지는 탄생할 수 있었다. 또한 그
바탕에는 계몽된 세계시민의 안목, 특히 '취향의 섬세함delicacy of taste'이
발달하는 18세기 스코틀랜드의 문화적 기반이 자리잡고 있다.

　　물론 신도심 개발을 촉발한 1차적인 원인은 오래된 구시가지
의 위생과 안전 문제였다. 1752년 팸플릿 『에든버러시 공공사업 수행
에 관한 제안』에는 1751년 9월 에든버러시 중심에 있던 6층 건물이 무
너진 사건이 기록되어 있다. 빈민가가 아닌 상류층 거주지에서 건물이
갑자기 붕괴해 유력 귀족 가문의 가족들이 목숨을 잃은 이 사건은 신시

가지 개발 계획에 박차를 가하는 계기가 되었다.

신시가지 조성에 앞장선 이로는 '근대 에든버러의 건립자'라 불리는 조지 드러먼드George Drummond 시장을 들 수 있다. 드러먼드의 주도하에 오염과 악취의 진원지로 지목된 구시가지 북쪽 노스 로크 North Loch, 'Loch'는 '호수lake'의 스코틀랜드식 표현를 메운 자리에 공원(현재의 프린세스 스트리트 가든)을 조성하고, 구시가지와 신시가지를 연결하는 노스 브리지 건립을 필두로 하는 신시가지 도시 계획이 수립되기 시작했다.

1766년 도시 계획 공모에서 최종 선정된 안을 출품한 이는 놀랍게도 유럽에 그랜드 투어 한번 가본 적 없는 젊은 건축가 제임스 크레이그James Craig였다. 구시가지가 중심 대로인 하이 스트리트를 등뼈로 하여 좁은 클로스들이 생선 가시처럼 양쪽으로 뻗어 있는 소위 헤링본 구조라면, 크레이그가 제안한 신시가지 계획은 동서로 쭉 뻗은 대로를 중심으로 하여 남북으로 통행로를 낸 근대적 격자 구조gridiron plan에 기반을 둔 것이었다. 이처럼 에든버러는 신시가지 건립을 통해 예전의 '올드 리키auld reekie, 묵은 연기라는 뜻'에서 '북쪽의 아테네'로 거듭남으로써, 스코틀랜드 계몽주의의 탄생에 앞장선 계몽의 도시라는 새로운 이미지를 획득한다.

홀 리 루 드 궁 유 령 이 야 기
—

지금도 에든버러는 영국뿐 아니라 유럽 전체에서 손꼽히는 아름다운 도시지만, 18세기 잉글랜드인들에게는 신비로운 고원 하이랜드 지척에 아름다운 신고전주의 건축물이 공존하는 매혹적인 곳이었다.

『로빈슨 크루소』로 유명한 영국 소설가 대니얼 디포는 일찍이 『대영제국 여행기』에서 로열 마일에 대해 "영국에서뿐 아니라 세계에서 가장 넓고 길고 멋진 거리"라고 감탄했다. 이처럼 신시가지 건립 전에도 에든버러 구도심은 잉글랜드인들에게 탄성을 자아낼 만한 곳이었다.

18세기 후반 에든버러는 근대성의 표상과도 같은 최신 양식의 신시가지 바로 옆에 구시가지가 공존하는 곳이었다. 여행지로서 에든버러의 매력은 근대적 계몽의 시공간에 과거의 유령이 출몰하는 장소로서 이 도시를 재현하는 문화적 상상력이 결합되어 완성된다. 홀리루드하우스 궁전의 추천 관광 명소가 데이비드 리치오David Rizzio가 살해당했을 때 흘린 핏자국 자리인 것이 그 대표적인 예다.

스코틀랜드 여왕 메리 1세는 첫번째 남편이었던 프랑스 황태자 프랑수아 2세가 즉위한 지 1년 만에 세상을 떠나자 스코틀랜드로 돌아와 1565년에 헨리 스튜어트, 단리 경Henry Stuart, Lord Darnley과 결혼한다. 단리 경은 메리와의 결혼을 통해 스코틀랜드 왕이 되려 했으나 여의치 않았고, 1566년 귀족들과 공모해 메리의 비서이자 악사였던 데이비드 리치오를 만삭이던 여왕의 눈앞에서 잔인하게 살해함으로써 메리 여왕과의 권력 투쟁이 정점에 이르렀다. 권력을 둘러싼 합종연횡의 암투는 이듬해 1567년 단리 경이 교살될 때까지 계속되었지만, 리치오 살해 사건은 그 정치적 맥락이 서서히 사라진 채 대중적 상상력 속에서 치정극으로 남았다. 그리고 이는 현재까지 이어져 최신판 『론리 플래닛 영국』 중 홀리루드하우스 궁전을 소개하는 부분에도 메리 여왕과 단리 경, 리치오의 이야기가 실려 있다.

지금도 에든버러에서는 클로스와 지하 골목들을 둘러보는 야간 유령 투어가 인기를 끌고 있다. 토머스 뉴트Thomas Newte는 『잉글랜

—— 홀리루드 공원에 위치한 아서스 시트Arthur's Seat와 솔즈베리 크래그스Salisbury Crags. ⓒ정희원

드와 스코틀랜드 여행에 관한 자연적, 경제적, 문학적 전망과 고찰』에
서 1785년에 이미 홀리루드에서 '시체 투어corpse-and-all tour'를 해본 경
험담을 소개하고 있다. 또한 홀리루드궁에서 교살된 단리 경의 넙다리
뼈나 미라가 된 록스버러 백작부인의 시체를 보았다는 목격담도 심심
찮게 전해지곤 했다.

　　18세기 중반부터 19세기까지 에든버러를 방문했던 관광객들
은 구시가지와 신시가지로 대표되는 과거와 현재의 분리될 수 없는 만
남에서 이 도시 특유의 매력을 발견했다. 현재도 신시가지 남단의 프린
세스 스트리트 한가운데 서면 한쪽에는 중세 도시의 외관을 그대로 간
직한 에든버러성과 로열 마일이 펼쳐지고, 반대쪽에는 21세기의 최신
식 이동통신 매장과 고급 상점들이 즐비한 상업지구 거리가 한눈에 들
어오는 묘한 시공간의 공존을 경험할 수 있다.

칼튼 힐 파노라마

—

19세기 유럽 도시 미학의 핵심인 파노라마와, 18세기 말부터 19세기 초까지 영국에서 크게 유행한 소위 '에이도메트로폴리스Eido-metropolis, 도시에 대한 이미지 혹은 재현'의 원류도 에든버러에서 찾아볼 수 있다. 로열 마일 맞은편 칼튼 힐에서 도시 전경을 조망하면 과거와 현재, 자연과 문명이 결합된 도시 에든버러의 매력을 극명하게 느낄 수 있다. 그다지 높지 않은 이 언덕에 오르면 아무런 장애물 없이 360도 파노라마로 신시가지와 구시가지, 에든버러성과 홀리루드하우스 궁전, 멀리 항구마을 리스까지 모두 시야에 담긴다.

실제로 파노라마를 발명해 1787년에 특허를 낸 스코틀랜드인 로버트 바커Robert Barker는 칼튼 힐에서 내려다본 에든버러 풍경에서 영감을 얻어 이 기술을 개발했다. '파노라마'라는 용어는 1791년 바커의 런던 전시를 위해 고안된 명칭이다. 1802년 런던에서 전시된 토머스 거틴Thomas Girtin의 유명한 〈에이도메트로폴리스〉는 대략 너비 33미터,

───── 로버트 바커의 에든버러 파노라마 사진.
바커의 에든버러 파노라마는 너비 대략 91미터, 높이 15미터의 거대한 작품으로, 현재도 사본이 남아
있다.

높이 5미터 크기에 런던 전경을 360도 파노라마로 담은 거대한 작품이
었다. 이처럼 도시가 자연 풍경처럼 미적 대상이 되는 18~19세기 유럽
문화의 한 축에 에든버러가 놓여 있었다.

〈참고문헌〉

이영석, 『지식인과 사회: 스코틀랜드 계몽운동의 역사』, 아카넷, 2014.
Ian Duncan, "Edinburgh, Capital of the Nineteenth Century." *Romantic Metropolis: The Urban
Scene of British Culture, 1780-1840*, Ed. James Chandler and Kevin Gilmartin, Cambridge:
Cambridge UP, 2005.
Pam Perkins, "Exploring Edinburgh: Urban Tourism in Late Eighteenth-Century Britain." *City
Limits: Perspectives on the Historical European City*, Ed. Glenn Clark, Judith Owens, and Greg T.
Smith, Montreal & Kingston: McGill-Queen's UP, 2010.
A. J. Youngson, *The Making of Classical Edinburgh: 1750-1848*, Edinburgh: Edinburgh UP, 1966.

정희원_서울시립대학교 도시인문학연구소 조교수
서울대학교 영어영문학과를 졸업한 후, 동 대학원에서 18세기 영국 소설에 관한 연구로 박사 학위를 받았다. 현
재 서울시립대학교에 재직중이며, 영미문학과 도시에 관한 다양한 학제적 연구에 관심을 갖고 있다. 저서 『영미
소설과 도시인문학』이 2018년 봄에 출간될 예정이다.

'북쪽의 아테네'에서 꽃핀 스코틀랜드 계몽주의

방랑의 철학자 루소가

사랑하고 그리워한

고향

영세 중립국 스위스의 도시 제네바는 우리 대중문화에서 종종 평화의 이상향으로 그려졌지만, 유럽 근대사상의 흐름을 주도한 곳이기도 하다. 종교 개혁자 장 칼뱅을 통해 최초로 역사의 무대에 본격적으로 등장한 제네바는 박해를 피해 이주한 프랑스 개신교도들이 발전시킨 시계 공업으로 경제적 번영을 누린다. 이러한 이주자들의 자손인 (제네바의 철학자) 장 자크 루소는 제네바의 시민들과 과두 체제 사이의 갈등을 목격하면서 급진적인 정치사상을 발전시켰고, 이후 그의 사상은 유럽을 넘어 전 세계에 심원한 영향을 미쳤다. 보수적인 성향이 강한 과거 스위스는 애써 루소를 외면하려고 했지만 금세기 들어서는 그를 자국이 배출한 위대한 인물로 추켜세우고 있다.

—— 레만호.

평 화 의 도 시 , 호 수 의 도 시

—

레만호반에 위치한 제네바시는 스위스에서 인구가 두번째로 많은 도시지만, 사실 시 자체 인구는 20만에 불과하고, 제네바 광역시라고 해야 인구 100만을 넘지 않는 결코 크지 않은 도시다. 그럼에도 불구하고 제네바는 수도인 베른이나 독일권의 중심지인 취리히를 제치고 예전부터 우리에게 가장 잘 알려진 스위스의 도시다. 일찍이 1970년에 국민가수 패티김은 〈레만호에 지다〉를 노래했고, 1979년에 KBS는 6·25 특집극으로 〈레만호에 지다〉를 제작했다. 그리고 1987년에는 〈우리는 지금 제네바로 간다〉라는 영화가 상영되기도 했다.

〈레만호에 지다〉는 한국 전쟁으로 헤어진 남녀가 제네바에서 남북의 외교관으로 재회한다는 설정으로 이야기가 시작되고, 〈우리는 지금 제네바로 간다〉는 베트남 전쟁에 소대장으로 참전했던 한 남자가 전쟁 후유증에 시달리며 방황하는 여정에서 매춘부 출신인 여성을 만나 그녀를 고향으로 데려다주면서 조금씩 삶의 희망을 찾아가는 과정을 그리고 있다. 이렇듯 영세 중립국인 스위스, 좁게 말하면 제네바는 전쟁으로 점철된 우리 역사에서 평화의 이상향으로 대중문화 깊숙이 스며든 것이다. 그런데 스위스가 누리는 평화는 단지 외교적 수완이나 군사적 억지력만을 통해 유지되지 않았다.

제네바 출신으로 국제적십자위원회 창시자인 장 앙리 뒤낭은 헌신적 박애주의의 이념을 실천함으로써 그 평화를 뒷받침했다고 할 수 있다. 그리고 이보다 앞서 루소는 『사회계약론』에서 전쟁 시 "각각의 국가는 인간이 아니라 다른 국가들만을 적으로 삼을 수 있다"고 주장하면서 제네바 포로 협정의 철학적 이념을 제공했다. 이러한 분위기에서 제네바에 국제적십자 본부와 국제연합 유럽본부 등이 자리잡은 것은 당연한 일로 보인다. 전쟁이 아닌 대화와 이해로 남북한의 갈등이 해소되고 궁극적으로는 언젠가 세계 평화의 이상이 이루어질 수 있다는 믿음을 부여하는 곳, 우리에게 제네바는 바로 그런 곳이다.

서쪽으로는 쥐라산맥이 둘러싸고 남쪽으로는 멀리 몽블랑이 보이는 레만호는 알프스 산지 최대 호수다. 면적이 582제곱킬로미터로 서울 면적(605제곱킬로미터)에 거의 맞먹을 정도로 광대해 거의 바다처럼 보일 정도다. 레만호가 론강으로 흘러드는 지점의 좌안 구릉지에 제네바의 구시가가 자리잡고 있다. 그 때문인지 루소는 고향을 떠난 후에도 항상 산과 물 가까이 살기를 좋아했고, 30년이 지난 후 파리에서 향수에 젖어 제네바를 "매력적인 위치, 온화한 기후, 비옥한 지방 그리고 하늘 아래 가장 매력적인 경관"(『인간 불평등 기원론』)을 가진 곳으로 묘사했다. 제네바의 평화로운 풍광에 끌린 사람은 루소뿐만이 아니었다. 오드리 헵번은 제네바 근처에서 말년을 보냈고, 아르헨티나의 소설가 호르헤 루이스 보르헤스 역시 사춘기의 추억이 담긴 제네바에서 여생을 마쳤다. 그러나 우리는 무엇보다도 제네바가 18세기의 위대한 사상가 장 자크 루소를 배출한 도시라는 사실을 잊어서는 안 된다.

종 교 개 혁 과 시 계 제 조 업
—

제네바는 종교 개혁을 주도한 칼뱅을 통해 최초로 역사의 본무대에 등장한다. 프랑스인 칼뱅은 개신교의 개척자로 개혁적인 신앙과 신학을 설교하다가 1536년 제네바의 종교 개혁자 파렐의 초청으로 그곳에서 개신교의 이념 아래 교회 제도를 정비하고 신권정치를 시도했다. 그후 제네바는 '개신교의 로마'로 불리면서 종교 개혁파의 중심지로 떠올랐다. 프랑스에서 살던 루소의 선조가 제네바로 이주한 것도 바로 종교적인 문제 때문이었다.

장 자크 루소의 5대조 디디에 루소는 파리에서 서적상을 하다 프랑스에서 개신교도에 대한 박해가 시작되자 1549년 제네바로 옮겨 포도주 사업을 벌였다. 그의 후손들은 제네바 사람들이 보통 그렇듯 근면한 상인이나 수공업자가 되었다. 특히 루소의 증조할아버지와 할아버지 그리고 아버지는 3대에 걸쳐 제네바의 중심 산업인 시계 제조업에 종사했다.

그런데 스위스에서 시계 제조업이 발전한 것도 바로 프랑스에서 이주해온 숙련된 시계공들 덕분이었다. 제네바는 은행가들이 원료를 대고 작업장에 일을 나누어주는 매뉴팩처 방식으로 운영되는 시계 제조와 보석 가공 등의 사업으로 번창했다. 당시 제네바의 수공업자 열 명 중 둘은 시계공일 정도였다.

그들은 로크나 몽테스키외의 작품을 즐겨 읽을 정도로 지적인 삶과 정치에 열정을 보였는데, 루소의 아버지 이자크 또한 독서를 좋아 하고 정치적인 문제에 민감했다. 정치 토론을 좋아하는 아버지와 함께 노동자 구역에 살면서 루소는 제네바 소위원회의 과두정치가 국민의 주권을 우롱한다는 사실을 뼈저리게 인식하며 성장했을 것이다. 그래 서인지 루소는 언제나 자신을 '민중의 한 사람'이라 생각하기를 좋아했 고, 귀족의 사치를 위한 예술보다는 보편적 인간의 욕구를 충족시키는 실용적인 기술, 특히 수공업을 더욱 중시했다.

루 소 의 어 린 시 절 과 제 네 바
—

루소는 『고백록』에서 "나는 1712년 제네바에서 시민 이자크 루 소와 시민 쉬잔 베르나르의 아들로 태어났다"고 말한다. 그는 늘 이 공 화국 '제네바의 시민'이라는 자격에 대해 자부심을 가졌는데, 이는 당 시 사정으로 보면 당연한 일이었다. 제네바는 시민, 부르주아, 원주민, 거주민 등 네 개의 신분으로 나뉘어 있었는데, 시민은 최상위 신분으로 부르주아 계급과 함께 정치적 권리를 행사할 수 있었기 때문이다.

시계공이었던 루소의 아버지는 부자가 아니었지만 어머니는 부유한 가문 출신이어서 두 사람이 결혼하는 데 시련이 없지 않았다. 그러나 열 살도 안 되었을 때부터 성벽에 밤나무를 심어 만든 트레이

« Ce sont les grandes occasions qui font les grands hommes. »

JEAN-JACQUES ROUSSEAU

—— 루소의 생가.

유 산책로에서 만나 함께 놀던 둘의 굳건한 사랑은 어머니 쪽 집안의 거센 반대에도 불구하고 결실을 맺었다.

둘째 아들 장 자크 루소는 구도심 중심지에 위치한 외가, 시청과 생피에르 교회 근처에 있는 상류층 동네 그랑 거리 40번지에서 태어났다. 그러나 어머니는 루소를 낳은 후 열흘도 되지 않아 사망했다. 그 때문에 루소는 자신의 출생이야말로 "내가 겪게 될 불행들 중 최초의 불행"(『고백록』)이라고 한탄하기도 했다. 어머니의 이른 죽음 탓인지 그는 평생 여성으로부터 절대적인 애정을 갈구하게 된다.

루소가 다섯 살이 될 무렵 끊임없이 돈 문제로 시달리던 아버지는 부인 소유의 집을 팔고 가족은 언덕 윗동네에서 내려와 론강 건너 수공업자들이 사는 생제르베의 쿠탕스 거리로 이사한다. 이 두 집 사이의 물리적 거리는 그리 멀지 않았으나 상류층인 윗동네와 하류층인 아랫동네 사이의 심리적 거리는 매우 멀었다. 이러한 주거지의 변화는 루소 가문의 경제적 추락을 상징적으로 보여준다. 그런데 나중에 명명된 루소 거리는 뜬금없는 오해에서 비롯된 것이다. 프랑스 대혁명 이후 그의 숭배자들은 그가 상류층이 사는 윗동네에서 태어났다는 것을 믿고 싶지 않은 한데다 정확한 장소를 착각해 생제르베에 있는 루소 할아버지의 집에 명판을 달았다. 이후 스탕달, 러스킨, 도스토옙스키와 같은 순례자들은 경건한 마음으로 그곳을 둘러보았다. 그리고 실제로 루소가 살았던 쿠탕스 거리의 집은 1960년대 도시 재개발에 따라 철거되고 그 자리에 백화점이 들어섰는데, 그 백화점 입구 바로 윗면에는 그의 아버지가 아들에게 당부한 "장 자크야, 네 나라를 사랑해라"라는 말이 새겨진 커다란 돌 현판이 붙어 있다.

그후 루소가 열 살 무렵 아버지는 제네바의 유력자인 프랑스

퇴역 대위와 싸움을 벌이고 처벌을 피하기 위해 아들을 남겨두고 제네바를 떠난다. 가족의 해체와 사회적 신분의 변화는 어린 루소에게 커다란 상처를 남겼다. 이후 루소가 사회적 불평등에 대해 분노를 터트린 것은 이러한 개인사가 강하게 작용한 탓으로 보인다.

아버지가 제네바를 떠난 후 도제 생활에 실패한 형은 어디론가 사라졌고 동판 조각공의 도제로 들어간 루소 역시 억압적인 도제 생활을 견디지 못하고 열여섯 살에 제네바를 탈출한다. 오랜 세월이 지나 국제적인 명성을 얻은 후 그는 자신이 제네바를 떠나지 않았다면 훨씬 더 좋았을 것이라는 상상을 즐겨 했다.

> 나는 내 종교와 내 조국과 내 가족과 내 친구들에 둘러싸여 평화롭고 안락한 삶을 보냈을 것이다. (…) 나는 좋은 기독교 신자, 좋은 시민, 좋은 가장, 좋은 친구, 좋은 노동자, 모든 일에서 좋은 사람이었을 것이다.
>
> — 『고백록』

그러나 이는 회고적인 넋두리에 불과할 뿐, 그는 일탈의 짜릿함과 근거도 없는 미래의 꿈에 취해 제네바를 떠난 것이다.

루 소 와 제 네 바 의 애 증 관 계
—

루소는 제네바를 떠난 후 서른 살이 다 될 때까지 그의 후견인이자 애인 노릇을 하게 될 열세 살 연상의 바랑 부인을 안시에서 만난다. 그녀는 개신교도들을 가톨릭으로 개종시키는 일을 하고 있었는데, 루소는 가톨릭으로 개종하면서 사실상 제네바 시민의 자격을 잃게 된다. 그럼에도 불구하고 그는 1755년 『인간 불평등 기원론』을 제네바공화국에 헌정하면서 저자 이름 밑에 '제네바의 시민'이라는 서명을 남긴다. 이 작품에서 그는 자신의 조국 제네바를 가장 이상적인 정부로 미화하고, 자신이 태어날 곳을 선택할 수 있다 하더라도 자신은 기꺼이 제네바를 선택할 것이라고 선언한다.

그는 작품이 나오기 직전 1754년 제네바로 돌아가 개신교로 다시 개종하고 시민권을 회복하는데, 이때 고향에서 보낸 4개월이 그의 생애에서 가장 행복한 시기에 속한다. 그는 함께 살던 여인 테레즈를 데리고 친구의 가족들과 함께 며칠간 배를 타고 레만호 주변을 유람했다. 이때 경험한 아름다운 자연은 그의 소설 『신新엘로이즈』에서 주인공들의 비극적 사랑이 펼쳐지는 매력적인 배경으로 등장한다.

루소는 이후 파리로 돌아와 살림을 정리하고 고향으로 다시 떠날 결심을 한다. 그러나 여러 가지 요인으로 생각을 바꾼다. 그에게 적대적이었던 볼테르가 제네바에 정착했다는 소식도 그가 결정을 굳히는 데 큰 영향을 미쳤다. 제네바가 볼테르를 받아들였다는 사실이 루소에게는 제네바가 타락했음을 입증하는 것으로 보였고, 권력자들을 등에 업은 달변의 볼테르가 있는 한 그곳에서 자신은 무력할 수밖에 없다고 판단했기 때문이다.

그런데 볼테르는 칼뱅 이후 극장이 불허되었던 제네바에 극장을 세울 구상을 갖고 있었고, 달랑베르는 볼테르에 영합해 『백과전서』의 '제네바' 항목에서 극장을 건립함으로써 현대의 세련된 문명을 받아들여야 한다고 권고했다. 1758년 루소는 이 글을 읽고 분노에 떨면서,

제네바에 필요한 것은 도덕성 함양에 도움이 되지 않는 연극이 아니라 야외에서 이루어지는 대중적인 축제라고 주장했다. 사실 제네바 윗동네에 사는 부유한 가문들은 프랑스 귀족들을 모방해 계속 으리으리한 집을 짓고 사치스러운 생활양식을 따르며 세련된 교양을 쌓는 데 몰두하고 있었다. 루소는 제네바에서 극장이 프랑스 문명을 전파하는 첨병 역할을 할 것이고, 그러다보면 제네바는 스파르타적인 미덕에서 벗어나 고도로 문명화되었던 아테네처럼 도덕적 타락에 빠질 것이라고 우려했다.

　　루소는 제네바에 극장을 건립하는 것에 반대하면서 연극이 아니라 시민들을 하나로 결집시키고 애국심을 함양하는 대중적인 축제를 열자고 제안한다. 루소가 어린 시절 "장 자크야, 네 나라를 사랑해라. 이 선량한 제네바 사람들이 보이지 않느냐. 그들 모두 친구이고 형제다. 기쁨과 화합이 그들 사이에서 넘쳐흐르고 있다"(『달랑베르에게 보내는 편지』)라는 아버지의 말씀을 들었던 것도 시민군이 기동훈련을 마친 후 남녀노소가 생제르베 광장에 모여 포도주를 마시고 춤을 추는 축제에서였다. 이런 발언 때문에 루소는 대중의 정치적 열망을 억누르면서 프랑스라는 외세를 빌려 과두정치를 공고히 하려는 제네바 권력자들의 반감을 샀고, 문명의 발전을 통한 세계주의를 지향하는 계몽주의자들과도 결별할 수밖에 없었다.

　　주권은 인민에게 있음을 천명한 혁명적인 정치 서적 『사회계약론』과, 자연적인 본능에서 출발해 궁극적으로는 도덕적 자율성을 지향하는 교육을 제안한 『에밀』을 쓴 후 루소는 프랑스에서 추방당한다. 동시에 제네바에서는 그의 저서들이 공개적으로 불태워졌고, 그에게는 시효 만료가 없는 구속영장이 발부되었다. 1763년 5월, 그는 1754년에

——— 루소섬에 있는 루소 동상.

되찾은 제네바의 시민권을 공식적으로 포기한다.

　　정치권력에서 배제된 제네바의 시민들은 이 두 저서에서 제네바의 과두정치에 저항할 수 있는 무기를 찾는 한편, 루소를 복권시키려 노력했다. 이러한 상황에서 루소는 제네바의 정치와 거리를 두고 싶었지만 어쩔 수 없이 혼란스러운 정국에 휘말려들면서 『산에서 쓴 편지』를 썼다. 그는 여기서 자유공화국이라고 생각되는 제네바의 시민들이 25명의 독재자로 이루어진 소위원회에 의해 전제권력의 노예가 되었다고 비판했고, 제네바 사람들에게 "당신들은 언제나 자신의 개인적 이익이나 일이나 거래나 돈벌이에 몰두하는 장사꾼, 장인, 부르주아"에 불과하다고 비난을 퍼부었다.

　　그는 이 편지로 유럽 전역의 보수주의자들을 경악시켰다. 그리고 결국 프로이센의 계몽 군주 프리드리히 2세의 보호를 받던 모티에에서 추방당해 영국으로 피신하기에 이른다. 그후 루소는 자신이 받은 모든 핍박이 몇몇 음모자가 자신의 진정한 모습을 왜곡하기 때문이라 여기고 본격적으로 자서전을 집필하기 시작한다.

루소 사후의 제네바
—

제네바는 루소를 국가의 적으로 비난했지만, 프랑스 혁명의 물결이 유럽을 휩쓸 때 그를 다시 복권시키고, 1795년에는 그의 동상을 세웠다. 그러나 이것은 왕정복고와 함께 1817년 파괴되었다. 이후 제네바 출신의 프랑스 조각가 장 자크 프라디에Jean-Jacques Pradier가 1835년 바르크섬(지금의 루소섬)에 그의 동상을 다시 세웠다. 그러나 그가 살던 아랫동네 집이 제대로 보존되지 않았다는 점으로도 미루어 짐작할 수 있듯, 보수 성향이 짙은 스위스에서 루소가 정당한 대접을 받지 못한 것은 사실이다. 비록 그의 유해는 프랑스의 위인들만이 묻힐 수 있는 팡테옹에 안치되어 있지만 말이다. 그래서인지 몰라도 프라디에는 루소가 도시를 등지고 호수를 바라보는 모습의 동상을 세웠다.

그러나 루소 탄생 300주년을 맞아 스위스와 제네바는 루소를 스위스의 위인으로 만들기 위해 노력을 아끼지 않았다. 예를 들면, 2012년 제네바는 루소섬을 복원하고 루소의 동상 축을 돌려놓아 이제 루소는 호수가 아니라 도시를 바라보며 앉아 있다.

사실 필자도 처음 제네바를 방문했던 1997년에 루소의 생가를 찾아 나서면서 꽤나 고생했던 기억이 있다. 행인들에게 물어보면 대부분 루소가 누구인지 잘 모르고, 어떤 사람들은 프랑스 사상가의 생가를 왜 여기서 찾느냐며 어이없어하기도 하며, 좀 교양 있어 보이는 사람들은 볼테르가 살던 집을 찾는 것 아니냐고 반문하기도 했다. 비록 죽은 지 200년이 훌쩍 넘었지만 이제라도 그가 그토록 그리워하던 고향에서 존경과 사랑을 받는 시민으로 받아들여져 정말 다행이라고 생각한다.

〈참고문헌〉

Jean-Jacques Rousseau, *Oeuvres Complètes*, ed. Marcel Raymond et al., 5 vols. Paris: Gallimard, *Bibliothèque de la Pléiade*, 1959–1995.

Stéphane Garcia, *Jean-Jacques Rousseau et la Suisse*, Slatkine, 2012.

Gaspard Vallette, *Jean-Jacques Rousseau Genevois*, Plon, 1911.

리오 담로시, 『루소: 인간 불평등의 발견자』, 이용철 옮김, 교양인, 2011.

이용철_한국방송통신대학교 불어불문학과 교수

서울대학교에서 불문학을 전공하고, 동 대학원에서 석사 학위와 박사 학위를 받았다. 현재 한국방송통신대학교 불어불문학과 교수로 재직중이다. 루소를 전공했으며 18세기 전반의 철학과 사상에 대해 관심을 넓혀가고 있다. 지은 책으로는 『루소: 분열된 영혼』, 『루소의 고백록』이 있으며, 옮긴 책으로는 루소의 『에밀 또는 교육론』, 『고백록』 등이 있다.

르네상스와
영원한 아름다움

릴케는 아침마다 참을 수 없는 기대에 펄럭이는 백 가지 희망의 빛 속에서 피렌체를 보았다. 발자크는 피렌체에 널린 엄청난 예술작품들에 지나치게 매료되어 병에 걸렸다. 차이콥스키는 피렌체에서 요양을 했을 뿐 아니라 음악적 영감을 얻어 현악 6중주 〈플로렌스의 추억〉을 만들었다.

−안토니오 타부키, 『집시와 르네상스』

피렌체 방문을 계획하는 사람의 마음에는 이미 피렌체가 들어앉아 있다. 그들의 방문은 마음속의 피렌체를 그저 확인하는 일일 뿐이다. 그들이 바라본 피렌체는 그들 마음의 스크린에 비친 관념 덩어리에 불과하다. 이탈리아 작가 안토니오 타부키Antonio Tabucchi가 『집시와 르

—— 산조반니 세례당. ⓒ박상진

네상스』에서 피렌체의 속살을 뒤집어 보여주며 말하고자 했던 것이 바로 그 점이었다. 그동안 수많은 지성이 피렌체를 방문해 저마다의 인상을 표현했지만, 내용은 늘 비슷했다.

 피렌체에서 활동했던 수많은 예술가와 그들이 이룬 성취의 목록은 누가 제시하더라도 똑같을 수밖에 없다. 그러니 '르네상스의 도시' 피렌체는 피렌체를 제대로 보지 못하게 하는 가면과 같은 것 아닌가. 피렌체는 그 찬탄의 가면 너머 어딘가에 엄연히 존재한다. 어떤 피렌체를 볼 것인가는 피렌체를 둘러보는 각자의 마음에 달려 있다.

세속의 천국

—

아마도 피렌체 관광객들은 저택과 미술관, 도서관과 예배당을 돌아다니는 동안 과거의 피렌체, 그 고치 속에 머물렀다가 피렌체를 떠날 것이다. 고치는 오랜 세월 동안 변함이 없지만 시간과 함께 계속 새로워지는 피렌체는 고치 밖의 세상이다. 나는 고치에 머무르며 피렌체의 과거를 들여다보다가 그것이 받치고 있는 현재의 피렌체를 보기 위해 밖으로 나와 눈부신 거리를 걸어다녔다.

어쩌면 나는 러셀이 말하는 '순수한 관조'를 얻으려 했던 것일까. 순수한 관조는 그 자체로 지성이다. 그 지성으로 바라보는 피렌체는 속과 겉이 분리되지 않는다. 미술관 안의 안온함과 밖의 시끌벅적함은 '함께' 피렌체를 구성한다. 지성은 피렌체를 더욱 그 모습대로 보게 해주는 힘이다. 따라서 우리는 피렌체를 (혹은 한 도시를) 볼 때, 그것이 간직해온 과거의 유물들과 그것이 지금 보여주는 살아 있는 광경에 함께 눈을 돌려야 한다. 그럴 때 과거는 곧 현재가 된다. 수백 년 동안 피렌체를 받쳐온 유·무형의 것들이 지금 내 눈앞에 펼쳐진다.

> 공동체의 영원성을 드러내는 대성당과 종탑, 세상의 허약한 관점에 맞서 돌로 저항하는 미켈란젤로의 〈다윗〉, 도시가 낳은 위대한 아들들의 시신을 담는 집이며 불멸의 피렌체 정신의 판테온인 산타크로체, 또 영원한 생명을 위한 제단인 산로렌초, 치료의 문인 천국의 문…… 피렌체 전체가 현대의 비관주의에 저항하는 연설문으로 읽힌다.
>
> —베른트 뢰크, 「피렌체 1900년」

18세기 도시

—— 브루넬레스키의 돔에 그린 바사리의 천장화. ⓒ박상진

누구나 이런 모습의 피렌체를 보고 싶으리라. 이것이야말로 피렌체의 본질이다. 인간이 아름다움을 바라보며 절대성에 가까이 다가갈 가능성을 높이고자 한다면, 이를 실현하는 데 가장 적절한 곳이 피렌체 아닐까. 아름다움이 현실로 드러난 곳, 그곳이 피렌체다. 무릇 아름다운 것을 볼 때 우리의 감정은 동요한다. 그런 감동에서 영혼의 균형은 무너지기 마련이다. 하지만 피렌체의 시인 단테가 상상한 천국, 그 궁극의 균형은 아름답지 않은가. 피렌체를 채운 예술작품들의 아름다움은 우리의 영적 균형을 흔들지만, 그 흔들림은 고요하기 그지없다.

피렌체의 천국을 대표하는 공간은 단연 두오모(산타마리아 델 피오레 대성당)와 세례당 사이다. 서쪽에 위치한 세례당에서 세례를 받고 동쪽에 위치한 두오모로 이동하는 동안 피렌체인들은 천국에 오른 복자福者가 되었다. 그래서 로렌초 기베르티Lorenzo Ghiberti는 세례당의 동쪽 문을 '천국의 문'으로 만들었다. 그 문을 나서서 신의 집인 두오모로 나아가는 동선을 통해 지상에서 천국을 실감케 하고자 했던 것이다.

기베르티의 〈천국의 문〉은 지금 두오모 박물관에 유리에 덮인

――― 네리가에서 올려다본 베키오 궁전. ⓒ박
상진

채 전시되어 있다. 유리에 갇힌 〈천국의 문〉을 한참 바라보자니 도금이
벗겨진 손잡이에 눈이 간다. 문을 드나들던 무수한 사람들의 손길이 닿
아 닳았을 손잡이. 손에 금가루를 묻히면서 천국의 문을 드나들던 시절
의 사람들. 그러나 이제 감상과 전시의 대상이 된, 상품이자 물신으로
변한 천국의 문. 그 문을, 이제는 문고리를 잡고 들어서기보다 그저 바
라보기만 하면서 우리는 천국의 문에서 자꾸 멀어지고 있지 않은가. 일
찍이 단테가 보여준 고요한 아름다움은 더이상 닳지 않는, 박제된 저편
에 놓여 있지 않은가.

—— 탑들이 즐비한 피렌체. ⓒ박상진

르 네 상 스 와 그 후

—

높은 탑들이 멀리서 눈에 어른거리는 것 같았다.

"선생님, 이곳이 어디입니까?" 내가 물었다.

−단테, 『신곡』, 「지옥」 31. 20∼21

『신곡』에서 단테는 지옥에서 마주친 거인들을 탑으로 혼동한다. 단테가 살던 13세기에 피렌체에는 좁은 면적에도 불구하고 무려 150여 개의 탑이 있었다. 거인으로 비친 탑의 이미지는 외부인들이 당시 강력하게 성장하는 피렌체에 접근하면서 떠올릴 법한 위용으로 볼수 있다. 거인은 신흥 부르주아 계층 사람들을 가리키는 알레고리로,

------ 바사리의 복도. ⓒ박상진

이들은 피렌체 외부에 대해서뿐만 아니라 서로에 대해서도 각자의 권력과 부를 지키고 확장하기 위해 호전적으로 행동했다. 지금도 브루넬레스키의 돔이나 미켈란젤로 언덕에서 피렌체 시내를 내려다보면 수많은 탑이 널려 있는 광경을 볼 수 있다.

　　한편 나는 네리가街에서 올려다본 베키오 궁전의 첨탑을 떠올린다. 네리Neri는 정쟁이 심하던 13세기 비앙키Bianchi와 함께 쌍벽을 이룬 정파를 가리킨다. 혹은 그 말뜻이 '검은 사람들'이어서 주변부나 외부에서 온 하층민들을 가리킨다고 할 수도 있겠다. 지금에 와서는 후자가 더 공감되는데, 그 거리에는 허름하지만 맛이 좋고 분위기 좋은 식당과 선술집들이 늘어서 있기 때문이다. 어쨌든 그곳에서 베키오 궁전의 탑을 올려다보면 마치 하늘과 땅이 서로를 마주하는 듯한 느낌이 든

다. 파란 하늘로 높이 치솟은 첨탑과, 가게가 즐비하고 사람들로 왁자
지껄한 거리가 대조를 이루는 것이다.

　　레오나르도 브루니가 『피렌체 찬가』를 쓰던 시절에는, 어쩌면
피렌체라는 최상의 공동체를 이루어낸다는 자각이 모든 피렌체 거주민
에게 스며들어 있었는지도 모르겠다. 최하층 난민은 최상의 지배층과
함께 피렌체 공동체를 이루어나간다는 자부심이나 공감 같은 것을 지
녔을지도 모른다.

　　하지만 15세기에 쓰인 브루니의 책을 잠시 밀쳐두고 막심 고리
키가 19세기에 쓴 『이탈리아 이야기』를 읽는 나의 눈에는 피렌체가 몹
시 다른 모습으로 다가온다. 피렌체는 이탈리아의 여느 도시들과 마찬
가지로, 소외된 자들이 주류를 동경하는 동시에 질시하며 공동체의 주

역으로 상승하고자 하는 욕망을 강렬하게 표출한 곳이었다. 도시화가 진행되는 근대의 풍경이 르네상스 화려한 시절의 이미지와 대조를 이룬다. 다행인지 불행인지 우리는 그 둘을 비교하는 위치에 서 있다.

과 거 와   현 재 의   피 렌 체
—

피렌체의 수많은 성당에서 편안한 침묵을 누리는 무덤들은 유독 19세기에 만들어진 것이 많다. 특히 산타마리아 노벨라 성당은 14세기에 그린 프레스코들이 다 지워지도록 오랜 역사로 채워진 한편으로 19세기에 만들어진 '새로운' 무덤들로 꽉 차 있다. 19세기 리소르지멘토Risorgimento, 국가통일독립운동에서 새로운 건국과 희망찬 미래를 꿈꾸던 사람들은 르네상스 시절의 영광에서 안식을 찾고자 했던 것일까? 로마가 이탈리아의 긴 역사를 로마 제국과 바로크에서 찾게 해준다면, 피렌체는 새로운 이탈리아의 국가적 정체성이 르네상스에 뿌리내리고 있음을 확인하게 해준다.

우피치와 피티궁을 잇는 바사리의 복도는 16세기 이후 토스카나 대공의 가문이 된 메디치가의 종말을 표상한다. 시민과 유리되어 시민을 내려다보는 고고하고 비밀스러운 자세. 건축과 도시 구조로 봐도 생뚱맞다. 원래 있던 길을 가로지르고 그 위로 겹치면서 길 위에 군림하는, 있어서는 안 될 곳에 있는 모습. 조르조 바사리는 1565년 이 추한 건물을 코시모 대공Cosimo I de' Medici을 위해 만들었다. 코시모 1세라 불린 이 지배자와 함께, 피렌체는 이전의 노老코시모나 대大로렌초의 피렌체와는 확연히 다른 시대로 접어들었다.

메디치가는 교황과 추기경들을 배출하면서 피렌체의 가장 중요한 시기에 결정적인 영향력을 행사했고, 피렌체를 정치적·경제적으로 안정시키면서 이탈리아뿐만 아니라 유럽 국가들과 긴밀한 관계를 맺었다. 메디치가는 토스카나 전체를 지배하는 대공의 자리를 계승하면서 그 권위를 더욱 넓혀갔다.

피티궁은 메디치 가문이 토스카나 대공의 자리를 맡으면서 거처이자 관공서로 쓴 곳이다. 그 규모와 웅장함이 보는 사람을 압도한다. 더욱이 그 앞의 광장이 궁전의 건물을 향해 올라가는 경사를 이루고 있어, 피티궁은 높은 곳에서 사람들을 내려다보는 위압적인 모양을 하고 있다. 오랜 세월에 걸쳐 계속 증축된 궁전은 내부의 방들도 호화롭기 짝이 없다.

그러나 그런 모든 것은 시민들의 희생을 통해 이루어졌고 메디치 가문은 갈수록 쇠진해지다가 1743년 가문의 방계가 끊어지면서 피렌체 고유의 아우라도 역사 저편으로 사라진다. 메디치가 몰락한 18세기는 피렌체의 역사 저편과 역사 이편을 가르는 골짜기와도 같다. 19세기 들어 피렌체는 이탈리아 리소르지멘토의 일부로 다시 살아나지만 그 모습은 더 먼 과거, 수백 년 전 르네상스 시절의 모습과 확연히 다르다.

"수 세기에 걸친 누추함에서 새로운 삶으로 회복한 도시의 오래된 중심." 레푸블리카 광장에 새겨진 이 문구는 오래전 피렌체의 영화로웠던 과거를 부활시켜 현재에 재현하고자 하는 의도를 보여주는 듯하다. 그러나 현재의 피렌체 도시 공간에서 과거와 현재는 확연히 구분된다. 19세기에 조성된 이 레푸블리카 광장을 13세기에 지어진 저 산타크로체 광장과 비교해보라. 산타크로체에는 과거가 조용히 잠들어 있는 반면, 레푸블리카에는 현대의 자본주의적 욕망이 활개친다.

레푸블리카 광장은 발 하나 디딜 틈 없이 사람들로 북적거린다. 칼리말라가를 통해 다다르는 베키오궁宮과 폰테베키오, 널찍한 로마가를 따라가면 나타나는 두오모와 산로렌초 성당, 토르나부오니가로 뻗어나간 유명 브랜드들이 입점한 쇼핑 거리까지, 레푸블리카 광장은 이 모두를 거느리고 있다. 반면 산타크로체 광장은 이런 주류에서 한 발짝 비켜나 있다. 허름한 옷을 파는 중국 행상인 두어 명을 빼면 오직 단체 관광객들만 휩쓸듯 지나칠 뿐이다. 『신곡』을 옆에 끼고 산타크로체 광장을 굽어보는 단테의 석상, 그 모습에 위안과 자부심을 느끼던 리소르지멘토 시절의 피렌체 시민은 다른 곳으로 몰려갔다.

이 방 인 의   도 시
—

18세기부터 피렌체는 수많은 유럽의 작가와 예술가들이 선망하는 여행지였다. 피렌체는 근대적인 도시화 과정을 겪고 있을 때도, 새로운 모습으로 변신하기보다는 그 이전의 정체성을 지키는 쪽을 중요하게 여겼던 것 같다. 르네상스 이래 피렌체 시민들의 자부심은 하늘 높은 줄 몰랐다.

피렌체는 메디치가가 몰락하면서 잠시 주춤했지만, 이내 르네상스의 기운을 이어 리소르지멘토의 중심지가 되었으며, 이후 파시즘 치하에서는 저항 운동의 근거지가 되었다. 1966년 11월 4일에 피렌체를 덮친 대홍수는 피렌체를 지탱하는 예술품과 도서에 치명적인 타격을 입혔으나, 피렌체 시민들이 이들을 복원하기 위해 기울인 각고의 노력은 대성공을 거두어 또 한 번 세상의 격찬을 받았다.

피렌체 시내를 돌아다니면 엄청난 관광객의 물결에 휩쓸린다. 과거에 피렌체 시민들이 활동했던 공간은 지금 관광객들이 돌아다니는 유적이 되었다. 먼 과거부터 이어져온 유서 깊은 도시들이 무릇 그러하듯, 피렌체도 근대 도시화 과정을 거치면서 역사적인 중심가와 일상생활의 외곽지대로 나뉘었다. 비유하자면 관광객들이 둘러보는 피렌체 중심가는 과거의 흔적들로 치장된 하나의 극장(이 극장을 '르네상스 피렌체'라 이름 붙이면 좋겠다) 같고, 피렌체 시민들이 사는 생활의 피렌체는 그 외곽으로 넓게 퍼진 극장 밖의 거리와 같다.

말하자면 우리는 피렌체에 잠시 들러 그곳의 과거만 보고 떠나는 영원한 이방인이다. 하지만 이방인들은 피렌체를 계속 새롭게 구성하는 중요한 요소이기도 하다. 피렌체와 이방인이 만날 때, 피렌체는 단지 관조의 대상으로 분리된 채 존재하지 않는다. 그들은 긴밀하게 서로 작용을 주고받는다. 그렇게 피렌체의 역사는 이방인들을 맞아들이고 떠나보내면서 채워져왔다. 그렇기에 앞으로 피렌체가 과거의 피렌체로 남을지, 아니면 또다른 정체성을 획득해 변신해나갈지를 결정지을 존재들은 극장 밖 피렌체 시민들이라기보다 어쩌면 극장에 입장했다 다시 떠나가는 이방인들일 수도 있다. 그것이 '르네상스 피렌체'의 운명 아닐까.

〈참고문헌〉
안토니오 타부키, 『집시와 르네상스』, 김운찬 옮김, 문학동네, 2015.
레오나르도 브루니, 『피렌체 찬가』, 임병철 옮김, 책세상, 2002.
베른트 뢰크, 『피렌체 1900년: 아르카디아를 찾아서』, 안인희 옮김, 리북, 2005.
스탕달, 『스탕달의 이탈리아 미술 편력』, 강주헌 옮김, 이마고, 2002.
막심 고리키, 『이탈리아 이야기』, 신윤곤 옮김, 열린책들, 1991.
괴테, 『이탈리아 기행』, 박영구 옮김, 푸른숲, 1998.
김영석, 『이탈리아 이탈리아』, 열화당, 2016.
김혜경, 『인류의 꽃이 된 도시, 피렌체』, 호미, 2016.
마크 기로워드, 『도시와 인간』, 민유기 옮김, 책과함께, 2009.
Christopher Hibbert, *Florence: the Biography of a City*, Penguin, 2004.
Christopher Hibbert, *The House of Medici, Its Rise and Fall*, William Morrow, 1999.

박상진_부산외국어대학교 이탈리아어과 교수
영국 옥스퍼드 대학교에서 문학이론으로 문학 박사 학위를 취득했다. 현재 부산외국어대학교에서 이탈리아 문학과 비교문학을 가르친다. 『에코 기호학 비판』, 『열림의 이론과 실제』, 『비동일화의 지평』, 『단테 신곡 연구』, 『사랑의 지성』 등을 썼고, 『신곡』과 『데카메론』을 비롯한 이탈리아 문학 작품을 우리말로 옮겼다. 중세 동아시아 및 유럽 문학을 비교 연구하고 있다.

유럽을
매혹시킨
그랜드 투어의 종착지

18세기 베네치아의 이미지를 연상시키는 단어들로는 즐거움 pleasure, 문화culture, 데카당스decadence를 꼽을 수 있을 것이다. 베네치아에서는 화려한 축제와 다양한 즐거움을 맛볼 수 있고, 오페라로 대변되는 문화와 예술을 즐길 수 있으며, 매춘과 도박으로 상징되는 퇴폐적이지만 거부할 수 없는 매력을 느낄 수도 있었다. 18세기 베네치아는 유럽의 귀족과 부유한 부르주아 그리고 지식인을 물의 도시로 불러들였다. 프랑스 계몽철학자 볼테르의 저서 『캉디드』에 나오는 베네치아 출신의 두 인물, 즉 팡글로스에게 매독을 옮긴 매춘부 파케트와, 너무 많은 여자와 예술과 문화에 신물이 난 포코퀴란테 백작은 18세기 베네치아의 퇴폐적인decadent 모습을 잘 보여준다.

해상 제국에서 관광 도시로

—

중세 후반 지중해 무역을 주도했던 '해상 제국' 베네치아는 근대 들어 점차 상업적 활력을 상실했다. 포르투갈의 인도 항로 발견은 베네치아의 경제적 쇠퇴를 알리는 서막이었다. 18세기 프랑스 계몽사상가들은 한때 영광을 누리던 베네치아가 이제 몰락했다고 증언한다. 루소는 오페라와 여러 볼거리에 흥이 겨웠지만 베네치아가 오래전부터 몰락했음을, 몽테스키외는 베네치아가 더이상 상업 강국이 아님을 토로했다.

국제무역에서 주도권을 상실하면서 베네치아는 이를 만회할 새로운 경제 기반을 찾아야 했다. 그것은 바로 관광 사업이었다. 상업적 활기가 줄어들면서 관광 사업은 더욱 활성화되었다. 관광 사업은 18세기 베네치아의 가장 중요한 수입원으로 부상했다. 비록 이전의 경제적 활력과 정치적 위상은 상실했지만 18세기 베네치아는 문화와 예술의 중심지로 명성을 누렸다.

사실 베네치아는 중세부터 유명한 관광 명소였다. 그러나 중세 말에 베네치아를 찾은 관광객과 18세기에 베네치아를 찾은 관광객은 그 목적이 달랐다. 중세 말 서유럽 전역에서 베네치아로 온 관광객들의 궁극적인 목적은 베네치아 관광이 아니라 성지인 예루살렘 순례였다. 물론 순례자들은 순례 선단의 출항을 기다리는 동안 베네치아 곳곳을 돌아다니면서 성聖유물을 참배하고 재미있는 구경거리를 즐기기도 했다. 하지만 그들의 최종 목적지는 그리스도의 도시 예루살렘이었다. 반면 18세기에 베네치아를 찾은 관광객들은 베네치아 자체가 목적이었다. 한마디로 베네치아를 보고 즐기러 온 것이었다. 특히 영국, 프

—— 카날레토, 〈산마르코 광장〉, 1723~1724.

랑스, 오스트리아의 부유한 귀족과 부르주아들이 베네치아로 몰려들었
다. 베네치아공화국은 관광 사업을 활성화시키기 위해 관련 법령을 완
화하기까지 했다.

그 랜 드 투 어 와 코 르 티 잔
—

특히 18세기 베네치아는 '그랜드 투어Grand Tour'라 불리는 견문
넓히기 여행의 주요 종착지 중 한 곳이었다. 그랜드 투어는 17세기 영
국에서부터 시작돼 유럽 전역으로 퍼져나간 일종의 현장학습 여행으
로, 어린 귀족들은 본격적인 사회 진출에 앞서 해외여행을 통해 견문을
넓혔다. 『로마 제국 쇠망사』를 저술한 에드워드 기번이 "해외여행이 영
국 젠틀맨의 교육을 완성한다"라고 말할 정도로 18세기 영국인들은 그

랜드 투어를 중시했다. 18세기에는 로마, 파리, 베네치아, 밀라노를 모르면 영국의 젠틀맨이 될 수 없었다. 애덤 스미스는 『국부론』에서 당시 유행하던 그랜드 투어에 대해 다음과 같이 이야기했다. "영국에서는 젊은 사람들이 학교를 졸업하면 대학교에 보내지 않고 곧 그들을 외국에 여행 보내는 것이 점점 하나의 관습이 되어가고 있다. 우리의 젊은이들은 이 여행을 통해 일반적으로 대단히 발전해서 귀국한다."

영국의 젊은 귀족들이 베네치아 방문을 통해 견문만 넓힌 것은 아니었다. 그들이 베네치아를 구경하고 싶어했던 또다른 이유는 도박과 매춘이었다. 사실 18세기 베네치아는 유럽에서 제일가는 환락의 도시였다. 당시 베네치아는 도박과 성매매로 명성을 누리고 있었다. 베네치아의 매춘은 그 역사가 길다. 이미 중세 말 베네치아는 유럽 제일의 무역 중심지였기 때문에 많은 외국 상인이 베네치아로 몰려들었고 매춘부들은 상거래 중심지였던 리알토 주변에서 이들을 상대로 호객 행위를 했다.

16세기 베네치아를 대표하는 매춘부였던 베로니카 프랑코는 프랑스 왕 앙리 3세를 고객으로 둘 정도로 국제적인 인물이었다. 상업적 활력은 줄어들었지만 매춘 사업은 더욱 활성화되어 17세기 초반에는 1만 2천여 명의 매춘부가 있을 정도였다. 베네치아 전체 인구가 10만을 넘지 않았다는 사실을 고려하면 경제활동을 하는 인구 중 절대 다수가 매춘업에 종사하고 있었던 셈이다.

이들은 코르티잔courtesan으로 불렸고 다수의 여행객들이 이들에 관한 이야기를 남겼다. 18세기 베네치아를 여행했던 독일의 문호 괴테도 코르티잔이 자신에게 말을 걸어왔다는 이야기를 한다. 잉글랜드 출신 여행객 토머스 뉴전트Thomas Nugent는 좀더 상세한 이야기를 들려준다.

모든 거리가 매춘부로 가득했으며, 이들은 손님을 가리지 않고 받는다. 다른 사람들이 장례식 복장을 입더라도 이들은 항상 화려한 색깔의 옷을 입고 가슴을 드러내고 얼굴에 화장을 진하게 하고 여럿이 함께 문 앞이나 창문 옆에 서서 호객 행위를 했다.

유럽 제일의 매춘 도시라는 오명 이외에도 베네치아 귀족 여성들이 성적으로 문란하다는 소문 또한 널리 퍼져 있었다. 귀부인들은 항상 치치스베오cicisbeo라 불리는 멋진 남성을 대동하고 다녔다. 1730년 베네치아를 방문한 프랑스 사람 드브로세는 수녀들이 새로 부임한 교황 사절의 정부가 되려고 서로 싸운다고 이야기했다. 이 프랑스인의 증언이 사실이 아닐 수도 있지만, 이런 종류의 소문이 널리 퍼져 있었다.

유 럽 제 일 의 도 박 장

—

18세기 베네치아는 매춘 도시라는 오명 이외에도 도박 도시라는 불명예를 가지고 있었다. 당시 베네치아에는 리도토ridotto라 불리는 도박장이 70개 이상 성업중이었다. 리도토에는 게임을 하는 공간뿐만 아니라 술이나 커피를 마시면서 대화를 할 수 있는 응접실도 있어 사교 공간 역할도 했다.

도박장에서 가장 인기 있는 도박은 바세타bassetta라는 카드 게임이었다. 당시 대부분의 여행 책자에서는 베네치아 방문객들에게 이런 도박장은 위험하며 사기를 당할 수 있으니 피하라고 조언했다. 하지만 대다수 여행객은 이런 조언에도 아랑곳하지 않고 도박장을 찾았다. 도박장에서는 가면을 착용해야 해서 비밀스러운 애정 행각도 가능했다. 젊은 외국 귀족들은 가면을 쓴 아름다운 베네치아 귀족 여성과의 연애를 희망하며 이곳을 들렀다. 당시 베네치아 남자들이 가면 축제 기간을 싫어한다는 소문이 널리 퍼져 있을 만큼, 도박장은 베네치아 여성들에게 일탈과 자유를 느낄 수 있는 공간이기도 했다.

토머스 뉴전트의 이야기를 다시 들어보자.

보통 10~12개의 방에 게임 테이블이 놓여 있고 엄청나게 많은 사람이 북적거린다. 심각한 침묵이 감돌며 가면 없이는 입장할 수 없다. 여기서 남자는 매춘부를 만나고 유부녀는 가면의 보호 아래 카니발의 온갖 방탕을 즐길 수 있지만 보통 남편이나 남편의 스파이가 옆에 있기 마련이다. 이런 게임장에 나가면 대화를 할 수 있는 곳이 있고 와인과 레모네이드, 설탕에 절인 고기를 파는 곳이 있다. 여기서 신사들은 남녀와 자유롭게 대화할 수 있으나 신중히 품위를 지켜야 한다. 그렇지 않을 경우에는 폭력배와 암살자를 만나게 된다.

카 사 노 바 와   베 네 치 아
—

매춘과 도박이 성행했던 18세기 베네치아는 퇴폐적인 도시였

——— 피에트로 롱기, 〈리도토〉, 1750.
　18세기 베네치아에는 리도토라 불리는 도박장이 성업중이었다.

다. 이런 분위기를 잘 대변해주는 인물이 바로 카사노바다. 부모가 모두 배우였던 카사노바는 귀족 후원자의 지원 덕분에 교육을 받고 엘리트 사회에 편입할 수 있었다. 카사노바는 무엇보다 여인을 유혹하는 데 특출한 재능이 있었다. 그는 무도회와 도박장을 드나들면서 수많은 여자와 사랑을 나눴다. "감각적 즐거움을 줄 수 있는 것이 무엇이든 이를 개발하는 것이 항상 내 인생의 주요 목표다. 나는 이보다 더 중요한 직업을 결코 찾지 못했다"라는 카사노바의 발언은 그의 인생철학을 잘 보여준다. 이러한 이유 때문에 그의 이름은 오입쟁이womanizer와 동일어로 사용되기도 한다. 그는 즐거움을 찾아 교회, 군대, 도박장, 커피숍 등을 누비며 인생의 즐거움을 만끽했다.

1720년에 문을 연 플로리안Florian 커피숍은 여성을 유혹하려고 카사노바가 자주 들르는 헌팅 장소였다. 그 당시도 여성은 카페에 출입할 수 없었는데 이 플로리안 커피숍이 여성 출입을 허용했기 때문이다. 카사노바에게 커피숍은 여성을 유혹하기 위한 장소였겠지만 이곳은 비슷한 정치적 입장을 가진 사람들의 회합 공간이기도 했다. 300년 가까운 역사를 지닌 플로리안 커피숍은 다양한 과거의 에피소드를 간직한 채 지금도 베네치아 산마르코 광장을 찾아온 전 세계 관광객들에게 격조 있는 휴식 공간을 제공하고 있다.

카사노바의 애정 행각은 베네치아 사회에 물의를 일으켰지만 그것이 법적 처벌로 이어지진 않았다. 애정 행각이 아니라 프리메이슨과의 연루, 무신론적 사고가 카사노바의 인생을 위험에 빠뜨렸다. 결국 카사노바는 이단 심문을 받고 1754년에 체포되어 5년 형을 선고받았다. 그러나 그의 인생여정은 여기서 끝나지 않았다. 15개월 동안 갇혀있던 카사노바는 '탄식의 다리Ponte di sospiri'를 지나 한번 들어가면 빠져나올 수 없다던 감옥에서 결국 탈출해 국제적으로 명성을 더욱 드높였다.

탈출한 카사노바는 프랑스, 독일, 스위스, 러시아, 네덜란드 등 유럽 이곳저곳을 주유하면서 많은 이야기를 만들어냈다. 그는 프랑스 왕 루이 15세의 공식 정부였던 퐁파두르 부인과도 만났고, 계몽철학자 루소, 벤저민 프랭클린, 괴테, 모차르트 등 18세기 유럽을 대표하는 명사들과 교제했다. 희곡 작품, 수필, 소설뿐만 아니라 자신의 행적을 기록한 자서전도 출판했다. 특히 프랑스어로 출판된 자서전 『나의 인생 이야기』는 18세기 베네치아의 즐겁고 화려한 문화와, 매춘과 도박 등으로 대변되는 퇴폐적이고 어두운 분위기를 잘 보여준다.

카 르 네 발 레 와   센 사
—

18세기 유럽의 귀족과 부유한 부르주아를 베네치아로 이끈 또 다른 볼거리는 축제였다. 당시 베네치아를 대표하는 축제는 카르네발레Carnevale와 센사Sensa였다. 1600년 무렵 베네치아 정부는 외국 여행객들의 베네치아 방문이 주로 카르네발레와 센사 축제 시기에 집중된다는 사실을 알고는 이러한 축제를 더욱 활성화시키기 위해 노력했다.

센사 축제는 예수승천대축일Ascension, 부활절 40일 뒤 목요일에 열리는 베네치아와 바다의 상징적인 결혼식 행사였다. 12세기부터 시작된 이 축제는 베네치아공화국의 수장인 도제와 고위관리들이 화려하게 장식된 도제 전용 선박인 부친토로bucintoro에 승선해 베네치아와 아드리아해가 만나는 리도섬까지 나아가 그곳에서 도제가 결혼 예물 반지를

—— 프란체스코 과르디, 〈베네치아의 부친토로 축제〉, 1775~1780.

바닷속으로 던지면서 "진실하고 영원한 지배의 증표로 우리는 너 바다와 결혼한다"라고 외치면서 마무리된다. 이 외침은 한때 아드리아해를 장악했던 베네치아의 힘과 자존심을 상기시켜준다. 17~18세기에 이 축제가 외국인들에게 인기를 끌자 베네치아 정부는 축제 기간을 늘리고 축제를 더욱 성대하게 진행했다.

바다와의 결혼식 행사보다 더 인기를 끌었던 축제는 카르네발레였다. '고기여carne 안녕vale'이라는 의미의 카르네발레는 재의 수요일Ash Wednesday이 시작되기 전날인 기름진 화요일에 절정에 달해 종결되었다. '고기여 안녕'이라는 표현은 재의 수요일부터 부활절까지의 40일, 즉 사순절 동안 고기를 금했기 때문에 붙인 이름이다. 베네치아에서 이 축제의 기원은 1162년 아퀼레이아 주교와의 전쟁에서 거둔 승리를 축하하기 위한 것이었다.

유럽의 거의 모든 도시에 베네치아의 카르네발레와 유사한 사순절 전의 축제가 있었지만, 베네치아의 카르네발레는 가면 덕분에 더욱 독특했다. 처음부터 축제 때 가면을 쓴 것은 아니지만 14~15세기경부터 시작된 가면놀이는 더 많은 관광객을 베네치아로 모여들게 만들었다. 가면은 사회적 관습과 책임을 벗어던질 수 있는 자유를 주었고 축제의 흥을 한층 북돋웠다. 한마디로 카르네발레 축제 기간에는 모든 즐거움과 일탈이 허용되었다.

축제 기간 동안 사람들은 다양한 종류의 가면을 썼다. 어떤 종류의 가면은 특정 직업을 의미해 직종에 따라 서로 다른 가면을 착용하기도 했다. 메디코 델라 페스테Medico della Peste라 불리는 긴 부리 모양 가면은 의사를 상징했다. 이 가면은 의사들이 전염병의 감염을 피하기 위해 긴 새 부리 형태의 가면을 썼던 것에서 유래했다. 특히 18세기 베

—— 카르네발레에 쓰인 메디코 델라 페스테 가면. —— 조반니 그레벤브로크, 〈모레타 가면〉.

네치아 여성들 사이에서 많은 인기를 끌었던 가면은 검은색이라는 뜻을 가진 모레타Moretta였다. 이 가면을 쓰면 말을 할 수 없었기 때문에 대화를 하려면 가면을 벗어야만 했다. 마음에 드는 상대에게만 가면을 벗고 자신의 실체를 보여줄 수 있다는 점에서 여성에게 자유와 선택권을 부여한 가면이라 할 것이다.

　　카르네발레 축제가 국제적인 인기를 얻자 베네치아 정부는 축제 기간을 점차 늘려 나중에는 축제가 6개월 동안 지속되었다. 축제는 10월 초에 시작해 대림절과 크리스마스 기간 동안 잠시 중단됐다가 12월 26일 재개되어 재의 수요일이 시작되기 전날 끝났다. 거의 6개월 동안 베네치아 사람들은 가면을 쓰고 축제를 즐겼던 것이다. 외국에서 온 관광객들도 가면을 쓰고 이 비밀스러운 축제에 동참할 수 있었다.

　　오페라는 축제를 더욱 활성화시키는 역할을 했다. 오페라는 음악, 무대 그리고 배우의 연기를 혼합한 새로운 형태의 예술로, 17세기 초 피렌체와 만토바 궁정에서 시작된 귀족들을 대상으로 한 고급문화였다. 당시 이탈리아를 대표하던 음악가 클라우디오 몬테베르디가 베네치아 산마르코 성당의 악장으로 부임하면서 베네치아는 오페라의 중심지로 부상했다. 1630년대부터는 일반 대중을 상대로 한 오페라 공연이 시작되었다. 대중을 상대로 한 오페라의 성공으로 17세기 말 베네치아에는 이미 17개의 오페라하우스가 생겨났다. 두 개의 축제가 열리는 시기에 오페라가 집중적으로 상연되면서 더 많은 관광객이 베네치아로 몰려든 것이다. 18세기 베네치아 오페라를 대변한 인물은 비발디였다. 그는 44개의 대중용 오페라 작품을 작곡했고, 그 덕분에 베네치아 시민들은 연중 다양한 오페라 작품을 감상할 수 있었다.

괴 테 가 본 예 술 과 문 화 의 도 시

—

18세기 베네치아는 오페라와 연극이 넘쳐나는 문화와 예술의 도시이기도 했다. 이를 가장 잘 묘사한 사람은 독일의 문호 괴테다. 괴테는 1786년 9월 28일부터 10월 14일까지 약 17일간 베네치아에 머물렀다. 어린 시절 아버지가 이탈리아에서 가져온 아름다운 곤돌라 모형으로만 알고 있던 베네치아를 직접 보게 된 것이다. 괴테는 산마르코 광장에서 얼마 떨어지지 않은 '영국 여왕'이라는 이름의 호텔에 머물면서 베네치아 이곳저곳을 둘러보고 문화를 맛보았다. 괴테가 베네치아에서 처음 느낀 감정은 베네치아인들이 이룩한 위대한 업적에 대한 감탄이었다. 이민족의 침입을 받자 도망쳐 베네치아에 정착한 선조들은 자연환경의 어려움을 극복하고 위대한 문명을 이룩했다고 괴테는 감탄했다.

비록 길지 않은 시간이었지만 괴테는 베네치아의 모든 것을 보고 느끼고 즐기려 했다. 팔라디오가 만든 건축물들, 오페라, 연극, 정열적으로 자신들의 신념과 의향과 감정을 표현하는 시민들의 가두연설, 중세 베네치아 해상 제국을 가능케 했던 해군 병기창, 수많은 교회, 회화와 조각 작품들, 당시 가장 평판이 좋았던 음악대학 등을 둘러보았다. 베네치아 체류중에 무엇보다 괴테의 마음을 사로잡은 것은 연극과 오페라였다. 희극을 보고 웃기도 하고 작품을 보고 나서 때론 장광설에 가까운 논평을 늘어놓기도 했다.

10월 4일 성 누가 극장에서 본 희극을 보고 남긴 관람 평에는 괴테가 발견한 베네치아 민중의 진솔한 모습이 잘 담겨 있다.

관객은 배우와 함께 연극을 하며 군중은 극장과 융합해서 일체가 된다. 하루 종일 광장과 물가에서, 곤돌라나 궁전 안에서 사고파는 사람, 거지, 배꾼, 이웃 여자, 변호사와 그 상대자 같은 모든 사람이 생활하고, 활동하고, 정색하고, 이야기하고, 서약하고, 외치고 팔아치우고, 노래 부르고, 악기를 두드리고, 저주하고, 소동을 부리고 있다. 그리고 밤에는 연극 구경을 가서 낮 동안의 생활이 인공적으로 정리되고 재미있게 분석되고 옛이야기가 삽입되고 가면에 의해 현실의 모습에서 멀어지기도 하고 풍속에 의해 가까워지기도 하는 것을 보고 듣는다. 그들은 그것을 보고 어린애같이 좋아하고 소리 지르고 박수 치고 떠들썩하게 법석을 떤다.

위의 관람 평은 괴테의 『이탈리아 여행』 중 일부로, 베네치아 관광 첫째 날 "내게 무엇보다 먼저 닥쳐온 것은 역시 민중이었다"라고 말한 괴테의 술회와 일맥상통한다.

괴테가 본 18세기 말 베네치아는 여전히 위대한 무언가를 지니고 있었다. 그러나 괴테는 "이 공화국도 현세에 존재하는 모든 현상과 마찬가지로 시간의 위력을 벗어나지 못한다"고 했다. 그의 말처럼 천 년의 독립을 유지했으며 한때 유럽 제일의 경제 중심지로 명성을 누렸던 베네치아공화국은 18세기 말 나폴레옹의 프랑스 군대에 정복당하고 말았다. 나폴레옹에 맞서 싸우자는 목소리는 거의 없었고, 무기력한 베네치아 정부는 1797년 12월 5일 투표로 공화국의 해체를 선언했다. 이로써 베네치아공화국은 역사의 뒤안길로 사라지고 말았다.

〈참고문헌〉
Thomas Nugent, *The Grand Tour*, London, 1749.
Thomas Madden, *Venice: a new history*, London, 2012.
Frederic C. Land, *Venice: a maritime republic*, Baltimore, 1973.
Elisabeth Crouzet–Pavan, *Venise triomphante: les horizons d'un mythe*, Paris, 1999.
Robert C. Davis and Garry R. Marvin, *Venice, the tourist maze: a cultural critique of the world's most touristed city*, University of California Press, 2004.
자코모 카사노바, 『카사노바 나의 편력』, 김석희 옮김, 한길사, 2006.
볼테르, 『캉디드』, 현성환 옮김, 아로파, 2016.
괴테, 『이탈리아 여행』, 안인희 옮김, 지식향연, 2016.
로타 뮐러, 『카사노바의 베네치아』, 이용숙 옮김, 열린책들, 2004.
설혜심, 『그랜드 투어』, 웅진지식하우스, 2013.

━━
남종국_이화여자대학교 사학과 교수
서울대학교 서양사학과를 졸업하고, 동 대학원에서 석사 학위를, 프랑스 파리 1대학에서 역사학 박사 학위를 받았다. 동국대학교 사학과에서 8년간 학생들을 가르쳤고 2014년부터 이화여대 사학과 교수로 재직중이다. 저서로 『중세 말 지중해의 면화 무역Le commerce du coton en Méditerranée à la fin du Moyen Age』(Leiden · boston: Brill, 2007) 『지중해 교역은 유럽을 어떻게 바꾸었을까』 『이탈리아 상인의 위대한 도전: 근대 자본주의와 혁신의 기원』이 있으며, 역서로 『프라토의 중세 상인』이 있다. 현재 중세 지중해 문명 교류의 역사, 이탈리아 상인, 지중해와 유럽의 역사를 바꾼 상품들, 몽골 평화 시대 동서 교류사, 자본주의의 형성을 연구하고 있다.

3부

유럽
주변 도시와
북아메리카

가난한 라차로니들이 어슬렁거리는 세상의 끝

이탈리아 여행을 계획중이라면 여러분의 수첩에는 로마, 피렌체, 베네치아가 벌써 올라 있을 것이다. 시간과 비용이 충분하다면 시선은 장화처럼 생긴 이탈리아반도 아래로 내려가 남부 이탈리아를 향할 것이다. 나폴리는 어떨까?

이제 여러분은 2천 년 로마 제국의 유적과 화려한 이탈리아 르네상스 걸작으로 가득한 피렌체와 로마를 뒤로하고 들뜬 마음으로 나폴리로 내려간다. 하지만 나폴리에서 여행객을 기다리는 것은 인간의 손이 깃든 역사가 아니라 자연의 손길이리라. 북부 이탈리아에서 내려온 이들은 기후도, 식생도, 풍광도 다르다는 걸 곧바로 느낄 것이다. 심지어 주변을 지나는 사람들의 목소리 톤조차 이곳의 자연을 닮았음을 느끼게 되리라.

—— 에밀 브랙, 〈그랜투 투어 계획〉.
젊은 커플이 이탈리아 지도를 보면서 그랜드 투어 계획을 세우는 모습을 묘사했다.

그 랜 드 투 어

―

17세기 말부터 유럽에는 여행 열풍이 불었다. 프랑스 역사가 폴 아자르Paul Hazard는 『유럽 의식의 위기』에서 17세기와 18세기를 가르는 중요한 차이 하나를 '여행'에서 찾았다. 대부분 태어나고 자란 지역을 평생 벗어나볼 생각도 하지 않던 유럽 사람들이 이제는 먼 곳에서 살아가는 사람들의 생활과 문화에 강렬한 호기심을 느낀 것이다. 특히 영국과 독일의 귀족 출신 젊은이들이 유럽은 물론 근동 지역으로 여행을 떠나는 풍토가 유행처럼 번졌는데, 이를 이르는 말이 그랜드 투어다.

그랜드 투어에서 가장 선호한 여행지는 두말할 것도 없이 유럽 사람들에게 르네상스의 조국이자 가톨릭의 본거지인 이탈리아였다. 거장의 걸작을 직접 느껴보려는 예술가들, 연구 자료를 찾으려는 인문주의자들, 영혼의 구원을 갈구하는 독실한 가톨릭 순례자들은 모두 이탈리아 여행을 간절히 꿈꿨다. 지금이나 예전이나 여행자들이 손에 가이드북을 들고 먼저 다녀온 사람들의 기행문을 읽는 일은 비슷했다. 또는 '치체로네cicerone'라 불리는 현지 가이드의 도움을 받을 수도 있었다. 돈 많은 귀족의 편의와 안전을 위해서 마차, 하인, 가이드, 숙소를 모두 제공하는 현대적 의미의 '패키지 여행'이 시작된 것도 이때부터다.

세 계 에 서 가 장 아 름 다 운 도 시

―

지금도 마찬가지지만 이탈리아 여행을 떠난 18세기 유럽 여행자들이 가장 선호한 도시는 피렌체, 베네치아, 로마였다. 18세기 초까지 이탈리아 남부로 내려간 여행자들은 많지 않았다. 그런데 18세기 중반 이후 여행자들은 로마 여행을 마친 뒤 이탈리아 남단까지 내려가기 시작했다. 왜 이런 변화가 생긴 걸까? 무엇보다 1748년부터 기원후 1세기경 나폴리 인근 베수비오 화산 폭발로 매몰된 고대 도시 폼페이와 헤르쿨라네움 발굴이 시작됐다. 그 사실이 이 시대 여행자들의 호기심을 자극했던 것이다. 이들은 나폴리에 도착하자마자 도시 탐방은 뒷전이고 여전히 불길을 내뿜고 있던 베수비오 화산부터 몇 차례씩 오르곤 했다.

고대 로마 유적과 피렌체의 르네상스 문화유산에 도취해 나폴리로 내려간 18세기 유럽 여행자들은 북부 이탈리아와 뚜렷이 구분되는 남부 이탈리아의 자연 풍광에 다시 한번 매료되곤 했다. 디드로와 달랑베르가 편집을 맡은 『백과사전』에서 '나폴리' 항목을 맡아 쓴 조쿠르는 나폴리를 "세상에서 가장 아름다운 도시 중 하나"라고 소개한다. 프랑스 천문학자 조제프 랄랑드는 1765~1766년 이탈리아 여행에서 돌아와 펴낸 『한 프랑스인의 이탈리아 여행기』에서 "어느 쪽에서 바라보든 나폴리보다 더 아름답고, 더 대단하고, 더 화려하고, 더 특이한 곳을 상상할 수 없다"는 찬사를 보냈다. 스위스를 거쳐 로마에 머무르다 나폴리까지 내려갔던 장리스 부인Madame la comtesse de Genlis은 "나폴리 풍토의 아름다움이며 나폴리항, 풍광, 인근의 아름다움은 비길 데가 없고 수만 가지 자연의 경이가 호기심을 자아낸다"고 썼다. 훗날 나폴레옹 치세에서 루브르 박물관 책임자가 되는 비방 드농Vivant Denon 역시 "바다, 평원, 산으로 이어지는 풍광은 기가 막힌 다양한 모습을 보여주고, 풍요롭고, 아름답고 엄청난 정경들이 항상 푸른 하늘과 온화한 기후와 어울리니, 나폴리는 세계에서 가장 아름답고 매력적인 도시 중 하나"라며 극찬했다.

나 폴 리 의   라 차 로 니

—

여행자들이 나폴리 왕국의 아름다운 자연 풍광에 취해 도시에 들어섰을 때 느꼈던 쾌적함은 이내 불쾌감으로 바뀐다. 피렌체와 로마를 둘러보고 예술에 대한 안목이 생긴 여행자들은 나폴리의 예술작품을 보곤 실망감을 감추지 못한다. 1729년에 나폴리를 여행한 몽테스키외는 "아름다운 예술작품을 찾고자 하는 사람은 로마를 떠나서는 안 된다. 나폴리에서는 안목을 기르는 것보다 망치기가 더 쉽다"라고 탄식했다.

더욱이 그토록 훌륭한 자연에서 살아가는 나폴리 국민은 하나같이 사기꾼에다, 우둔하고 무지하며, 걸핏하면 싸우기를 일삼는 것처럼 보였다. 그래서 18세기 많은 여행자는 나폴리 사람들을 경멸하고, 심지어 증오하기까지 했다. 1717년부터 1721년까지 이탈리아에 체류했던 프랑스 극작가 미셸 기요 드 메르빌은 나폴리를 한마디로 "악마들이 사는 천국"이라고 못 박았다. 그보다 반세기 늦게 이탈리아를 여행했던 작가 사드도 나폴리를 가리켜 "세상에서 가장 아름다운 나라에 가장 멍청한 인류가 사는 곳"이라고 빈정거렸다.

여행자들이 본 '악마'들은 "나폴리에서 가장 낮은 계층의 야만적인 민중 집단"을 가리키는 '라차로니lazzaroni 혹은 lazzi'들이다. 이들은 "변변한 직업이 없는 거지들"로, "대부분 길과 광장을 거처로 삼아" 살

—— 조제프 베르네, 〈베수비오 화산이 보이는 나폴리 풍경〉.

아간다. 나폴리 대사와 함께 시내를 산책하러 나선 장리스 부인은 둑 위에 천 조각 하나 걸치지 않고 햇볕에 얼굴이 붉게 탄 라차로니들이 누워 있는 것을 보고 기겁을 한다. 18세기 당시 나폴리 인구는 30만을 헤아렸고 이를 50만으로까지 추정하는 의견도 있다. 나폴리는 이탈리아에서 가장 인구가 많은 도시로, 그 인구가 런던과 파리에 견줄 만했다. 몽테스키외는 그중 라차로니가 5만~6만 명에 이른다고 봤다.

나폴리에 들어선 여행자들은 이렇게 아름답고 비옥한 땅을 가진 나라에서, 그토록 많은 하층민이 아무런 일도 하지 않고 빈둥거리는 데 당혹스러워했다. 여행자들은 라차로니들의 존재가 나폴리 국민의 국민성이 나태하고 게으르다는 점을 보여주는 부정할 수 없는 증거라고 봤다. 보르도 고등법원의 수석판사였던 샤를 뒤파티Charles Dupaty는 『이탈리아 편지』에서 나폴리의 "국민 절대다수를 이루는 라차로니들은 딱 배고파 죽지 않을 만큼만 일한다"고 썼다. 그들은 "몇 시간 일해서 며칠 먹고살 것을 벌었다면 그다음엔 낮잠을 자고 어슬렁거리고 해

가난한 라차로니들이 어슬렁거리는 세상의 끝　　　175

수욕을 하는 것"으로 시간을 보낸다고 술회했다.

빈 곤 의   원 인
—

그런데 18세기 후반의 여행자들은 나폴리 국민이 게으른 이유를 정치경제학적 요인을 바탕으로 설명하기 시작한다. 몽테스키외는 『법의 정신』에서 한 지역의 기후와 환경이 도덕과 정치 형태에 어떤 영향을 미치는지 분석한 바 있다. 온화한 기후를 누리며 살아가는 사람들과, 가혹한 추위나 가혹한 더위에 오랫동안 노출된 사람들의 성격과 정념은 다를 수밖에 없다.

1755년부터 아카데미 프랑세즈의 종신 서기가 되었던 프랑스 문인 샤를 피노 뒤클로Charles Pinot Duclos는 『이탈리아에 대한 고찰』에서 나폴리의 토양이 그토록 비옥한데도 왕국 전체에 가난이 만연한 까닭을 "올바르지 못한 행정과 정부"가 특히 하층계급의 일할 의욕을 꺾은 데서 찾았다. "부조리하고 야만적인 법률"이 곡물의 자유로운 유통을 막은 것이나 인구에 비해 성직자가 지나치게 많은 것, 엄청난 세금이 산업과 상업이 성장하지 못하게 막은 것도 빈곤의 주요 원인이다. 특히 나폴리 왕국 전체에 퍼져 있던 광신과 미신이 못마땅했던 이 계몽주의 작가는 "수많은 축제, 평신도회, 종교 행렬 등이 가장 활기 넘치는 국민을 게으르게 만드는 노동의 적"이라고 비판했다.

식 민 주 의 와 빈 곤

—

나폴리 왕국이 빈곤한 원인을 여러 가지로 분석하면서 뒤클로는 역설적이지만 이 나라의 토양이 너무 비옥한 것이 제일 중요한 원인이라고 지적한다. 수많은 외국 정복자가 나폴리의 비옥한 토지를 노려 침략이 끊이지 않았기 때문이다. 그리스 본토의 식민지로 건설된 나폴리는 로마의 지배하에 들어갔다가, 동로마제국(6~7세기), 노르만왕조 및 슈바벤(1197~1220), 프랑스의 앙주가家(1265~1443), 아라공(1443~1647)을 거쳐, 17~18세기에는 스페인. 오스트리아의 속국 신세를 면치 못했다. 상황이 이렇다보니, 뒤클로에 따르면 나폴리 왕국을 지배하는 통치자들은 자연을 이용해서 인민의 행복을 추구하는 통치를 펼칠 생각이 전혀 없었다.

이런 점에서 1759년에 여덟 살의 나이로 나폴리 왕국의 왕위에 오른 페르디난도 4세는 나폴리 국민이 그토록 기다리던 나폴리 태생의 첫 왕이었다. 그런데 그는 프랑스 왕 루이 16세와 사촌 간이었고, 1768년에 오스트리아 출신으로 루이 16세와 결혼해 프랑스 왕비가 된 마리 앙투아네트의 언니 마리아 카롤리나와 결혼했다. 그랬으니 페르디난도 4세는 오스트리아와 프랑스의 간섭을 피할 길이 없었다. 왕국의 실권을 왕비가 쥐고 있어 남편의 권력은 유명무실했다.

사드는 나폴리 체류 시절 페르디난도 4세의 초대를 받기도 했다. 그의 소설 『쥘리에트 이야기』에는 나폴리 국왕과 왕비가 실명으로 등장해 여주인공 쥘리에트를 만난다. 사드는 쥘리에트의 입을 빌려 나폴리 국왕을 "우둔하고 어리석고 맹목적"인 사람이라고 묘사했다. 사드가 소설에서 나폴리 정치를 비판하는 대목을 잠시 읽어보자.

당신의 국민은 애초에 가졌던 흔적이 전혀 남아 있지 않아요. 불행하게도 이 민족 저 민족의 지배를 받다보니 순응할 줄밖에 모르고 노예의 습성이 생긴 거예요. (…) 자유를 찾고자 하는 국민은 성공하려면 보호를 해주는 사람들에게 탄원을 해선 안 되고 그곳에 자리잡은 폭군과 왕좌를 분쇄해야 한다는 걸 나폴리 사람들을 교훈 삼아 배워야 해요. 지배를 공고화하려고 나폴리 사람들을 이용하지 않은 나라가 어디 있던가요. 오직 나폴리 사람들만 비탄에 빠지고 무력함에 허우적댔던 거죠. 흔히 나폴리 사람들의 정수가 무엇인지 찾고자 하죠. 노예 상태에 익숙해진 모든 국민이 그렇듯, 그때 볼 수 있는 건 국왕뿐이지요. 페르디난도 왕이여, 제가 나폴리 왕국에서 찾은 결함은 왕국의 결함이라기보다 당신의 결함임을 명심하세요. 그러나 한 가지 더 놀라운 일은 너무도 비옥한 나폴리의 토양이 인민을 빈곤에 처하게 만들었던 유일한 원인인 건 혹시 아닐까요.

비 옥 한 토 지 의 역 설
—

나폴리 민중의 무기력과 나태를 오랜 식민지 경험과 폭정의 소산으로 본 것은 비단 사드만이 아니다. 몽테스키외는 『법의 정신』에서 "한 나라의 토지가 비옥하면 그곳에는 자연적으로 종속관계가 생긴다"고 지적했다. 척박한 아테네에 민중 정부가 서고, 비옥한 스파르타에 귀족 정부가 선 까닭이 그것이다. "비옥한 나라에서는 누구도 최강자와 다툴 수 없으므로 모두가 최강자에게 복종한다. 그런데 일단 복종하면 자유의 정신은 다시 돌아오지 못한다."

18세기 초반까지 여행자들은 나폴리 국민이 천성적으로 게으르고 나태해서 빈곤에 빠졌다고 생각했다. 한편 18세기 후반의 여행자들은 소수가 토지에서 생산된 부의 자유로운 유통을 막고, 부를 독점한 데서 빈곤의 원인을 찾았다. 각료가 밀의 거래를 독점하고 농업생산물에 막대한 조세를 물린 정책이, 이 아름답고 풍요로운 나라의 국민들이 영원한 노예 상태와 빈곤 상태를 벗어나지 못하게 만들었다.

나폴리 출신 경제학자이자 외교관으로 파리에 머물렀던 페르디난도 갈리아니Ferdinando Galiani 사제는 곡물의 자유무역을 주장한 『밀의 무역에 대한 대화』에서 "한 가지 기후밖에 없고, 토지의 질이 어디에서나 균등한, 비옥하기는 해도 작은 국가는 곡물의 자유로운 수출이 반드시 필요합니다"라고 말한 바 있다. 여기서 그가 말한 "비옥하기는 해도 작은 국가"가 나폴리 왕국을 가리키는 것임은 두말할 필요가 없다. 흉작일 경우는 말할 것도 없지만, 풍작일 때도 공급 과잉에 놓인 상품을 외국에 수출할 수 없다면 곡물 가격은 떨어지게 되니 국가는 항상 가난한 상태에 놓일 수밖에 없다는 것이 갈리아니 사제의 주장이다.

나 폴 리 는   타 락 한   유 럽 의   거 울
—

18세기 후반 사드를 비롯해 나폴리에 머문 여행자들은 이 나라의 폭정과 부패가 오래갈 수 없음을 잘 알았다. 이런 상황에서 나폴리 민중은 언제 폭발할지 모르는 화산과 같았다. 그래서 사드는 "이 모

든 것이 나폴리의 베수비오 화산을 닮았다"는 지적을 잊지 않는다. 여전히 불길을 내뿜고 있는 베수비오 화산에서 사회 밑바닥부터 맹렬히 끓어오르는 분노의 상징을 읽기란 어렵지 않다.

　18세기 후반 나폴리를 방문한 유럽의 여행자들은 그때까지 잘 알려지지 않았던 '남국le Midi'을 발견한다. 그들에게 나폴리는 세상의 끝과 같았다. 따라서 여행자들이 이 나라 주민들의 풍속과 삶의 방식에서 이질감을 느꼈던 것도 당연하다. 하지만 식견과 교양을 갖춘 여행자들은 나폴리의 풍속과 정치 상황에서 동시대 프랑스는 물론 유럽 문화의 타락한 양상을 발견했다. 나폴리를 방문한 초기 여행자들이 그 점을 피상적으로 파악하고 외면했다면, 이후 여행자들은 자유를 잃고 지배에 길들여진 민족이 어디까지 타락할 수 있는지 새삼 깨닫고 돌아온 것이다.

〈참고문헌〉
RenéBouvier et André Laffargue, *La vie napolitaine au XVIIIe siècle*, Paris, Hachette, 1956.
Ferdinando Galiani, *Dialogues sur le commerce des blés*, Paris, Fayard, 1984.
Paul Hazard, *La crise de la conscience européenne 1680-1715*, Le Livre de poche, 1994.
Joseph Jérôme Lefrançois de Lalande, *Voyage d'un François en Italie en 1765 et 1766*, Paris, Desaint, 1769, 3 vol.
Donatien-Alphonse-François de Sade, *Histoire de Juliette, Œuvres*, éd. Michel Delon, Bibliothèque de la Pléiade, t. III, 1998.
Donatien-Alphonse-François de Sade, *Voyages d'Italie*, éd. Maurice Lever, Paris, Fayard, 1995.
Italies. *Anthologies des voyageurs français aux XVIIIe et XIXe siècles*, éd. Yves Hersant, Paris, Robert Laffont, 1988.

이충훈_한양대학교 프랑스학과 교수
18세기 프랑스문학 및 지성사를 공부했으며, 장 자크 루소와 드니 디드로의 문학과 사상, 미학과 예술론을 연구하고 있다. 번역서로 장 스타로뱅스키의 『투명성과 장애물』, 드니 디드로의 『농아에 대한 편지』 『백과사전』 『미의 본성과 기원』, 조르주 페렉의 『생각하기/분류하기』 『임금 인상을 요청하기 위해 과장에게 접근하는 기술과 방법』, 사드의 『규방철학』 등이 있고, 『우리 시대의 레미제라블 읽기』(공저)를 펴냈다.

인텔리겐치아가
러시아 민중을
만났을 때

18세기에 러시아는 제국으로 발돋움하고 있었다. 러시아는 18세기 내내 정복 전쟁을 통해 영토를 동서남북으로 확대해나갔다. 오스만과의 전쟁을 통해서는 남쪽으로, 스웨덴과의 전쟁을 통해서는 북쪽으로, 또한 폴란드 분할에 참여해 서쪽 지역으로 영향력을 넓혀갔다. 또한 동쪽으로는 시베리아를 완전히 장악했다. 16세기 이후 본격화된 시베리아 정복은 18세기에 이르러 그 결실을 보았다. 이로써 유럽의 변방에 머물러 있던 러시아는 18세기를 거치면서 유럽의 최강국 중 하나가 되었다.

따라서 18세기가 러시아의 지리학적 탐사에 기념비적 시기였던 것은 우연이 아니다. 이 시기에 러시아는 아시아, 시베리아, 나아가 아메리카 대륙의 일부(오늘날 캘리포니아의 일부 지역)에 대한 지리적 정보까지 습득하고 지도에 반영했다. 특히 당대의 위대한 지리학자이자 정치가, 행정가였던 타티셰프의 주요 관심사는 우랄과 시베리아에 있었다. 그는 유럽과 아시아의 지리적 구분선을 우랄산맥으로 재확인하기도 했다(최초로 우랄을 유럽과 아시아의 경계로 간주한 사람은 스웨덴 출신의 군인인 스트랄렌베르크였다. 지리학자이자 민족지학자였던 그는 러시아군의 포로가 되어 시베리아에서 오랜 기간 머물렀다). 이렇게 구분한 저의는 러시아의 중심부, 즉 모스크바와 상트페테르부르크 같은 도시는 유럽에 있음을 강조해, 러시아가 유럽의 국가라는 것을 주장하기 위함이었다. 이럴 경우 시베리아는 자연스럽게 식민지가 된다.

18세기 시베리아의 중심지
—

시베리아의 많은 도시 중에서도 이르쿠츠크는 그 중심지였다. 이미 18세기에 이르쿠츠크와 모스크바를 잇는 '시베리아 대로'가 개통되어 있었기 때문이다. 그래서 18세기 중반 이르쿠츠크는 시베리아 교역의 중심지가 되어 수많은 사람이 몰려들었고 건물들이 들어서기 시작했다. 공장, 상점, 맥주 제조창, 제분소 등이 들어섰으며, 그중 일부는 18세기 상트페테르부르크 건설에도 참여했던 이탈리아 출신의 거장 자코모 콰렌기Giacomo Quarenghi가 건축했다.

이르쿠츠크는 처음 건설된 17세기 중반부터 그 지리적 위치와 전략적 지위 때문에 시베리아의 명실상부한 행정 및 군사 중심지였다. 행정 시설과 군영, 정교회 건축물이 가득 들어선 이르쿠츠크는 그래서 '시베리아의 파리'라 불렸다. 당대인들의 증언을 모아서 판단해보면, 시

─── 18세기 러시아 지도를 바탕으로 영국에서 리프린트한 1790년의 러시아제국 지도.
러시아의 유럽 부분과 아시아 부분을 명확하게 구분하고 있다.

베리아에서 '도시의 모습을 갖춘 도시'는 이르쿠츠크가 유일했다.

유 배 자 들 의   관 문

—

17세기에는 '가볍고 부드러운 황금', 즉 모피를 확보하기 위해
시베리아에 대한 식민지적 확장이 이루어졌다. 곰, 밍크, 족제비, 담
비, 여우, 수달 사냥을 위해 러시아인들은 시베리아로 몰려갔다. 막강
한 귀족인 스트라가노프 가문은 광석을 캐기 위해 거금을 들여 원정대
를 조직하기도 했다.

러시아 제국은 16세기 중반부터 1917년까지 매년 평균 10만
제곱킬로미터 이상의 영토를 엄청난 속도로 확장해나갔다. 이러한 상

───── 18세기 상업과 무역의 발달로 건설된 시장 건물.
1879년 화재로 대부분 소실되었으나, 일부는 오늘날 이르쿠츠크 국립대학의 도서관으로 쓰이고 있다.

황에서 수도 페테르부르크는 시베리아를 철저히 식민지로 인식하고 있
었다. 가령, 18세기의 지배 엘리트들은 시베리아를 '우리의 페루', '우리
의 멕시코', '러시아의 브라질', 나아가 '우리의 동인도'라고까지 불렀다.
또 어떤 관료는 "네프스키 거리(페테르부르크의 중심 거리)만으로도 시베리
아 전체에 비해 다섯 배의 가치가 있다"라고 기록했다.

　　엄밀히 말해 우랄산맥은 북쪽 일부분을 제외하면(그쪽은 어차피
사람들이 다니지 않는 길이기도 하다), 대부분 큰 초지가 있는 언덕들이 연결
되어 있는 데 불과했다. 우랄산맥은 저산성 산지로 명확한 지리적, 물
리적 경계가 될 수 없었다. 식민지 시베리아를 지리적으로 구분하기 힘
들어지자 문화적 구별법이 필요해졌다.

　　18세기 러시아 문화에서 시베리아는 야만적인 황야, 숲이 빼
곡한 황무지, 샤먼의 땅으로 인식되었다. 시베리아의 이미지는 미개와

ВЫСОЧАЙШЕ утвержденъ:
26-го Октября 1790 года.
Иркутскаго Намѣстничества.

Иркутскъ.
Иркутской губерніи. Губернскій.
Въ серебряномъ полѣ щита бѣгущій тигръ, а въ роту
у него соболь.
(Старый гербъ).

─── 1790년 예카테리나 2세에 의해 승인
된 이르쿠츠크의 문장.
담비를 물고 달려가는 호랑이는 시베
리아와 이르쿠츠크가 어떻게 개척되었
는지 상징적으로 보여준다.

비계몽의 상징처럼 되어버렸다. 특히 더이상 모피 경제가 주요하지 않
자 상황은 더욱 심각해졌다. 시베리아Sibir 라는 단어는 '시베리아의 생
활처럼 잔인하고 가혹하다sibirnyi'는 표현을 파생시키기도 했다. 그래서
시베리아는 유형자의 땅이 되어버렸다. 시베리아의 지소형 '시비르카'
는 시베리아를 일컫는 동시에 장소를 불문하고 '유형소'를 뜻했다. 18세
기 이래 정치적 스캔들의 주인공이나 적군의 포로들을 시베리아로 유
형 보냈다. 18세기부터 사형제가 종신징역형으로 대체되고 시베리아
식민 개척이 본격화되면서 강제 노동과 이주를 목적으로 하는 시베리
아 유형이 크게 확대된 것이다.

러시아 최초의 인텔리겐치아들, 혹은 19세기의 본격적인 인텔
리겐치아들이 자신들의 유일한 선조로 생각하는 라디셰프는 시베리아

로 유형 보내진 첫 세대 중 한 사람이었다. 그는 1791년 시베리아 유형
을 떠나며 쓴 시에서 다음과 같이 노래했다.

> 내가 누구인지, 나는 무엇인지, 그리고 내가 어디로 가는지
> 당신은 알고 싶은가?
> 나는 이 세기 내내 있었고 앞으로도 있을 존재이다.
> 그렇다고 동물도, 나무도, 노예도 아니다. 나는 인간이다!
> 시와 소설 속에 등장하는 준족의 용사가 되기 위해
> 섬세한 마음과 진리에 이르는,
> 지금까지 아무도 가지 않았던 길을 개척하며
> 두려움을 안고
> 일림스크의 감옥으로 간다.

이 자전적 시에는 시베리아 생활에 대한 두려움이 표현되어 있
는 동시에 자신의 행위에 대한 자신감과 정당성이 묻어 있다. 감히 러
시아 민중의 삶을 생생히 그려내 황제를 격분시켰던 최초의 지식인,
그는 이후 저항적 지식인들의 모델이 되었다. 그리고 그의 첫 후손은
데카브리스트였다. 그들 역시 시베리아로 유배되었음은 물론이다.

데 카 브 리 스 트

1825년 황제 알렉산드르 1세가 예기치 않게 죽자 그의 동생인
니콜라이 1세가 제위를 물려받았다. 그해 12월 14일 새로운 황제는 통

치 첫날을 제국군의 충성 서약식으로 시작했다. 1825년 12월 나폴레옹 전쟁에 참전해 자유주의의 세례를 받아, 농노제와 전제정 폐지를 외쳤던 일군의 귀족들과 청년 장교들은 이 '대관식'의 날 황제 암살 계획을 세웠다. 이 봉기는 여러 가지 이유로 실패했지만, 러시아 최초의 조직적 저항 정신의 상징이 되었고, 인텔리겐치아의 전범이 되었다. 이들을 특별히 데카브리스트dekabrist(러시아어 '데카브리'는 12월을 뜻해 이들은 '12월 당원'이라 불리기도 한다)라 부르며 지금까지 기리는 이유다.

새로운 차르 니콜라이 1세는 500여 명의 시위 참가자들을 기소했고, 사형제를 부활시키면서까지 주동자 다섯 명을 교수형에 처해버렸다. 이 봉기에 참여했던 수십 명이 투옥되고 최소 130명 이상의 지식인이 시베리아 유형길에 올랐다. 아이러니한 것은 이들 데카브리스트들은 시베리아의 가혹한 환경 속에서도 민중에 대한 자신들의 책임감과 소임을 잃지 않고 오히려 시베리아에서 자신들의 이념과 믿음을 재확인했다는 것이다. 이들은 전제정과 농노제라는 질곡을 타파할 대안을 시베리아의 농민들 속에서 찾아나섰다. 이 자유주의자들에게 시베리아는 가능성의 공간이 되었다.

이르쿠츠크는 이들의 중간 기착지였고, 이르쿠츠크를 넘어서면 유배 생활이 시작되었다. 18세기 말 인구가 약 30만 명이었다고 추정되는 이르쿠츠크는 이미 시베리아에서 가장 큰 도시 중 하나였지만, 수많은 유형객 중에서도 데카브리스트들을 맞이하는 이르쿠츠크 시민들은 양가감정을 느끼고 있었다. 지금은 황제를 암살하려 한 러시아 제국의 적이지만, 동시에 그들은 러시아를 지배했던 가문의 일원이었다. 트루베츠코이, 볼콘스키, 골리친, 무라비요프 등 항상 황제의 최측근이었던 대귀족 가문 사람들이 이르쿠츠크에 유배되어 왔으니 그럴 만도 했

—— 교수형에 처해진 다섯 명의 데카브리스트.

을 것이다. 가령 볼콘스키는 데카브리스트들 중에서도 궁정과 가장 가까운 사람이었다. 또한 그는 데카브리스트들을 직접 조사하고 유배 보낸 당시 경찰총장 벤켄도르프 백작과 학창 시절부터 오랜 친구였으며, 1812년 나폴레옹 전쟁 당시에는 함께 참전한 장교이기도 했다.

볼 콘 스 키 가 족 의 두 가 지 삶
——

1845년까지 이들 유배자들은 이르쿠츠크에 잠시 머무는 정도에 그쳤지만, 이르쿠츠크에 정착한 사람들도 있었다. 상당수는 현지의 러시아 여인들과 결혼해 그곳에 뿌리내렸다. 그러나 당국이 이혼을 종용하고 재산권을 박탈하겠다고 협박해도 기어코 유배된 남편이나 약혼자를 따라나선 여인들도 있었다. 그렇게 함으로써 그들은 고향으로 돌

——— '농민 공작' 세르게이 볼콘스키.

아갈 수도 없고 재산에 대한 통제권도 잃었지만, 남편들의 유배 행렬에
동참했다. 세르게이 볼콘스키의 아내인 마리야도 그러한 운명을 받아
들였다.

　　　유형자들과 그의 아내들은 이전의 귀족 생활과 완전히 다른 삶
을 살아야 했다. 18세기 화려한 귀족의 삶에 으레 등장했던 하인들이
없어졌다. 마리야와 세르게이는 직접 빨래를 하고 청소를 했으며, 빵
을 굽고 식사 준비를 했다. 밭을 일구고 목공 작업을 해 손수 가구를 만
들었다. 프랑스풍 취미 생활은 불가능했으며, 흑빵과 양배추 수프를 직
접 만들어 '러시아인들처럼' 살았다. 물론 가정교사를 둘 수도 없었다.
그들은 직접 아이들을 훈육하고 가르쳤다. 그들의 자식들은 그곳의 아
이들과 똑같이 '러시아식으로' 성장했다. 마찬가지로 귀족들은 그곳에

—— 1857년의 마리야와, 1862~1863년 마리야가 아들 미하일과 찍은 사진.

서 생활하기 위해 프랑스어 기반의 사고 체계를 버리고 러시아어로 모든 의사소통을 해야 했다. 이전의 피상적이고 저급한 러시아어(유형 이전에 그들이 러시아어를 사용할 일은 하인들에게 명령을 내리거나 보고를 받을 때뿐이었다는 말은 과장이 아니다)는 약간 나아지거나 아주 조금 교정되었을 뿐이다.

그러나 이때부터 마리야와 세르게이는 러시아식 삶에 대한 의견을 달리했던 것으로 보인다. 세르게이 볼콘스키는 자신의 아이가 '진정한 러시아인'으로 성장하고 있음에 만족감을 표했지만, 마리야는 야만스러운 '루소식' 교육에 대해 항상 걱정하고 경계했다. 1844년 볼콘스키 가족이 완전히 이르쿠츠크에 정착하는 것이 허용되자, 당시 이르쿠츠크주州의 지방장관은 자신이 내심 흠모했던 데카브리스트들을 공

식 모임에 초대했다. 지방장관 무라비요프 - 아무르스키는 데카브리스
트들이 이르쿠츠크의 사교계는 물론 문화와 교육 발전에 이미 이바지
하고 있다고 생각했다. 그래서 이전부터 그들에 대해 공개적인 지지 의
사를 표명해왔다. 그들은 사교계에 발을 들였다.

정확히 말하자면, 마리야만 발을 들였다. 그리고 마리야는 즉
시 이르쿠츠크 사교계의 가장 중요한 인사가 되었으며, 학교는 물론 고
아원과 극장을 짓는 데 결정적인 역할을 했다. 그녀의 집에서는 낭독회,
음악회, 연극, 강좌는 물론이고 정치 토론도 수시로 벌어졌다. 마리야가
페테르부르크와 모스크바에서 책과 신문을 공수해 읽어왔으며, 외국어
도 잊어버리지 않게 꾸준히 연습해왔기 때문에 가능한 일이었다. 그녀
는 이르쿠츠크 사교계의 리더가 되었으며, 그녀의 집은 도시를 대표하
는 살롱이 되었다. 그녀가 이르쿠츠크 문화에서 이룩한 성취는 적지 않
았다. 세르게이보다 마리야라는 이름이 앞자리에 놓일 정도였다. 작가
안톤 체호프가 19세기 말 "이르쿠츠크는 완전히 유럽이다"라고 어느
편지에 적었을 때, 마리야가 남긴 유산은 절대적이었다.

하지만 볼콘스키는 마리야의 사교 활동이 마음에 들지 않았다.
그는 자신의 집, 더 정확히는 상류 사교계의 살롱과 같은 아내의 집에
거의 가지 않았다. 농지 주변에 자신만의 거처를 따로 마련해놓고 그곳
에서 지냈다. 그들은 이르쿠츠크에 정착한 후 이혼한 것이나 다름없었
다(데카브리스트의 민중성과 아내들의 희생정신을 강조한 소비에트의 학자들은 이
사실을 애써 외면해왔다).

볼콘스키 주변 사람들은 그를 괴짜로 여겼다. 그래서 그는 '농
민 공작'이라는 별명을 얻었다. 그간 시베리아는 농노제의 질곡에서 허
덕이던 러시아에서 예외적인 지역이었다. 그곳에는 귀족의 영지가 거

의 없어 대부분 자유농이었고, 국가의 행정력이 강하게 미치지 못해 시베리아는 자유의 땅으로 남아 있었다. 볼콘스키는 농민들과 지내면서 농민 공동체의 '민주성'을 목격한 첫 사람이었다. 세르게이에게 시베리아는 민주의 땅이자 희망의 땅이었다. 그들의 에너지와 자유로운 영혼은 러시아를 구원해줄 것이었다.

그래서 그는 이르쿠츠크의 사교계를 버리고 농민들의 지도자가 되기로 했다. 수도와 대도시에서 농업과 관련된 서적들을 들여와 전파하고 교육 활동을 했으며, 새로운 종자들을 구해 보급했다. 농민들이 그를 필요로 하면 어디든 달려갔고, 조언을 구하는 방문객이 있으면 언제든 맞이했다. 그는 시베리아의 농민으로 살았던 것이다. 세르게이가 후일 1861년의 농노 해방을 일생에서 가장 행복했던 순간으로 꼽은 것도 바로 그런 이유에서였다.

러 시 아 의 두 갈 래 길

—

부부가 이르쿠츠크 문화에 끼친 영향력은 각자의 방식으로 대단한 것이었다. 그리고 그들 각자의 방식은 극한의 환경에 정착한 러시아의 귀족이 러시아의 미래를 두고 어떠한 선택을 했는지 보여주는 중요한 예다.

세르게이와 마리야는 당시 러시아 귀족과 지식인 앞에 놓인 두 갈래 길을 보여준다. 한쪽이 이르쿠츠크에 정착해 그곳에서 상류 사회의 문화를 꽃피웠다면, 다른 한쪽은 러시아의 농민 사회에서 러시아의 미래를 보았고, 직접 농민이 되어 농민의 일에 투신했다.

18세기 초 표트르 대제의 강력한 서구화 정책 이래, 어떠한 경로를 통해 러시아의 운명을 개척해나가야 할 것인가가 러시아 지식인들에게 던져진 화두였다. 나폴레옹 전쟁을 거치고 데카브리스트의 실패를 겪으면서 19세기 초 지식인들 사이에서 이 문제가 본격적으로 제기됐다. 이 문제를 마주하고 지식인 그룹은 둘로 나뉘었다. 서구주의와 슬라브주의(이는 이후의 인민주의와도 맥이 닿아 있다)가 그것이다. 이러한 갈등이 이르쿠츠크의 한 가족 안에서도 되풀이되었다. 유럽의 모델을 받아들일 것인가, 러시아 고유의 발전 모델을 찾을 것인가. 이를테면 마리야는 세속적 형태이긴 하지만 전자를, 세르게이는 후자를 택했다.

이르쿠츠크를 일컫는 '시베리아의 파리'라는 표현은 어쩌면 절반의 진실만을 담고 있을 뿐이다. 러시아의 단순한 민중을 발견하고 그 속에서 러시아의 미래를 발견한 곳 역시 이르쿠츠크였기 때문이다. 러시아 문화사의 극적인 장면들이 이르쿠츠크에서 연이어 펼쳐졌다. 이르쿠츠크는 러시아 제국의 시베리아 개척 전초기지로 출발해 시베리아의 교역과 교통의 중심지로 변모했다가, 수형의 도시로 러시아 인텔리겐치아의 안식처가 된 후에는 유럽 문화와 러시아 민중 문화가 만나는 곳이 되었다.

19세기 초의 지식인 셸구노프가 "영국이 런던을, 프랑스가 파리를 건설했듯이 시베리아는 이르쿠츠크를 건설했다. (…) 이르쿠츠크를 보지 않았다면 시베리아를 본 것이 아니다"라며 자부심을 표한 것은 당연한 일이었을 것이다. 여기서 한발 더 나아가 다음과 같이 이야기할 수도 있다. "이르쿠츠크를 모르고서는 근대 러시아를 이해할 수 없다."

〈참고문헌〉

성기중·배규성, 「러시아의 제국적 정체성에 대한 시베리아의 의미─정복에서 혁명까지」, 『한국 시베리아연구』 제15-2호, 2011.

올랜도 파이지스, 『나타샤 댄스』, 채계병 옮김, 이카루스미디어, 2015.

Анисимов, К.В. (ред.). Сибирский текст в национальном сюжетном пространстве. Красноярск, 2010.

Глузман, С.А. Ментальное пространство России. СПб.: Алетейя, 2010.

서광진_서울대학교 노어노문학과 강사

모스크바 국립대학교 러시아문학사학과에서 18세기 러시아문학사로 박사 학위를 받았다. 현재 서울대학교, 서강대학교 등에서 강의하고 있다. 주요 관심사는 근대문학 성립기의 러시아 문학이다. 역서로 『페테르부르크에서 모스크바로의 여행』이 있다.

백인 남성의 자유와
여성과 노예의 목소리

18세기는 미국이 영국의 식민지에서 벗어나 독립국으로 발돋움한 격변기다. 당시 보스턴은 독립 혁명을 이끈 굵직한 사건들이 발생한 역사적 현장이자 미국의 정신적 중추였다. 보스턴의 고풍스러운 건축물들에는 신과의 언약 속에서 모범적 공동체를 건설하고자 했던 청교도들의 신념과 자유와 민주주의를 향한 혁명 의지, 그리고 역사의 뒤안길에서 투쟁을 이어갔던 여성과 노예들의 목소리가 깃들어 있다.

계몽주의와 물질문화의 발전에 힘입어 화려한 문화를 꽃피우며 대도시의 면모를 갖추기 시작한 18세기 런던이나 파리에 비해, 보스턴은 변방의 영국 식민지에 불과했다. 18세기 중반엔 인구 1만 5천 명의 소도시town였고, 1822년에야 공식적으로 도시city로 승격됐다. 이후 19세기에 인구가 급격하게 증가해 미국의 주요 대도시로 발전한다.

—— 18세기 당시 보스턴.

　18세기에 변방이었음에도 불구하고 보스턴은 미국의 정신적
중추였다. 찰스강과 보스턴만 사이에 위치한 보스턴은 17세기와 18세
기 초 미국 역사의 궤적을 생생히 보여주는 고풍스러운 건축물을 자랑
하며 미국의 여타 대도시들과 다른 독특한 분위기를 간직하고 있다(그
런 면에서 보스턴과 가장 닮은 도시로 여전히 다운타운에 자갈길cobblestone과 독립
혁명의 흔적이 많이 남아 있는 필라델피아를 꼽을 수 있다). 보스턴이 '벽돌과
브라운스톤'으로 잘 알려진 것도 17, 18세기의 건물들 덕분이다.

　　언 약 의　도 시
　　—

〈타운The Town〉(2010)은 은행 강도들의 무용담을 다룬 영화로,

이야기가 펼쳐지는 배경은 보스턴의 찰스타운이다. 영화에서는 찰스타운이 한때 미국 전역을 통틀어 은행 강도 사건 수가 가장 많았던 동네로 소개된다. 또한 아일랜드 이민자 집안에서 태어난 보스턴의 '타우니townie'들은 가난의 대물림에서 벗어나지 못하는 모습으로 묘사된다. 물론 실제 현실은 영화와 다르다. 최근에는 재개발로 중상류층 가족들이 이 동네로 대거 이주하는 과정에서 젠트리피케이션gentrification이 일어났다. 그렇지만 1990년대 초반까지만 해도 찰스타운은 아일랜드계 갱들이 난무하는 상당히 험한 동네로 인식되었다.

그러나 찰스타운은 미국에서 가장 유서 깊은 동네다. 1630년 약 1천 명의 이주민이 열한 척의 배에 몸을 싣고 영국을 떠나 처음 정착한 곳이 찰스타운이다. 하지만 이들은 곧 물 부족으로 생활에 곤란을 겪으며 강 건너에 있는 지금의 보스턴시 쪽으로 옮겨간다. 이주한 사람들 중 여럿이 살았던 영국 보스턴의 지명을 따라 이 새로운 삶의 터전을 '보스턴'이라 명명했다.

신대륙을 찾아온 청교도들의 지도자는 후에 매사추세츠만 식민지 총독으로 오랫동안 군림했던 존 윈스럽이라는 변호사였다. 그는 유명한 설교문 「기독교 자비의 모범」에서 영국을 떠나 신대륙에 정착하는 청교도들이 구대륙의 타락을 뒤로하고 신과의 언약 속에서 기독교적인 모범이 될 만한 '언덕 위의 도시a city on a hill'를 건설해야 한다고 촉구했다. 언덕 위의 도시란 실제로 언덕 위에 있는 도시를 가리키는 것이 아니라 마태복음 5장을 인용한 말이다. 신의 선택을 받은 민족이 신과의 언약을 지켜 세상의 이목이 집중되어도 부끄럽지 않은 선민으로서의 삶을 살아야 함을 강조한 것이다. 20세기 미국 대통령들, 즉 케네디, 레이건 등이 각종 연설에서 미국의 위대함을 강조하며 수도 없이

—— 차일드 하삼, 〈보스턴의 비 오는 날〉.

인용한 언덕 위의 도시란 말은 초기 청교도 공동체를 지칭하는 말로 시작되었지만, 사실상 미국이 표방하는 국가적 정체성의 핵심 개념으로 작동해왔다. 이런 맥락에서 청교도들이 세운 '신 예루살렘'으로서 보스턴은 미국의 정신적 메카이기도 하다.

청교도들은 미국에 정착하자마자 공립학교와 대학을 설립했다. 청교도 공동체를 유지해나가기 위해서는 투철한 기독교 정신으로 무장한 차세대 지도자(목사) 양성이 필수불가결하다는 신념 때문이다. 그중에서도 1636년에 설립된 하버드 대학은 초기 미국 역사에서 매우 중요한 위치를 점하고 있다. 예컨대 초기 청교도 공동체에서부터 종교, 정치, 사회, 교육 등 18세기 보스턴 사회 전반에 막강한 영향을 끼치며 절대적인 지도자 역할을 한 매더Mather 가문의 인크리스 매더와 그의 아들 코튼 매더 역시 하버드 대학 출신이었다. 인크리스 매더는 하버드 대학 총장으로서도 보스턴과 후대 미국 지도자들의 양성소인 하버드 대학 교육 내용의 기틀을 만드는 데 지대한 영향을 끼쳤다.

혁 명 의   도 시

—

코튼 매더는 아버지 인크리스 매더만큼 권력을 누리지는 못했지만 방대한 저서를 업적으로 남겼다. 그중 『미국에서 그리스도의 위업 Magnalia Christi Americana』(1702)이란 책에서 매더는 보스턴을 "영어권 미국 전체의 수도the Metropolis of the Whole of English America"라고 표현했다. 규모 면에서 뉴욕과 비할 바 아니었던 보스턴은 18세기 말에도 여전히 인구가 2만 5천 명밖에 안 되는 작은 도시였다. 하지만 매더의 예언대로 보스턴은 독립 혁명을 불붙이며 미국이라는 신생국을 잉태하는 정신적 수도 역할을 했다.

보스턴 시가지를 구경하는 방법은 여러 가지가 있겠지만 '자유의 길'은 지금도 관광객들에게 가장 인기가 많다. 18세기 독립 혁명의 역사적 궤적을 따라, 녹지대인 보스턴 코먼에서 독립전쟁 중 영국군과 전투가 일어났던 벙커 힐 기념비까지 이어지는 4킬로미터 남짓한 자유의 길 선상에 있는 대다수의 건물은 보스턴시의 발전이 미국의 탄생 및 건국과 밀접한 연관이 있음을 보여준다. 실제로 보스턴에 현존하는 가장 오래된 건축물들은 독립 혁명이 일어난 18세기에 지어졌다. 1713년에 건축된 올드 스테이트 하우스는 식민지 통치의 행정부로 사용되었는데, 독립 전쟁의 기폭제가 된 1770년 보스턴 학살 사건이 이 건물 앞에서 일어났고, 6년 뒤에는 같은 장소에서 독립선언이 선포되었다. 이후 이곳은 새 정부의 거처가 새로 지은 매사추세츠 주의회의사당으로 옮겨가기 전까지 신생국 치하의 행정 중심지를 담당했다.

자유의 길에 있는 올드 노스 교회당(1723), 올드 사우스 집회소(1729), 퍼네일 홀(1742)은 모두 18세기 초중반에 지어진 건축물로, 영국 식민지에서 독립 혁명을 거쳐 새로운 국가를 형성하는 일련의 과정에서 미국 스스로 자부하는 가치인 자유를 상징했다. 올드 노스 교회당은 1775년 영국군이 침략해온다는 신호로 첨탑에 등불 두 개를 달았던 폴 리비어Paul Revere 사건으로 잘 알려져 있다. 이 사건으로 지금은 부촌으로 유명한 렉싱턴과 콩코드에서 식민지인들과 영국 군대 간 최초의 전투가 벌어졌다. 올드 사우스 집회소에서는 보스턴 차 사건을 계획하는 집회가 열렸다. 퍼네일 홀은 '자유의 요람'으로 불리며 토론이 필요할 때마다 사람들이 모였던 장소다. 이 건물들이 미국 민주주의 정치의 기

─── 하트웰Hartwell,
〈보스턴 학살〉, 1835.

틀이 된 자유로운 의사 표현과 토론의 장으로 사용된 내력은, 민주주의
와 공화국을 향한 혁명의 역사를 고스란히 보여준다.

　　건국 이후, 그 당시 가장 존경받던 건축가 찰스 불핀치는
1798년에 매사추세츠 주의회 의사당을 설계하며 미국이 민주주의 정
치를 기반으로 하는 신생 공화국으로 발돋움하는 데 일조했다. 불핀
치의 건축물은 보스턴이 19세기에 본격적인 대도시로 변모했음을 상
징한다. 보스턴의 랜드마크인 주의회 의사당은 지금도 보스턴 시가가
한눈에 보이는 곳에 부촌 비컨 힐에서 금색 지붕을 자랑하며 우뚝 서
있다.

자유를 위해 싸운
"보스턴 여성들과 노예들"
—

헨리 제임스의 소설 『보스턴 사람들』(1886)은 남부 미시시피주 출신인 보수주의자 바질 랜섬이 보스턴에 사는 사촌이자 여성운동가인 올리브 챈슬러를 만나 서로의 가치관이 충돌하며 겪는 갈등을 통해 여성운동을 고찰하는 내용을 다루고 있다. 보스턴 출신 여성운동가가 등장하는 또다른 소설로는 『주홍글씨』로 잘 알려진 너대니얼 호손의 『블라이스데일 로맨스』(1852)가 있다. 주인공 제노비아는 실재했던 여성운동가 마거릿 풀러를 모델로 삼은 열혈 페미니스트다. 그녀는 개혁주의자이지만 마초 기질이 강한 홀링스워스와 깊은 사랑에 빠졌다가 배신당한 뒤 자살하는 비극적인 여주인공으로 등장한다.

보스턴을 중심으로 한 뉴잉글랜드 지방은 19세기 여성운동과 노예제 폐지 운동이 미국에서 가장 활발하게 전개되었던 곳이다. 그 저항의 목소리는 청교도들이 찰스타운에 정착하면서 시작되었다. 청교도 공동체는 종교의 자유를 찾아 신대륙을 찾았지만 엄격한 청교도 교리 외의 기독교를 '이단heresy'시하며 탄압했다. 여기에 최초로 반기를 든 사람은 앤 허친슨이다. 앤 허친슨은 '도덕불요론자antinomian'였다. 자유의 길에 있는 올드 코너 서점(1718)은 원래 허친슨이 살던 집인데, 그녀는 결국 파문당하고 로드 아일랜드로 이주했다.

청교도 사회는 허친슨 사건 이후에도 지속적으로 이단자들을 파문하고 처형했다. 그중 가장 악명 높은 사건은 네 명의 퀘이커교도 여성을 처형한 것이다. 지금은 다운타운의 아름다운 공원인 보스턴 코먼이 당시 공개 사형 장소였는데, 1660년 메리 다이어Mary Dyer라는 퀘

─── 메리 다이어가 보스턴 코먼의 사형 장소로 압송되는 모습. 19세기,
브루클린 박물관 소장.

이커교도가 교수형에 처해졌다. 견고한 청교도 교리에 저항하는 여성
들의 목소리는 끊임없이 초기 미국 사회를 뒤흔들며 19세기까지 이어
져 여성운동의 단초가 되었다.

　　미국에서 노예제를 최초로 시행했던 보스턴은 17, 18세기에
노예무역에도 활발하게 가담했지만 19세기에는 노예제 폐지론에 앞장
서는 도시가 되었다. 자유의 길과 더불어 비컨 힐을 둘러싼 흑인 유산
의 길African Heritage Trail을 따라가면 당대 미국에서 가장 잘 알려진 노예
제 폐지론자 프레더릭 더글러스가 연설했던 흑인 집회소African Meeting
House(1806)를 찾아볼 수 있다. 이곳은 19세기 노예제 폐지 운동뿐 아니
라 20세기 중반 민권운동 때도 주요 집회소였다.

　　미국의 정신적 중추였던 언약과 혁명의 도시 보스턴은, 영국에
등을 돌리고 자유를 찾아 공화정을 세우는 데 주축을 맡았던 백인 남성

들의 자유의 역사를 상징한다. 하지만 한편으로 보스턴은 그 역사의 이면에서 억압받았던 여성들과 노예들이 또다른 자유를 쟁취하고자 목소리를 높였던 흔적도 간직하고 있다.

〈참고문헌〉
John Winthrop, *A Model of Christian Charity*, 1630.
Cotton Mather, *Magnalia Christi Americana*, 1702.
Andrew Delbanco, *The Puritan Ordeal*, Harvard University Press, 1989.

▬
안지현_서울대학교 영어영문학과 교수
서울대학교 영어영문학과를 졸업하고 동 대학원에서 석사 학위를 취득했다. 시카고 대학에서 영문학으로 박사 학위를 받았으며 주요 연구 분야는 미국문학, 페미니즘, 탈식민주의 등이다.

미국

제일의 도시

18세기 뉴욕은 엄청난 변화와 시련을 겪었다. 네덜란드 서인
도회사의 상업 식민지 뉴암스테르담에서 영국의 식민지 뉴욕으로 바
뀐 17세기까지는 농업 위주의 작은 도시였으나 18세기 전반 서인도제
도와의 설탕 무역에 힘입어 주요 무역 항구도시로 비약적인 발전을 이
루었다. 그러나 18세기 후반에는 독립전쟁과 대화재로 시련을 겪었고,
1783년 전쟁이 끝나 영국으로부터 독립한 이후에도 왕정파와 혁명파
의 갈등으로 회복하는 데 어려움이 있었다. 1788년 미국의 탄생과 함
께 뉴욕은 미국의 첫 수도가 되었다. 비록 얼마 후 필라델피아로 수도
가 옮겨졌으나 무역과 금융의 중심지로 발전을 거듭해 18세기 말에는
미국 제일의 도시가 되었다.

유럽의 열강들이 인도로 통하는 길을 서쪽으로 찾고 있던 17세

기, 영국인 탐험가 헨리 허드슨은 네덜란드 동인도회사의 기치 아래 신세계로 향했다. 결국 인도를 찾는 데는 실패했으나 오늘날까지 자신의 이름으로 불리는 허드슨강과 허드슨만을 탐사하던 중에, 그는 허드슨강이 대서양과 만나는 지점에 위치한 작은 섬을 발견한다.

유럽인의 손길이 아직 닿기 전에 그곳을 본 한 여행자는 그 섬을 신선하고 달콤한 공기를 가르며 새들이 날아다니고 울창한 나무가 뒤덮인 푸른 언덕 위에서 짐승들이 뛰노는 곳이라 묘사했다. 당시 그 섬의 이름은 '언덕의 섬'이라는 뜻의 만나하타였다. 바로 그곳이 오늘날의 맨해튼이다.

네 덜 란 드 의   상 업   식 민 지 :
뉴 욕 의   뿌 리 를   찾 다
—

네덜란드는 신세계의 원자재를 유럽에 공급할 목적으로 서인도회사를 설립했는데, 허드슨 강변 지역에는 일찍이 1622년부터 서인도회사의 지부에서 일하는 사람들이 살기 시작했으며 맨해튼섬에서는 가축을 길렀다. 이후 몇 년 동안 개척자들이 맨해튼으로 들어와 1626년에는 270명의 정착민을 거느린 페터 미노이트Peter Minuit 총독 치하의 뉴암스테르담이라는 정착지가 설립되었다. 그리고 맨해튼섬의 최남단, 현재 알렉산더 해밀턴 세관이 위치한 곳에 세워진 요새Fort Amsterdam를 중심으로 정착지가 퍼져나가기 시작했다. 원주민의 공격을 방어하기 위해 서쪽의 허드슨강에서부터 동쪽의 이스트강까지 성벽을 쌓았고, 성벽 북쪽으로는 농장이 있었다. 성벽은 사라진 지 오래되었지만

─── 헨리 허드슨이 맨해튼에 상륙한 장면.
오늘날 역사학자들은 허드슨이 맨해튼에 상륙하지 않고 그냥 지나갔을 거라 추측한다.

오늘날에도 성벽이 있던 자리를 월스트리트Wall Street라 부른다.

　　18세기에 들어섰을 때는 이미 뉴암스테르담이 영국 식민지인 뉴욕으로 바뀌었다. 뉴암스테르담은 17세기 중반 영국과 네덜란드 사이에 발발한 전쟁에서 1664년 페터 스투이페산트Peter Stuyvesant 총독이 영국에 항복함으로써 영국 식민지가 되었으나, 18세기에 뉴욕이 어떤 도시였는지 이해하려면 네덜란드의 영향을 무시할 수 없다. 일단 뉴암스테르담이 네덜란드라는 국가가 세운 식민지가 아니었다는 사실을 알아야 한다. 정착민들이 스스로 어떻게 생각했든 간에 서인도회사는 뉴암스테르담을 단지 모피 등과 같은 원자재를 사들여 유럽으로 보내는 일종의 교역소로 여겼을 뿐이다. 그래서 무역만 잘된다면 굳이 식민지에 간섭하지 않았다.

───── **1667년 무렵 뉴욕의 전경.**
특히 박공벽이 길로 향하는 네덜란드식 집의 모습이 두드러진다.

또한 17세기 유럽 국가 중 네덜란드는 신교의 자유나 다문화주의 같은 이상을 가장 잘 포용한 나라였다는 점을 기억할 필요가 있다. 그래서 뉴욕은 도시의 역사가 시작되던 때부터 여러 나라 사람들이 같이 살고 일하던 곳이었고, 사람들은 사상과 이념의 자유를 누렸다. 종교에 대해서 매우 엄격했던 영국이 뉴욕을 지배하기 시작한 지 60여 년이 지난 후에도 알렉산더 해밀턴이 "뉴욕에서는 사람들이 신은 아무렇게나 대해도 되지만 총독에 대해서 말할 때는 특별히 조심해야 한다"고 할 정도로 종교에 자유로웠다.

한편 영국은 17세기 말부터 새로운 식민지를 본격적으로 영국화하기 시작한다. 그 결과에 대해 미국의 저명한 작가이자 뉴욕 시민인 워싱턴 어빙Washington Irving은 19세기 초반에 "나와 같은 시민 중에 뉴

—— 현재 알렉산더 해밀턴 연방 세관 건물. ⓒ나수호
이 자리에 옛 암스테르담 요새가 있었다. (좌)
—— 페더럴 홀과 옛 성벽의 길을 따라 있는 월스트리트. ⓒ나수호
페더럴 홀 앞에 조지 워싱턴 동상이 있다. (우)

욕이 뉴암스테르담이라 불렸다는 사실을 알고 있거나 초기 네덜란드인 총독들의 이름을 들어봤거나 옛 네덜란드인 조상들에 대해서 털끝만큼이라도 관심을 가진 사람이 얼마나 적은지 발견하고 놀랐다"고 한탄하기도 했다.

　　18세기가 끝나갈 무렵에는 도시의 모습이 많이 달라졌다. 네덜란드인들이 세운 성벽은 이미 1699년에 허물어졌고 세모꼴 모양의 박공벽이 길을 향하는 네덜란드 특유의 건축 양식을 보이는 건물은 몇 채밖에 남지 않았다. 그러나 뉴암스테르담 시민들의 문화적 영향은 오늘날까지 남아 있다. 스태튼섬이나 스투이페산트 광장 같은 지명에서 그 흔적을 볼 수 있다. 심지어 뉴욕의 프로 농구팀인 닉스는 네덜란드인을 가리키는 '니커보커스Knickerbockers'에서 유래한 것이다.

영 국 왕 실 치 하 의 뉴 욕 :
무 역 중 심 지 로 부 상 하 다

—

뉴암스테르담은 1664년에 네덜란드의 서인도회사 직할에서
영국 요크 공작의 직할로 양도되어 영국 식민지가 되었고 그때부터 뉴
욕으로 불리게 되었다. 18세기 초 약 5천 명의 인구 중 절반 이상은 아
직 네덜란드인이었고 도시는 월스트리트 동북쪽으로 200여 미터 남짓
확장되었을 뿐이다. 메이든 레인이라는 길 북쪽으로는 귀족 지주들의
거대한 농장 등 사유지가 있었다.

그러나 18세기 초반부터 뉴욕은 지주들의 도시에서 무역상들
의 도시로 변하기 시작했다. 그 원인은 설탕에서 찾을 수 있다. 설탕에
대한 수요가 치솟자 서인도 대농장주들이 다른 농산품보다 사탕수수
만 재배하는 것이 이익을 내는 가장 확실한 방법임을 깨닫고 북미 식민
지들과 거래를 시작한 것이다. 뉴욕의 무역상들은 뉴욕에서 키운 곡식,
고기 같은 식품을 비롯해 기타 필수품을 서인도제도에 수출하고 유럽
이나 다른 식민지 시장에 공급할 설탕과 설탕 관련 상품(럼주, 당밀 등),
그리고 코코아 같은 서인도 특산물을 사들였다. 서인도제도와의 무역
이 활발해지자 조선업, 목공업, 가공업 등의 연관 산업도 번창했으며
보험업자, 은행가, 변호사 같은 직업에 대한 수요도 많아졌다. 이렇게
해서 뉴욕은 무역 위에 세워진 도시가 되었다.

도시는 공간적으로도 확장되었다. 뉴암스테르담 시대에는 브
로드웨이 서쪽에 길과 집이 별로 없었으나 18세기 들어 도로가 계획적
으로 건설되어 오늘날까지도 그 모습이 그대로 남아 있다. 또한 도시는
북쪽으로 계속 뻗어나가 18세기 중반에는 면적으로든 인구로든 18세기

서인도 농장의 사탕수수 압착기.
여기서 만든 설탕은 뉴욕으로 실려가 뉴욕과 다른 식민지, 그리고 유럽 시장으로 보내졌다.

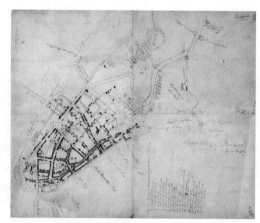

────── 1735년 뉴욕의 확장을 보
여준 설계도.
이때 도시는 북쪽으로 비크
먼Beekman 스트리트까
지 확장되었다.

초에 비해 두 배 이상 성장했다. 심지어 맨해튼섬 남단에서는 간척 사
업을 벌여 땅을 넓혔다. 이렇게 성장해 뉴욕은 보스턴을 추월했고, 당
시 미국의 가장 번화한 도시인 필라델피아를 거의 따라잡을 정도에 이
르렀으며, 1750년에는 필라델피아 다음으로 인구와 자산이 많은 도시
가 되었다.

　　사회문화적으로도 발전해 1725년에는 뉴욕의 첫 신문인 가제
트가 발행되었다. 그러나 이 신문은 식민지 정부의 기관지와 다름없어,
1733년에 피터 젱거Peter Zenger는 『뉴욕 주간 저널』을 발행해 가제트의
선전을 반박했다. 이로 인해 그는 1734년에 선동적 비방이라는 죄목으
로 체포됐지만 알렉산더 해밀턴의 변호 덕분에 무혐의로 풀려났다. 완
전하지는 않지만 이 사건이 언론의 자유를 향한 중요한 첫걸음이 된 셈
이었다. 한편 1736년에는 미국 최초의 공립 병원인 벨뷰 병원이 설립
되어 오늘날까지 뉴욕 시민의 보건에 앞장서고 있다.

　　교육도 물론 중요했다. 1754년 트리니티 교회에서 킹스 칼리

—— 1746년의 뉴욕 항구 모습.
아직까지 네덜란드의 건축양식을 볼 수 있다.

지를 설립해 뉴욕의 첫 대학이자 미국의 여섯번째 대학이 되었다. 킹스 칼리지는 독립 후 영국의 왕을 기리는 킹스 칼리지라는 이름을 버리고 컬럼비아 칼리지로 개명했다. 현재 명칭은 컬럼비아 대학교로, 센트럴파크 북쪽에 있는 모닝사이드 하이츠라는 동네에 자리잡고 있다.

독 립 전 쟁 시 기 의 뉴 욕 :
혁 명 에 가 담 하 지 만 점 령 당 하 다
——

1760년에 조지 3세가 영국 왕위에 올랐다. 이즈음 대서양 반대편에서 영국이 그동안 스페인, 프랑스와 벌인 전쟁으로 뉴욕은 큰 이익을 보았다. 상업적 기반을 이미 갖추고 있던 뉴욕이 영국의 거대한 군대를 위한 물품 공급을 담당했기 때문이다. 또 한편으론 이런 물품 공급 계약을 맺을 만한 인맥이 부족했던 상인들은 사나포선을 운영하거나 심지어 적군에게 물품을 공급함으로써 부를 축적했다. 반면 수십 년에 걸친 전쟁으로 인해 영국 왕실의 금고는 비었고 부채 또한 어마어마했다. 따라서 조지 3세는 1763년에 프랑스와 평화조약을 체결한 뒤 새로운 수입원을 모색했다. 당시 영국 내에는 뉴욕을 포함한 북미 식민지가 관세를 제대로 내지 않는다는 불만이 팽배해 있어 왕이 식민지에 대해 강경책을 펼치며 관세규칙을 공포하고 직접 징세를 시행하기로 했다. 그러나 1765년의 인지조례와 1766년의 선언령 발표는 조세법정주의를 위반한 것이었다. 북미 식민지는 영국 의회에 자리가 없었기 때문에 직접세를 징세하는 것은 부당한 처사였던 것이다.

이에 대항해 북미 식민지에서는 자립 사상이 퍼져 1768년에는 뉴욕 무역상들이 영국의 물품을 수입하지 않기로 결정했다. 이 수입 거부 운동은 1770년에 무너졌지만 이미 영국과 식민지 사이의 골이 깊어졌으며, 1770년대 초반 영국 의회가 다세법과 강압법을 통과시킴으로써 그 관계는 돌이킬 수 없을 정도로 악화됐다. 1775년 봄에 마침내 혁명이 시작되어 1년 후인 1776년 봄에는 영국군의 침략에 대비했다. 그러나 8월 브루클린에서 벌어진 첫 전투에서 조지 워싱턴 장군이 이끌던 혁명군은 크게 패배했다. 다행히 영국군이 공격을 거두고 봉쇄 작전을 펼쳐 브루클린에서 후퇴한 워싱턴의 군대는 전열을 가다듬고 9월에 반격에 나서 맨해튼 할렘 하이츠 전투에서 첫 승리를 거두었다. 그러나 뉴욕은 이미 영국군에 함락된 상태였기 때문에 워싱턴은 군대를 이끌고 뉴욕을 떠날 수밖에 없었다.

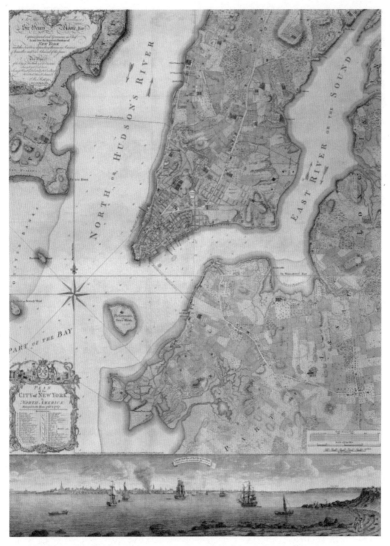

—— **독립 전쟁이 발발한 1776년의 뉴욕을 섬세하게 그린 지도. 뉴욕시립도서관 소장.**
밑에 보이는 땅은 오늘날 브루클린이라고 불리지만 지도에는 브루크랜드로 표시되어 있다.

──── 워싱턴 장군이 롱아일
랜드에서 혁명군의 후
퇴를 지휘하는 모습.
혁명군은 비록 전투에
서는 패배했으나 남은
병력이 안전하게 후퇴할
수 있었기 때문에 혁명의
불길은 꺼지지 않았다.

　　뉴욕은 원래 영국과 가까운 관계였으며 '토리'라고 불린 영국
왕정파가 많았기 때문에 사람들은 도시가 영국군에 '함락'되었다고 생
각하지 않고 영국군에 의해 '해방'되었다고 생각했다. 그리고 다른 식민
지에 있던 토리들이 뉴욕으로 몰려와 1779년에는 인구가 3만 3천 명으
로 치솟았다. 겉으로는 도시가 번성했지만 그 혜택을 본 사람들은 부자
와 군인과 도주한 노예들뿐이었다. 더군다나 1776년에 대화재가 도시
를 휩쓸어 많은 집이 불타버렸다. 피해 규모를 정확히 알 수는 없으나
대략 건물 1천 채(당시 뉴욕 건물 중 25퍼센트)가 소실되었으며, 1698년에
세워진 트리니티 교회도 피해를 입었다. 피해 지역에는 캔버스 천으로
만든 텐트들이 세워졌는데, 이런 일종의 판자촌에 대해 한 19세기 역사
학자는 "심히 음란하고 방탕한 자들이 거기 거주해 악명이 높아졌다"고
평했다.

　　뉴욕은 독립 전쟁 내내 영국군에 점령당한 유일한 미국 도시였
다. 또한 할렘 하이츠 전투 이후 군사 활동은 없었지만 1776년의 대화
재와 1778년의 화재로 인해 여느 미국 도시보다 많은 피해를 입었다.

—— 1698년 건설되어 1776년 대화재로 소실된 트리니티 교회의 모습이 담긴 그림.

—— **오늘날 트리니티 교회의 모습.** ©나수호

화재 후 1790년에 재건되었으나 1839년에 폭설로 인해 약해져 철거되었다. 현재 모습의 트리니티 교회는 1846년에 완공된 세번째 건물이다. 이 교회는 1869년까지 미국에서 가장 높은 건물이었다.

18세기 도시

—— 펄 스트리트에 위치한 프런세스 태번Fraunces Tavern. ⓒ나수호

조지 워싱턴 등 주요 인사들의 단골 술집이었으며 1783년에 워싱턴과 그의 장교들이 퇴역행사를 치른 곳이기도 하다. 독립 후에는 여러 정부 부처가 이 건물에 자리잡기도 했다. 원래 건물은 1719년에 건설되었지만 크게 손상되어 1907년에 재건되었다.

극소수는 영국 치하에서 편안하게 살았으나 대부분의 사람들은 피폐할 대로 피폐해진 삶을 살아야 했다. 그러나 결국에는 신생국의 군대가 당시 최강이었던 영국 군대를 물리쳤다. 1781년 10월 영국의 찰스 콘월리스 장군은 워싱턴에게 항복했고, 그 이듬해 8월 영국은 미국을 독립국가로 인정했다. 1783년 2월 마침내 전쟁이 공식적으로 끝나 뉴욕은 다시 자유를 얻었다.

첫 수 도 뉴 욕
—

전쟁이 끝났으나 뉴욕은 바로 전성기를 맞지 못했다. 미국이 독립되자 토리들이 뉴욕에서 달아나 인구가 1만 2천 명으로 곤두박질쳤으며 남은 토리에 대한 분노로 혁명파들이 복수의 칼을 들고 나섰던 것이다. 응징에 대한 이런 갈망이 회복을 더디게 했다. 이를 간파한 해밀턴은 화해를 호소했다. 또한 전쟁 전에는 많은 부를 가져다주었던 서인도와의 무역이 영국에 의해 금지된 점도 회복을 어렵게 만들었다. 그러나 새로운 정부는 옛 봉건제도를 서서히 해체하고 새로운 공화국의 토대를 쌓아 회복의 길을 열었다.

1787년에 헌법이 작성되고 1788년에 비준을 받아 새 나라가 탄생했다. 그리고 이 신생국의 요람인 임시 수도로 뉴욕이 선정되었으며 1789년에 의회가 페더럴 홀Federal Hall에 모여 만장일치로 조지 워싱턴을 첫 대통령으로 선출했다. 그러나 여러 가지 이유로 뉴욕이 영구수도가 되지는 못했다. 우선 영국과의 관계가 가까웠던 것이 문제가 되었다. 또한 상업적인 성격, 도덕적 관용, 심한 빈부 격차도 문제로 언급되었다. 게다가 당시 미국 대부분의 지역이 주로 시골이었기 때문에 뉴욕 같은 대도시가 나라를 대표하기는 어렵다는 우려도 있었다. 결국 수도를 워싱턴 D.C.에 세우기로 하고 도시가 건설되는 동안 수도를 필라델피아로 옮겼다. 수도를 옮기는 대신 연방정부가 뉴욕주의 채무를 인수하기로 해 뉴욕은 부채의 족쇄에서 벗어나 다시 번영의 길로 나아갈 수 있었다.

이와 같은 이유로 런던이나 파리 같은 유럽 대도시들과 달리 미국은 정치적 중심지와 경제적 중심지가 따로 존재하게 되었다. 경제적 중심지인 뉴욕에도 당연히 제조업에 관심 있는 사업가들이 있었다. 18세기 말 제조업을 활성화하기 위해 협회가 조직되기도 했으나 이 협회의 노력에도 불구하고 뉴욕은 제조업 도시가 될 운명이 아니었다. 물

—— **1798년에 그린 뉴욕의 전경.**
두번째 그림 가운데에 트리니티 교회가 보인다.

───── 수심이 깊고 얼지 않는 뉴욕 항만에서 바라다본 오늘날 뉴욕의 전경. ©나수호
오른쪽에 맨해튼과 브루클린을 연결하는 브루클린 다리가 보인다.

론 몇몇 공장이 세워지기도 했지만 대규모 제조업을 지탱하기에는 여
건이 좋지 않았다. 당시 공장은 수력으로 돌아갔는데 맨해튼은 수력이
부족했다. 또한 도시가 번창하면서 부동산 가격이 치솟아 공장 부지를
구입하기 어려웠다. 그리고 국제 시장을 생각했을 때 영국에서 들어오
는 수입품이 너무 값싸 경쟁이 불가능했다. 이런 이유로 투자자들은 무
역, 보험, 금융 등에 계속 투자했다. 그리하여 경제·무역의 수도라는
뉴욕의 성격이 형성되어갔다.

18세기 말엽 뉴욕은 현재 소호라는 동네의 경계인 하우스턴
스트리트까지 확장됐고 인구가 60만 명에 달해 필라델피아를 제치고
미국에서 가장 큰 도시가 되었다. 그리고 오늘날까지도 뉴욕은 그 자리

——— **1797년의 뉴욕 지도.**
특히 동북쪽에 길이 많이 놓여 있지만 아직 건물은 들어서지 않았다.

를 지키고 있다. 그런데 뉴욕은 어떻게 그처럼 번창할 수 있었을까? 보스턴과 필라델피아도 중요한 항구였고, 한때 뉴욕보다 큰 도시들이었다. 뉴욕에는 어떤 장점이 있었을까? 일단 지리적 조건이 큰 역할을 했다. 스웨덴 식물학자 페테르 칼름Peter Kalm이 1748년에 기록한 것처럼 뉴욕은 "항구가 좋다. 최대한으로 화물을 실은 배가 다리에 꽤 가깝게 정박할 수 있다. 또한 바닷물이 계속 밀려와 물이 아주 짜기 때문에 날씨가 유별나게 춥지 않은 한 절대로 얼지 않는다". 시간이 갈수록 선박의 흘수배가 물 위에 떠 있을 때, 물에 잠겨 있는 부분의 깊이가 깊어져 그만큼 물의 깊이도 중요해졌다. 또한 뉴욕은 오대호와 상대적으로 가까워 잠재적인 통로를 제공했다. 이 잠재성은 1825년에 허드슨강과 이리호를 연결하는 이리 운하의 완공으로 현실화되었다.

　　물론 뉴욕의 금융 인프라도 중대한 요소가 되었다. 뉴욕에는 여러 은행과 금융기관, 보험회사, 활발한 증권거래소, 튼튼한 시장이 자리잡고 있어, 1793년 엘리 휘트니Eli Whitney가 조면기를 발명하면서 경기상승기가 시작됐을 때 뉴욕은 이러한 인프라를 바탕으로 기회를 잡을 수 있었다. 또한 뉴욕시가 속한 뉴욕주가 전쟁 후 번성해, 뉴욕주의 농장들이 커져가는 도시를 먹여 살렸고 도시 투자자들은 토지 투기로 큰돈을 벌었다. 그렇게 번 돈은 전후에 무역을 재개하는 데 많은 도움이 되었다. 18세기에 많은 변화와 시련을 겪은 뉴욕은 그리하여 오늘날 미국 제일의 도시가 될 수 있었다.

〈참고문헌〉
J. F. Watson, *Research & Reminiscences of New York City*, E. L. Carey & Hart,1828.
Washington Irving, *A History of New York, From the Beginning of the World to the End of the Dutch Dynasty*, G. P. Putnam, 1860.
Edwin G. Burrows & Mike Wallace, *Gotham: A History of New York City to 1898*, Oxford University Press,1999.
Kenneth T. Jackson & David S. Dunbar ed., *Empire City: New York Through the Centuries*, Columbia University Press, 2005.
Russell Shorto, *The Island at the Center of the World: The Epic Story of Dutch Manhattan and the Forgotten Colony that Shaped America*, Vintage Books, 2004.
Eric Homberger, *The Historical Atlas of New York City: A Visual Celebration of 400 Years of New York City's History*, Holt Paperbacks, 2016.

나수호(찰스 라슈어)_서울대학교 국어국문학과 교수
뉴욕 주립대학교 영문과를 졸업하고 한국에 와서 서울대학교 대학원에서 한국고전문학으로 석·박사 학위를 취득했다. 주요 연구 분야는 한국 설화이며 다문화주의, 뉴미디어 등의 분야에도 관심이 있다. 한국 문학을 영어로 번역하는 일에도 힘쓰고 있다.

미국 제일의 도시

4부

아시아

인간 권력의 정점

자금성과

신이 노니는 원명원

"북경에 가면 자신의 벼슬이 낮은 줄 안다."

수도는 권력을 표상한다. 북경은 특히 권력을 장중하게 상징하도록 설계, 건설된 도시다. 요나라가 이 지역에 남경을 건설해 부속 수도로 삼았고, 원나라 때 대도大都를 건설해 수도로 삼았다. 명나라 영락제는 황궁과 내성을 건설해 천도했으며, 이후 외성을 건설해 전체를 성벽으로 둘러싸고, 그 안에 자금성을 중심으로 천자의 빛과 힘, 유가의 통치이념을 상징하는 좌우대칭형 도시 구조가 완성되었다. 청나라 건륭제 때는 서북 교외에 원명원 등 행궁과 원림을 완성했다. 이 행궁 구역은 불교와 도교가 융합된 신성 세계를 표상하도록 설계, 건설되었다. 인간 세계로 건설된 내외성과 선불 세계를 표상하는 행궁 원림 지역은 북경 전체를 인계와 신계가 결합된 하나의 완성된 우주로 표현했다.

북 경 성 의   건 설

—

북경원인의 존재가 말해주듯이 북경 지역에는 전기 구석기시
대부터 사람이 살았고, 약 3천 년 전에는 도시가 건설되었다. 중국 고
대의 도시는 네모꼴 성곽이 영역을 둘러싼 '성시城市'다. 명나라 영락제
가 15세기 초 20년에 걸쳐 새로 건설한 북경은 완전한 계획도시였다.
한가운데 자금성, 그 바깥에 황성, 또 그 바깥에 내성을 쌓았고, 내성
안은 좌우 대칭에 가깝게 가로를 구획했다. 여기에 1553년에는 외성이
완공되어 북경성은 전체적으로 '凸'자형 평면을 갖추었고, 이 구도가 청
나라 말까지 유지되었다. 내외성과 그 내부는 자금성을 중심으로 천자
의 권위와 유가 통치이념을 지상에 구현한 대규모 상징적 의미체계를

—— **북경성.** ⓒ이창숙

갖추었다.

청나라 때는 강희제부터 건륭제에 이르기까지 북경성 서북쪽
교외에 장춘원長春園, 기춘원綺春園, 원명원圓明園 등 행궁이 완공되어 불
멸의 선불仙佛 세계와 구만리 먼 서방 세계가 지상에, 그리고 지척에 구
현되었다. 따라서 북경성 내외 성곽과 그 내부, 서북 지역의 행궁을 합
하면 북경은 유불도의 가치와 이념, 인간의 욕망과 질서가 어우러져 구
현된 대규모의 상징적 의미체계를 이룬다. 이 상징체계가 가장 완벽하
게 구현되고 작동된 시기는 18세기 건륭제 시절이다. 이때 조선 사절은
북경 성내와 원명원을 자유롭게 다니면서 보고 들었으며, 그 견문을 풍
성하게 글로 남겼다.

북경성의 이념
—

성시 구역의 규모와 구획은 1790년에 북경을 방문한 서호수의 7월 25일(음력) 자 일기에 자세히 기록돼 있다.

경성의 규모와 제도

내성은 둘레가 40리, 남면의 너비는 2,295장 9척 3촌이고, 북은 2,232장 4척 2촌이며, 동은 길이가 1,786장 9척 3촌이고, 서는 1,564장 5척 2촌이다. 아래는 돌, 위는 벽돌이며 합한 높이는 3장 5척 5촌이고, 성가퀴堞의 높이는 5척 8촌이며, 성 발치趾의 두께는 6장 2척, 정상의 너비는 5장이다. 문루는 9개가 있으며, 모두 붉은 기둥과 빨간 벽이며 처마는 3층이다. (…)

정남을 정양문正陽門, 남쪽 왼편을 숭문문崇文門, 남쪽 오른편을 선무문宣武門이라 한다. 북면의 동쪽을 안정문安定門, 북면의 서쪽을 덕승문德勝門이라 한다. 동면의 북쪽을 동직문東直門, 동면의 남쪽을 조양문朝陽門이라 한다. 서면의 북쪽을 서직문西直門, 서면의 남쪽을 부성문阜成門이라고 한다. 고루鼓樓는 황성의 지안문地安門 북쪽에 있고, 종루는 고루의 북쪽에 있다. (…)

외성은 내성을 둘러서 남면은 동서의 각루를 감싸며, 둘레가 28리다. 남면은 너비가 2,454장 4척 7촌, 동쪽은 길이 1,085장 1척, 서쪽은 1,093장 2척이다. (…) 정남 문을 영정문永定門, 남면의 왼쪽 문을 좌안문左安門, 남면의 오른쪽 문을 우안문右安門, 동쪽 문을 광거문廣渠門, 서쪽 문을 광녕문廣寧門, 동쪽 모서리 문을 동편문東

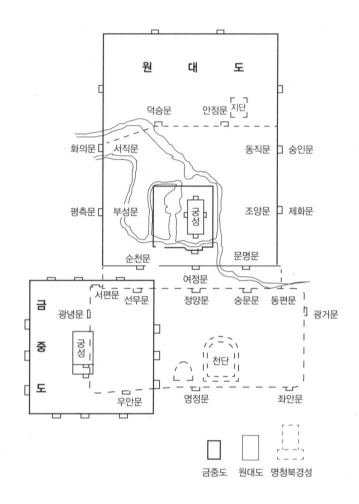

원　대　도

덕승문　안정문 지단

화의문　서직문　동직문　숭인문

평측문　부성문　궁성　조양문　제화문

순천문　문명문

여정문

금　중　도

서편문　선무문　정양문　숭문문　동편문　광거문

광녕문

궁성　천단

우안문　영정문　좌안문

금중도　원대도　명청북경성

── 중도, 대도, 북경.

便門, 서쪽 모서리 문을 서편문西便門이라고 한다.

성의 둘레는 내성이 16킬로미터, 외성이 11킬로미터, 내외성을 이어서 24킬로미터 정도다. 내성 안의 도로와 구획은 남쪽의 정양문, 중앙의 천안문, 북쪽의 지안문을 연결하는 축을 중심으로 동서가 거의 대칭을 이룬다. 성에 낸 문은 동서와 남북이 각각 대칭을 이루며, 유가의 통치이념을 표상하는 이름을 붙였다. 천자가 남면南面하여 왼쪽(동)에 숭문문, 오른쪽(서)에 선무문을 두어 나라를 떠받치는 두 요소, 문무를 선양하였다. 조양문은 동문이니 태양이 뜨는 쪽이고, 부성문은 서문이며 도시의 번영을 바라는 뜻에서 붙인 이름이다.

내성에는 대로를 남북 방향으로 5개, 동서 방향으로 4개 내고 모두 문 이름으로 거리 이름을 삼았다. 즉 숭문가, 선무가, 조양가, 부성가 등이다. 외성에는 대로를 남북 방향으로 5개, 동서 방향으로 2개 내고 역시 문 이름으로 거리 이름을 삼았다. 동서 대로가 교차하며 생긴 구획, 방坊은 모두 24개가 있었으며 유가의 이념과 천자의 권위를 상징하는 이름을 붙였다. 주요 교차로에는 패방을 세우고 역시 상징적인 문구를 쓴 편액扁額을 달았다.

내성의 중앙 동서를 가로지르는 거리는 장안가長安街다. 지금 북경의 천안문과 천안문 광장 사이를 가로지르는 대로로, 그 아래로는 지하철 1호선이 지난다. 천안문 동쪽 장안가와 숭문가가 만나는 교차로에는 동단패루를 세우고 '취일就日'이라는 편액을 달았고, 서쪽 장안가와 선무가가 만나는 교차로에는 서단패루를 세우고 '첨운瞻雲'이라는 편액을 달았다. 두 패루의 문구를 합하면 '취일첨운'이 된다. 『사기』「오제본기」에 "제요는 방훈이다. 그는 어질기가 하늘 같고 지혜롭기가 신

과 같았다. 태양인 듯 다가갔고, 구름인 듯 바라보았다帝堯者. 放勳. 其仁如
天. 其知如神. 就之如日. 望之如雲”고 한 데서 따온 문구다. 천자가 사는 자금성
앞 장안가 동서에 내걸어 천자를 표상한 것이다.

동서 단패루에서 북쪽으로 가면 각각 조양가, 부성가와 만나는
십자로에 거리마다 패루를 하나씩 세워 동사패루, 서사패루라 했고, 역
시 왕조의 이념을 표상하는 문구를 편액에 새겨 걸었다. 동사패루의 동
서 방향 거리 동쪽 패루에는 '이인履仁', 서쪽 패루에는 '행의行義'라는 편
액을 걸었다. 서사패루 역시 동서 방향 거리의 동패루에는 '행인行仁',
서패루에는 '이의履義'라는 편액을 걸었다. 인의를 실천하라는 유가의
윤리를 대로에 내건 것이다. 국민이 윤리적으로 살면 나라가 건실하게
유지될 뿐이겠는가.

내 외 성 을 휘 젓 고 다 닌 이 상 봉
—

1760년 부친 이휘중李徽中을 모시고 북경을 방문한 이상봉李商
鳳은 안남베트남 사신을 만나기 위해 지금의 천안문 광장 구역과 유리창,
그리고 서단 지역을 돌아다녔다. 『북원록北轅錄』의 기록에 따르면 조선
과 안남의 사신들은 섣달 그믐날 홍려시에서 원단 하례 의식을 연습할
때 만났다. 이상봉은 먼저 연습을 마치고 나가는 안남 사신의 옷자락을
잡아 세우고 필담을 나누었다. 청나라 군졸이 곁을 지나가자 안남 사신
들은 붓을 던지고 수레에 올랐지만, 조선 사신들이 연습을 마치고 나온
뒤 역관을 보내 초청해서 다시 대화를 나누었다. 헤어진 이후에도 이상
봉은 안남 사신의 숙소를 찾아나섰다. 그 과정은 녹록지 않았다.

나는 또 그 뒤를 쫓아 그들의 거지를 볼 제 우리 세 사신은 이미 출발했다. 혜문을 보내 뒤에 남아 안남회관을 보려는 뜻을 가군께 전하게 하고, 그가 돌아오기를 기다려 말을 타고 나오니 안남 사신들은 벌써 먼저 가버렸다. 큰길을 따라 서쪽으로 1리를 가서 태청문을 지났다. 문 앞 동서남은 백여 보 안에 나무와 다듬은 돌을 둘러 울타리를 만들었고, 삼면에 문이 있지만 닫아놓았다. 울타리에서 남쪽으로 수십 보를 가니 정양문, 즉 도성의 남문이다. (…)

혜문은 자기가 정양문 밖의 골목을 모두 안다고 여겼으나 사실 남북조차 분간하지 못했다. 돌고 돌아 골목으로 들어간 것이 몇 골목 몇 거리나 되는지 모르지만 모두가 좌우 점포 가운데를 지나갔다. 화려한 기물器物과 빽빽한 인마人馬는 더욱이 성안이 미칠 바가 아니었다. 안남회관을 물으니 혹자는 멀다 하고 혹자는 가깝다 하며, 혹자는 남쪽이라 하고 혹자는 동쪽이라고 하여 종내 정확하지가 않았다. 또 혹자는 자기에게 예물을 주면 길을 인도하겠다고 하지만 이 역시 거짓말이다. 유리창에 이르니 많고도 아름다운 집물什物은 다른 곳이 따라올 바 아니었다. 기기괴괴하여 형용할 수 없는 것이 몇만 가지나 되는지 알 수 없다. (…)

또 백여 보를 가서 어느 큰 대문으로 들어가 서포에 앉아서 혜문을 보내 안남회관을 찾게 하였다. (…) 세번째 서포에 이르러 서첩을 반도 보기 전에 혜문이 달려와서 알린다. "변 역관이 정사의 명으로 안남회관에 심부름 가니 빨리 쫓아가야 따라갈 수 있습니다." 말을 채찍질하여 정양문으로 들어가서 이현왕사怡賢王祠에 이르니 세팔이 마중을 나와 길잡이가 되었다. 태청문을 지나 십자로에 이르니 거리에 패루가 서 있고, '장안가'라고 써 있다. (…) 또 패루 하나를 지나니 안팎으로 '첨운'이라고 써놓았다. 백여 보를 가서 좁은 길을 거의 한 마장 관통하여 안남회관에 이르렀다.

이상봉은 예부 홍려시에서 나와 남쪽으로 태청문을 나섰다. 태청문은 명나라 때는 대명문大明門, 중화민국 시절에는 중화문中華門이라고 불렀다. 남쪽의 정양문, 북쪽의 천안문과 일직선에 놓여 북경의 중심축을 이룬다. 1954년에 천안문 광장을 조성하면서 철거했고, 1977년에 그 자리에 마오쩌둥 기념관을 세웠다. 태청문과 정양문 사이는 돌을 다듬어 깔고 울타리를 둘러친 광장이었다. 정양문을 나와 정양문 패루를 지나 지금의 전문대가前門大街로 나갔다. 전문대가는 2008년 올림픽을 개최하면서 1900년 즈음의 모습으로 복원했으며, 정양문 패루도 다시 세웠다.

그는 유리창 부근 골목을 헤매다가 종복 혜문을 보내 안남회관을 찾게 하고 자신은 서점 몇 군데에서 책 구경을 했다. 정사 홍계희의 명으로 안남회관으로 심부름 가는 변 역관을 따라가서 결국 안남회관을 찾았다. 안남회관은 서단에 있었다. 이상봉은 유리창 서점에서 다시 정양문으로 들어가 북쪽으로 가서 장안가 패루를 지나 천안문 서쪽의 제안문을 나갔으며, 서쪽으로 계속 가서 장안가 패루를 나가 서단에 이르렀던 것이다.

지 상 에 구 현 된 신 계
—
명나라 때도 북경의 서북 교외에는 별서別墅가 있었지만 이 지

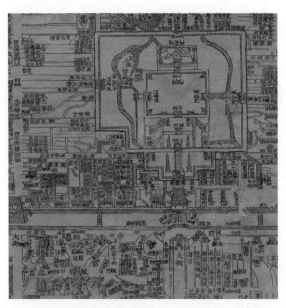

—— 〈경사성내수선전도京師城內首善全圖〉(부분), 1800.

역에 행궁이 건설된 것은 청나라 강희제 때부터다. 원명원, 장춘원, 기춘원으로 구성된 원명원 원림은 강희제 때부터 가경제에 이르기까지 지속적으로 건설되었으며, 1860년 제2차 아편전쟁 때 영불 연합군이 약탈하고 불태워 지금은 폐허만 남아 있다.

원명원은 강희제가 아들 옹정에게 별장으로 주었고, 옹정제가 행궁으로 건설하기 시작해 건륭이 그 전모를 거의 완성했다. 원명원은 애초에 행궁으로서 유가의 군자를 표상하도록 설계, 건설되었다. 옹정이 원명원을 세운 정신이 그러했다. '원명'은 둥글고 밝다는 뜻이다. 군자는 늘 시의時宜에 맞게 행동하므로 둥글고, 세상일을 꿰뚫어보는 예지를 지녔으니 밝다. 원명원은 이런 군자, 즉 통치자의 거처로 지은 것이다.

옹정의 아들 건륭은 이 원명원을 초월적 세계로 바꿔나갔다.

그는 원명원 40경을 완성하고 각각 선불 세계를 표상하는 명칭을 붙였다. 그 가운데는 해상의 삼신산三神山, 중국 전설에 나오는 봉래산, 방장산, 영주산을 표상하는 방호승경方壺勝景도 있다. 진시황은 불사의 비법을 찾아 봉래산으로 사람을 보냈지만 애초에 그런 산은 없다. 바다 위 신기루에 불과한 삼신산은 수천 년간 사람들에게 헛된 희망을 주었지만, 건륭은 그 본질을 간파하고 지척에 선경을 만들어 스스로 신선놀음을 즐겼다.

북경의 내성과 외성은 인간 세계의 질서를 완벽하게 구현해놓은 공간이었다. 황제를 정점으로 동서남북이 유가적 통치이념에 따라 조화롭게 운행되기를 바라는 염원을 성시 전체 구도에 넣었다. 이 성시의 서북쪽 20리에 원명원 등 원림 구역이 있었다. 원림은 성시, 즉 차안에 인접한 불멸의 선불 세계, 즉 피안이었다. 건륭 시절 북경은 차안과 피안이 하루 걸음 거리에 있어 언제든 피안으로 떠날 수 있었다.

인 계 와   신 계 를   넘 나 든   조 선   사 절
—

1790년 건륭의 여든 살 생일을 축하하기 위해 열하로 직행한 서호수는 7월 25일 북경의 남관南館에 도착했다. 그리고 그날 바로 정양문을 나서 원명원으로 갔으며, 8월 12일 원명원에서 북경 성안 남관으로 돌아왔다. 오가며 본 자금성과 원명원 사이 큰길 좌우의 광경을 상세하게 묘사했다. 원명원 문밖 동서 못가에서부터 자금성 서화문까지 20리 사이에는 채붕綵棚이 길을 끼고 멀리 뻗쳤으며, 각각 만들고 관리하는 부서의 황패黃牌를 세웠다. 내각·육부, 각 부府·원院과 각 성省에서 거인·상민, 면직된 관원에 이르기까지 서로 뽐내느라 갈수록 사치를 더했다. 이어서 서호수는 거리에 설치한 채붕의 이름을 열거하고, 그 모습을 묘사했다. 건물뿐만이 아니다. 악대가 연주하고, 승려와 동자들이 황제를 위해 축수祝壽하고, 온갖 짐승도 노닌다. 그 일부만 보아도 당시 연도의 모습을 상상할 수 있다.

구복성대九福星臺라는 것이 있다. 원명원 문밖 동쪽 못 언덕에 네모꼴 대臺에 굽은 난간을 만들고, 그 위에서 라마승 9인이 소매 넓은 황의를 입고 축사를 제창한다. 또 오방룡주五方龍舟라는 것이 있다. 원명원 문밖 서쪽 못 가운데에 용주 5척을 띄우고 뱃머리에는 용두를 새겼으며 선미에는 용미를 새겼다. 배 위에는 기치旗幟, 깃발를 설치하였고, 용두에는 서양추천西洋鞦韆을 설치하였다. 용신龍身 기치의 바탕은 각각 방위색을 나타냈다. 삿대를 저어 왔다갔다하니 물고기 자라가 살아 움직이는 듯하다. (…)
만중갑자萬重甲子라는 것이 있다. 처마는 2층이며, 금으로 만卍 자를 수놓았으며, 붉은 융단으로 기둥과 난간을 장식하였다. 채동 60명이 각각 금으로 쓴 간지干支 글자를 받들고 있으며, 둥근 부채가 빙빙 돌면서 송축한다. (…) 만화영채萬花映彩라는 것이 있다. 기둥, 난간, 처마, 방옥房屋을 다 오채五綵의 꽃무늬 융단으로 장식하였고, 안에는 비단을 잘라서 만든 오채五彩의 조화造花를 벌여 놓았다. (…) 오악조천五岳朝天이라는 것이 있다. 푸른 산봉우리 10여장丈에 굽이굽이에 기화이초奇花異草, 푸른 원숭이와 흰 사슴이 있다. 앞으로 바다빛에 임하였으니 구리와 주석에 수은을 발라 파도를 만들었다. (…) 운하선축雲霞仙祝이라는 것이 있다. (…) 광선산廣仙山이라는 것이 있다. 깎아지른 벼랑과 첩첩 봉우리에 소나무 삼나

무가 울창하고 누각과 정대亭臺가 뒤섞였으며, 여러 신선이 사슴을
타고 학을 부리며 한가로이 와서 놀고 있다.

건륭의 여든 살 생일을 축하하기 위해 육부의 관아와 전국의
신민들이 돈을 모아 북경 자금성의 서화문에서 원명원 앞에 이르는
20리 길 좌우에 각종 임시 건축물을 세웠다. 강희제의 육순 생일잔치
때도 이렇게 한 적이 있었다. 강희제 때 건축물은『만수성전초집萬壽盛典
初集』에, 건륭제 여든 살 생일 때 건축물은『팔순만수성전八旬萬壽盛典』에
각각 그림과 글로 기록했고, 따로 채색화를 그렸다. 채색화의 광경은
그야말로 차안에서 피안으로, 그리고 피안에서 차안으로 이르는 환상

의 통로다.

이런 통로를 거쳐 도달한 원명원은 어떤 곳인가? 서호수는 1790년 8월 5일 원명원 동락원同樂園 극장에서 연극을 본 후 황제의 배려로 배를 타고 각국 사신들과 함께 호수 복해福海 일대를 구경했다. 그날의 일기를 옮기면 다음과 같다.

천향재天香齋 앞에서 여러 대신이 한 배에 오르고, 각국의 왕과 패륵貝勒. 황실에 비교적 가까운 종친과 사신, 종신이 한 배에 올랐다. 우리는 금오옥동교金鰲玉蝀橋로 가지 않고 바로 동남하東南河를 거슬러올라 복해에 떠서 봉도요대蓬島瑤臺를 거쳐 위주葦洲를 뚫고 가서 영훈정迎薰亭 앞 물에서 배에서 내렸다. (…)

호안을 둘러서 흙을 쌓아 구릉과 봉우리를 만들었다. 느릅나무·버드나무·소나무·삼나무가 울창하고 경루瓊樓, 화려한 누대와 화표華表, 교량이나 건물 앞에 세우는 돌로 만든 기둥. 표지석 역할을 한다가 겹겹이 숨었다가 드러난다. 영훈정은 붉은 기둥이 6면에 섰고, 아래는 벽돌을 깔았으며, 위에는 누런 유리 기와를 덮었다. 영훈정 뒤로 옥계 50단을 올라가면 바로 의춘전宜春殿이다. 의춘전은 2층인데, 복도의 조각한 창에는 금빛과 벽색이 서로 비쳐 빛나고, 위에는 누런 유리기와를 덮었으며, 편액에는 '방호승경'이라고 써놓았다. (…)

의춘전 뒤에는 홰란전噦鸞殿이 있으며, 제도는 의춘전과 같고, 역시 안에는 금불을 안치하고 금옥 기완器玩, 감상하며 즐기기 위해 모아두는 가구나 골동품 등을 벌여놓았다. 홰란전에서 북쪽으로 구불구불 몇 리를 가면 그 사이에 혹은 모나고 둥글며 혹은 6면 8면으로 석회와 기와가루를 반죽하여 층루를 지어놓았다. 꼭대기는 장막을 덮은 것 같고, 벽에는 신선과 새와 짐승을 조각했다. 창에는 유리 혹은 양의 뿔을 끼웠고, 누각 앞에는 옥난간과 돌계단을 만들었으며, 계단 아래에는 다 둥근 못이 있다.

오동烏銅, 검붉은 빛이 나는 구리으로 12층의 쌍탑을 섬 가운데 만들어놓기도 했고, 오동으로 원숭이·학·코끼리·사슴 등을 못가에 만들어놓기도 했다. 태호석으로 못 가운데 섬을 쌓고, 섬 위에는 오동으로 원숭이가 일산을 펴들고 웅크리고 앉은 형상을 만들어놓기도 했다. 누각 위에서 기계를 조작하면 탑 모퉁이와 일산 꼭대기에서 짐승의 입과 새의 부리가 물을 뿜어 비가 오듯 한다. 오동으로 12지신상을 만들어 못가에 둘러세워 기계를 조종하면 그 시에 해당하는 신상만이 물을 뿜고, 다른 신상은 뿜지 않는다. (…)

종이를 뭉쳐서 만든 1자 남짓한 동자가 어탑 좌우 궤안 위에 마주 보고 앉아 있다. 왼쪽 동자는 천금天琴. 양금을 끼고 있고, 오른쪽 아이는 옥피리를 불고 있다. 기관機關을 궤안 바닥에 숨겨두어 구경하는 사람이 궤안 앞에 이르면 기관을 밟게 된다. 두 동자가 움직여 서로 돌아보고 웃으며 천금을 끼고 악보에 따라 현을 두드리니 가락이 맑고 시원하다.

복해는 진시황 때의 방사 서복徐福이 불로초를 찾아 동쪽으로 바다를 건너간 데서 따온 이름이다. 발해의 삼신산을 본떠 섬 세 개를 만들고 섬마다 누대를 지었다. 이 세 섬을 옹정 때는 '봉래주蓬萊洲'라고 불렀고, 건륭이 '봉도요대'라고 이름을 바꾸었다. 복해는 발해이며, 발해에 출몰하는 삼신산을 복해 가운데에 만들어놓았다. 원명원과 그 주변의 원림은 지상에 구현된 아름다운 신계였고, 건륭은 그 속에서 신선을 자처했던 것이다.

1860년 10월, '두 명의 강도' 프랑스군과 영국군은 원명원을 깡그리 약탈하고 불태워버렸다. 그 불길이 사흘 밤낮 동안 이어졌고, 그 연기는 북경 전역을 뒤덮었다고 한다. 이제 두 장의 그림을 보자. 건륭의 어명으로 제작한 〈원명원사십경도〉의 방호승경과 그곳의 오늘날 모습이다. 방호승경은 복해의 서북쪽 모서리에 달린 작은 호수에 만들어진 선경이다. 복해 한가운데 삼신산을 표상하는 세 섬과 누대, 즉 봉도요대가 있다. 서호수는 봉도요대를 지나 복해 서북쪽 모서리의 좁은 수로 위주를 거쳐 방호승경에 닿았다. 그림 속 건물군의 가장 앞, 뒤집힌 山자의 밑변 가운데 건물이 영훈정, 그 뒤가 의춘전, 또 그 뒤가 홰

──── 〈원명원사십경도〉 중 방호승경.

──── 방호승경의 현재 모습. ©이창숙

란전이다. 누대 안에는 불상과 명화와 명첩과 보물이 수도 없이 안장되어 있었다. 사진은 현재의 그곳이다. 이제 그곳에는 잔잔한 수면 위에 석축만 흩어져 남아 있다. 그림 속 山자 모양 석축이 오늘날 사진과 같이 자리를 지키고 있다. 방호승경의 석재는 그나마 물 가운데 있어 후대의 겁난劫亂을 면할 수 있었다.

지금 북경은 인계와 신계의 구분이 사라지고 2천만 넘는 사람이 북적댄다. 내외성의 성곽과 성문은 극히 일부만 남아 있다. 인민을 위한 인민의 나라이니 수도도 인민을 표상한다. 과거의 영화와 권위는 흔적으로 남았고, 수도는 이제 새로운 이념과 권위를 표상한다. 과거 육부의 관청이 빼곡하던 자리는 광장으로 바뀌었다. 천자를 위한 신계 일부에는 재건된 이화원이 인민의 볼거리로 열려 있다. 그러나 더 넓은 구역은 터만 남아 있다. 중국 당국은 파괴된 원명원을 제국주의 침략의 철증鐵證으로 삼기 위해 복원하지 않는다는 방침을 세웠다. 이 철증을 잘 보존하기 위해 지금도 공사가 진행중이다.

〈참고문헌〉
서호수徐浩修, 『열하기유熱河紀遊』
이상봉李商鳳, 『북원록北轅錄』
『만수성전초집萬壽盛典初集』
『팔순만수성전八旬萬壽盛典』

이창숙_서울대학교 중어중문학과 교수
중국 고전희곡 전공. 원잡극元雜劇부터 경극에 이르는 중국 고전희곡의 역사와 작가, 작품을 연구하고 알리며, 중국 희곡을 한국어로 옮기는 데 힘을 기울이고 있다. 고려·조선시대에 이루어진 중국과의 문화 교류에도 관심이 있어 주로 연행록을 대상으로 그 실상을 파악하고 있다. 『중국공연예술』『두보진주동곡시기시 역해』『두보성도시기시 역해』 등을 공동 저술했고, 옮긴 책으로 『중국고대음악사』와 『중국고대음악사고』 『북상기』(공역) 등이 있다.

도쿄 토박이
에도코의
성격과 지혜

여자: 어젯밤에 어디 있었어?

남자: 어젯밤은 너무 오래전이야. 기억이 나지 않아.

여자: 오늘밤에 만날까?

남자: 난 먼 앞날 계획은 세우지 않아.

영화 〈카사블랑카〉에서 주인공 릭 역의 험프리 보가트가 여자와 나눈 대화다. 나는 이 대화를 처음 들었을 때 릭이 도쿄 토박이 아닐까 생각했다.

도쿄 토박이를 에도코江戶ㄱ子라고 부르는데, 에도는 도쿄의 옛 명칭이니 에도코는 곧 도쿄 사람이라는 뜻이다. 한국으로 치면 서울내기와 같은 말이다. 보통은 3대가 도쿄에서 살아야 에도코로 불릴 수 있

다고 하며, 주로 '도쿄 사람의 기질'을 가진 남성을 가리킨다. 도쿄 여자江
戶の娘는 왈가닥이나 말괄량이라는 뜻을 지닌 '오캰御侠. おきゃん'으로 불렸
다. 에도코는 '하룻밤 넘긴 돈은 가지고 있지 않다'고 했다. 가진 돈은
그날로 다 써버리고 남겨두는 법이 없다는 뜻이다. 과거와 미래에 얽매
이지 않고 지금 사는 것에 집중하는 사람들이 에도코다.

사실은 필자가 에도코였다. 할아버지, 아버지의 뒤를 이어 도
쿄에서 태어나고 자랐지만 지금은 도쿄에 살고 있지 않다. 왕년의 에도
코가 도쿄의 매력에 대해 짧게 말하고자 한다.

교 토 , 오 사 카 그 리 고 도 쿄
—

에도 시대는 임진왜란 이후 도쿠가와 이에야스가 막부 거점을
도쿄로 옮긴 이후부터 메이지 유신 이전까지를 가리키는 것이니, 17세
기 초부터 19세기 중반까지의 시기다. 이때 일본에서는 도쿄를 비롯해
교토, 오사카의 세 도시가 번영했는데, 흥미로운 점은 이 세 도시의 성
격이 크게 다르다는 것이다.

먼저 교토는 문화도시였다. 교토는 헤이안 시대부터 이어진 귀
족문화를 중심으로 다양한 전통문화를 육성하는 동시에 새로운 문화를
창조한 도시였다. 그리고 교토에서 그리 멀지 않은 곳에 위치한 오사카
는 경제도시였다. 오사카는 파랑이 적은 내해內海인 세토나이카이瀨戶內
海를 끼고 전국의 항구를 연결해 유통의 중심지가 되면서 상업도시가
될 수 있었다. 일본 전국의 물건이 다 들어오고 돈만 있으면 어떤 명품
이라도 얻을 수 있어, '천하의 부엌'으로 불렸다.

―――― 우타가와 히로시게, 에도 시대 교토에서부터 도쿄로 들어오는 간선도로 끝에 위치한 니혼바시 다리의 풍경.

　　한편 도쿄는 무사가 중심이 된 남성의 도시였다. 도요토미 히데요시의 명령으로 슨푸駿府에서 도쿄로 이주한 도쿠가와 이에야스가 만든 도시였다. 도쿄는 일본 최대 평야를 끼고 있는 비옥한 땅 위에 세워졌지만 크고 작은 하천이 범람하는 위험한 곳이기도 했다. 이런 땅을 대규모 토목공사로 새로 조성해 거대한 도시를 만들었다. 현재 일왕의 거처가 있는 도쿄성을 중심으로 그 부근에 전국 각지에서 온 지방의 영주藩主들이 일종의 볼모로 도쿄에서 머물 집을 지었고, 이 근처에 도시를 지탱하는 상인과 기술자들이 살았다. 한마디로 도쿄는 무사와 상인 그리고 기술자들이 흥성거리는 남성적인 도시였다.

　　17세기 말 교토와 오사카 지역을 중심으로 활동한 저명한 소설가 이하라 사이카쿠井原西鶴는 이 세 도시를 아주 잘 알고 있었는데,

이들 도시의 성격을 유곽을 들어 다음과 같이 압축했다.

교토의 뛰어난 유녀遊女들에게 도쿄 유녀들이 지닌 '하리張り'를 갖게 하면, 그리고 그들을 오사카의 호화로운 유곽에서 만난다면, 더이상 바랄 것이 없다.

－「호색일대남好色一代男」

유녀의 전통은 교토에서 시작되었다. 무로마치 시대부터 전국시대에 걸쳐, 유랑하거나 흩어져 있던 유녀를 모아 유곽을 만들어 활동하게 한 것은 교토의 상공업자들이었다. 이들 상공업자들은 귀족에 뒤지지 않는 교양을 지녔는데, 일본어 정형시인 와카和歌와 서로 주고받으며 짓는 시인 렌가連歌, 그리고 꽃과 차茶를 예술의 경지로 승화시켰다. 이들은 유녀들에게 예술에 정통할 것을 요구했으니, 교토 유녀는 자연 우아함을 지닐 수 있었고, 이로써 뭇 남성이 선망하는 대상이 되었다. 그러나 우아함은 온순함으로 보이기도 해, 한편으로는 시시하게 생각될 수도 있었다.

이에 비해 도쿄의 유녀는 남성적인 굳셈이 있었다. '하리'는 긴장, 야무짐, 생기, 활력, 의욕, 오기, 기개 등을 뜻한다. 도쿄는 교토나 오사카에 비해 무사와 남성이 많이 거주하는 도시였기 때문에, 유녀도 자연히 그런 분위기를 몸에 익혔던 듯하다. 부드럽고 온순한 여성도 좋지만, 가끔은 뜻이 굳고 야무진 여성에게 당해도 좋다고 생각하는 것이 어쩌면 동서고금 남성의 공통된 욕망 아닐까. 이렇게 두 가지 기질을 다 갖춘 유녀를 경제도시 오사카의 화려한 유곽에서 만나고 싶다는 것이 인용문의 뜻이다. 에도 시대 일본의 한량들은 교토의 유곽인 시마바라島原에 사는 예술과 교양을 익힌 유녀가 도쿄의 유곽 요시와라吉原에 사는 유녀의 굳센 성격을 갖추기를 바랐으며, 그런 유녀를 오사카의 화려한 유곽인 신마치新町에서 만나 놀기를 바란 것이다.

도쿄의 하리

—

사이카쿠의 세 도시에 대한 평가 가운데 가장 흥미로운 것이 도쿄의 하리다. 〈카사블랑카〉의 주인공 릭은 과거는 물론 미래도 생각하지 않고 현재만 고집하는데, 이런 것도 하리의 한 모습이다. 에도코는 '지금'에 전력을 다한다. 그런 에도코 사이에서 유행한 문학 장르로 센류川柳가 있다. 센류는 하이쿠가 통속화한 것으로, 가라이 센류柄井川柳가 시작했다.

다음은 가라이 센류가 펴낸 『하이후야나기다루誹風柳多留』(1765)에서 뽑은 구절들로, 역시 '지금'을 그린 것들이다.

① 아이가 생겨 '천川'자 모양으로 자는 부부
② 자루를 위협하는 구실은 먼 곳
③ 호통치며 꾸짖으려 아버지는 자지 않는다
④ 궁합은 묻고 싶고 나이는 숨기고 싶고
⑤ 방귀를 뀌고도 부끄러울 것 없는 홀몸
⑥ 울고불고하면서도 많은 돈을 받고자 하는 상속

①은 아버지, 자식, 어머니 세 사람이 함께 자면 '천川'자 모양

이 된다고 한 것이다. 화목한 가정 풍경을 그리고 있다. ②의 자루는 어머니를 가리킨다. 어머니는 보통 자식에게 엄하지 않다. 그래서 자식이 이를 알고 먼 곳으로 가겠다며 어머니를 협박하며 돈을 요구한다. 옳지 않은 일이라는 것을 알지만, 자식들은 곧잘 이런 행동을 한다. ③에서 보는 것처럼 어머니와 달리 아버지는 자식을 엄하게 대한다. 꾸짖으려고 자식이 집에 돌아올 때까지 자지 않고 기다리고 있다.

④는 사랑을 원하는 아가씨의 마음을 절묘하게 그리고 있다. 상대 남성에게 궁합은 묻고 싶지만, 자신의 나이는 감추고 싶다. ⑤에서는 방귀를 뀌는 것은 부끄러운 일인데, 독신이 되니 방귀를 뀌어도 부끄러울 일이 없다고 말한다. 적막한 과부의 모습이다. ⑥은 아버지가 돌아가시고 유산 상속을 의논하는 장면이다. 아버지의 죽음은 슬프지만 그 와중에도 가능한 한 많은 돈을 받고 싶어하는 자식의 모습을 그리고 있다. "돈이 전부는 아니지만, 어떤 일이라도 돈이 필요하다"는, 최근 드라마와 영화로 만들어진 만화 『사채꾼 우시지마』에 나오는 말이 실감나는 장면이다. 센류의 구절들은 에도코가 겪는 일상적인 장면이다. 특별히 아름다울 것도 없고 그렇다고 비극적이지도 않은, 지극히 평범한 일상의 순간을 5·7·5조의 정형적 언어 속에 응축시켰다.

하리에는 또한 억지나 고집을 부린다는 뜻을 포함해 맞선다는 뜻도 있다. 무언가를 당겨 팽팽한 긴장이 절정에 달한 그런 고집과 맞섬이다. 경우에 따라서는 타인에 대한 반항을 포함하기도 한다. "화재와 싸움은 에도의 꽃"이란 말이 있을 정도로 에도코는 소동과 싸움을 좋아했다. 상대가 누구든 날카로운 어조로 얼굴을 맞대고 상대를 몰아세우며 반항했다.

도쿄 시정인들은 "니혼자시ニ本差し가 무서워 메자시メザシ를 먹

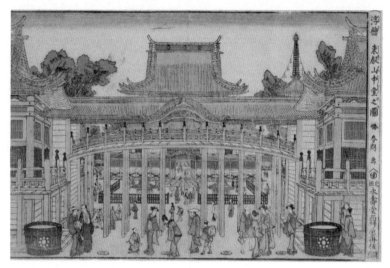

—— 가쓰시카 호쿠사이葛飾北斎, 18세기 도쿄 우에노 도에이잔 풍경.

을 수 있겠나"라는 말을 곧잘 했다. 니혼자시는 칼 두 자루를 차고 있는 사람 곧 무사이고, 메자시는 생선구이다. 시정인들은 칼을 한 자루밖에 찰 수 없는데, 그런 그들이 무사가 무서워 흔한 생선구이라도 제대로 먹겠느냐고 말했다는 것이다. 일반인이 싸움의 전문가이자 권력자인 무사를 이길 수는 없다. 그렇지만 반항심이 강한 에도코는 이런 말을 하면서 보이는 데서 또는 보이지 않는 데서 무사에게 반항했다.

　　에도 시대에는 '사십팔차백서四十八茶百鼠'라는 말이 있었다. 에도 시대 중기부터 후기에 걸쳐 무사들은 부자 시정인들을 억압하기 위해 복기령服忌令이라는 법률을 몇 번이나 되풀이해서 내놓았다. 이는 화려한 복장을 금하는 법률이었다. 그런데 도쿄 시정인들이 이에 반항해 내놓은 것이 '사십팔차백서'다. 사십팔이나 백이나 모두 많은 수를 가리키는 것이고, 차茶와 서鼠는 각각 녹갈색과 회색을 뜻한다. 두 계열의

색을 수없이 많이 만들었다는 것이다. 복기령을 어기지 않는 범위 내에서 화려해 보이지 않으면서도 다채롭고 호화로운 색을 수없이 많이 만들어냈다는 말이다.

또한 시정인들은 겉에 고소데小袖라고 하는 소매통이 좁은 평상복을 입고, 여기에다 하오리羽織라고 하는 방한과 방진防塵을 위한 외투를 입어 수수하게 보였지만, 속에는 화려한 주반襦袢을 입었다. 이렇게 하리를 가진 에도코는 정치적 실권을 잡은 무사의 명령에 무작정 저항하지도 않고, 그렇다고 참지도 않으면서 지혜롭게 반항했다.

마 이 크 로 의   세 계

—

에도코의 지혜는 고도의 기술 개발로도 이어졌다. 도쿄에 모여 살던 기술자들은 화려하고 거창한 세계가 아니라, 눈에 띄지 않는 수수하고 작은 세계에 힘을 쏟아 멋진 마이크로 세계를 만들어냈다. 앞에서 서술한 옷은 물론 짚신과 게다下駄 같은 신발, 장롱과 대형 나무 화로 등의 가구와 책, 도장과 붓 등의 문구, 허리춤 장식인 네쓰케根付け와 부채 등 신변身邊의 모든 것에서 도쿄 기술자들의 솜씨를 확인할 수 있다.

1829~1842년에 간행된 류테이 다네히코柳亭種彦의 소설 『니세 무라사키 이나카겐지修紫田舍源氏』 표지에서도 정교한 솜씨를 확인할 수 있다. 표지는 우키요에 판화로 제작됐다. 표지를 확대한 사진을 보면 여성의 머리털 부근은 겨우 1밀리미터 크기 안에 5~6가닥의 머리털이 그려져 있음을 볼 수 있다. 이 정도의 세밀함은 붓으로 그려내기도 어려운데, 이것은 나무판에 새겨 먹물을 먹여 인쇄한 것이다. 실로 경이로

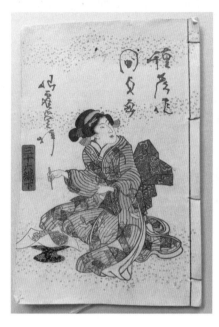

―― 「니세무라사키 이나카겐지」의 표지(좌)
―― 「니세무라사키 이나카겐지」의 표지를
확대한 모습. (우)

운 세밀함이다.

네쓰케도 놀랍기는 마찬가지다. 네쓰케란 돈과 도장 등을 넣던 작은 주머니에 단 액세서리로, 이것을 줄 끝에 달아 허리띠 위에 차면 아래로 떨어지지 않는다. 사진의 네쓰케는 상아로 만든 것인데, 폭 4.5센티미터 크기의 작은 상아에 온갖 꽃잎이 정밀하게 새겨져 있다.

『시 타 마 치   로 켓』과   도 쿄 의   기 술 자
―

이케이도 준의 소설 『시타마치 로켓』(2008)은 우주개발 연구원

이었던 주인공이 아버지의 뒤를 이어 중소기업 사장이 되어 사원들과
함께 분투하는 이야기다. 이 회사는 로켓 자체가 아니라 로켓 엔진의
부품인 밸브 시스템을 개발하는 곳인데, 정교한 부품 제작에 온 힘을
다해 기술력에 바탕을 두고 주문을 따낸다. 바로 여기에 이 작품의 흥
미로운 요소가 있다. 그리고 작품의 후편은 심장 수술에 사용하는 인공
밸브 개발에 몰두하는 모습을 그리고 있다. 그런데 이 회사가 위치한
도쿄의 시타마치下町는 바로 에도 시대 기술자들이 앞에서 본 인쇄물과
네쓰케를 만들어낸 곳이다. 에도 시대에는 책과 액세서리를 만들었고
현대에는 로켓과 인공심장의 부품을 만들어, 물건은 바뀌었지만 정밀
한 물건을 만들어내던 기술자의 기질은 바뀌지 않았다.

　　　　나는 외국인들에게서 도쿄의 어디를 구경하면 좋으냐는 질문
을 자주 받는다. 프랑스 파리라면 샹젤리제가 떠오르고, 미국 뉴욕이라
면 맨해튼의 초고층 빌딩이 생각나며, 중국 베이징이라면 자금성을 추
천할 것이다. 서울이라면 창덕궁이나 북촌 한옥 마을을 추천하지 않을
까. 도쿄를 찾는다면 근년에 개장한 야경이 멋진 스카이트리나 고쿄皇

居와 메이지 신궁을 둘러봐도 좋겠지만, 아사쿠사浅草와 아키하바라秋葉原의 시타마치로 가서 골목 안 작은 가게에 늘어선 자질구레한 물건을 보거나, 스미다墨田 구와 오타大田 구에 있는 작은 공장을 견학하는 것도 좋다. 그곳에는 에도 시대 도쿄 기술자들의 솜씨와 혼이 여전히 살아 있다.

소메야 도모유키_일본 이바라키 그리스도교대학 교수

에도 시대 일본 소설 연구자로 한국 고전소설과의 비교 등을 통해 동아시아적 시각을 확보하기 위해 노력하고 있다. 지은 책으로 『모험冒險, 음풍淫風, 괴이怪異: 동아시아 고전소설의 세계』 『사이가쿠西鶴 소설론小說論: 대조적 구조와 '동아시아'에의 시계視界』 등이 있고, 편서로 『한국의 고전소설』이 있다.

옮긴이 신철우

한국 고전소설을 전공하고 있으며 일본 문화에도 관심이 많다. 2016년에는 일본 국제교류기금에서 실시하는 전문일본어연수(문화·학술전문가) 6개월 과정을 수료했다.

도쿄 토박이 에도코의 성격과 지혜

조선과 일본의 문인이
시와 그림을
주고받다

중년 이상의 일본 사람이 오사카라는 말을 듣는다면, 열에 아홉은 먼저 "돈벌이는 잘되십니까もうかりまっか?"라는 오사카 사투리 인사를 떠올릴 것이다. 이는 오사카의 상업 제일주의 기풍을 나타낸 말로, 지금도 오사카 시내 중심가는 매우 번화하다. 하지만 열 명 가운데 한 사람은 문학이 꽃피는 도시 오사카를 떠올릴 것이다.

18세기 오사카의 문학적 배경
—

1694년 일본의 유명한 하이카이俳諧 시인인 마쓰오 바쇼松尾芭蕉는 세상을 떠나기 전에 마지막으로 고향인 미에의 이가에 들렀다가 오

—— 『셋쓰명소도회攝津名所圖會』에 수록된 우카부세의 모습.

사카로 갔다. 그러고는 그곳에서 "여행길에 병드니 꿈은 황량한 들녘을 헤매네"라는 하이카이를 남기고 세상을 떠났다. 하이카이란 5·7·5의 열일곱 글자를 기본으로 하는 일본의 전통 시가로, 세계에서 가장 짧은 시 형식이라고도 한다.

그러고 얼마 지나지 않아 1716년에 마쓰오 바쇼를 이은 하이카이의 대가 요사 부손與謝蕪村이 교토에서 오사카를 관통해 바다로 나가는 요도가와淀川 강가에서 태어났다. 부손은 "바쇼가 세상을 떠난 뒤, 아직도 해年가 바뀌지 않네"라는 하이카이를 읊어 바쇼의 문학적 존재감을 칭송하면서 하이카이의 중흥기를 주도했다.

한편 이 무렵 오사카를 대표하는 요정料亭으로 우카부세浮瀨가 있었다. 바쇼도 죽기 직전 그곳에서 "솔바람이 처마를 둘러싸니 가을이 저무는도다"라 읊었고, 부손도 "우카부세에 신발이 늘어서니 봄이 저무는도다"라는 구절로 우카부세의 술꾼을 노래했다. 이런 시편으로 볼 진대 만약 하이카이의 별자리가 있다면, 그 별자리는 당시 오사카 밤하늘에서 반짝이고 있었을 것이다.

요사 부손에 이어 1734년에는 하이카이와 일본 국학, 나아가 소설에 이르기까지 다방면에서 활약한 우에다 아키나리上田秋成가 오사카에서 태어났다. 그뿐이랴, 오사카가 아니라면 탄생하지 않았을 강렬한 개성의 문학자 가쓰 시킨葛子琴도 있었다. 또한 당시 오사카에는 소라이 학파 학자들이 많았다. 이들은 중국의 고전을 주자학적으로 해석하는 것에 반대해 고문사학古文辭學이라는 새로운 학문을 주장한 오규 소라이荻生徂徠를 따랐다.

당시 오사카 지역의 문학적 풍토를 잘 보여주는 기록인 라이 슌스이賴春水의 『재진기사在津紀事』에 따르면, 오사카 중심부의 하중도河中島인 나카노시마中之島와 강 건너편을 연결하는 다마에玉江 다리 옆에 가쓰 시킨의 집 어풍루御風樓가 있었다. 어풍루는 달과 눈을 완상하기 좋은 위치여서, 라이 슌스이는 눈 내린 아침이나 더위를 견디기 어려운 밤이면 가쓰 시킨을 찾아가 다리 위에서 함께 노래를 부르기도 했다고 한다. 오사카의 문학적 풍취를 잘 보여주는 대목이다.

오 사 카 의   뱃 놀 이 와   매 화

—

매력적인 도시에 사람이 모이는 것은 자연스러운 일이다. 1784년 일본 도호쿠 지역 센다이에서 태어난 문인 화가 스가이 바이칸은 중년에 오사카에 머물며, 유명한 역사가인 라이 산요賴山陽를 비롯해 여러 문인과 교유했다. 이 무렵 지은 「여름날 배를 띄우다夏日泛舟」라는 시에서 바이칸은 이렇게 읊고 있다.

서늘한 바람 가득한 사쿠라노미야의 물가	涼風吹滿櫻宮汀
외딴 배는 오가고 사람들은 더러 취해 있네.	孤艇去留人醉醒
풍악 소리 밤 깊고 강물이 일렁이니	絃歌向晚江心湧
물을 비추는 둥근 등은 만 개의 별	照水毬燈萬點星

물의 도시 오사카의 여름철 으뜸 풍물은 뱃놀이다. 사쿠라노미야는 요도가와 강변의 선착장으로, 일찍부터 벚꽃놀이와 불꽃놀이로 유명한 곳이다. 두번째 구句에 등장하는 외딴 배와 취한 사람들에서 시인의 공허함과 쓸쓸함이 느껴진다. 그 기분을 부정하듯 강에 뜬 배에서는 풍악 소리가 더욱 높고, 배에 달린 등불은 하늘의 촘촘한 별처럼 물위에서 반짝이고 있다. 떠들썩하고 휘황할수록 시인의 마음은 도리어 고독의 깊이를 더할 뿐이다. 복잡하고 분주한 도시에서 소외된 현대적인 도시 감성을 시인은 오사카를 통해 일찍이 선보이고 있다.

벚꽃의 나라 일본에서도 선비의 상징이라 할 매화를 애호하는 사람이 적지 않았는데, 스가이 바이칸은 호를 '매관梅關'으로 삼을 만큼 매화를 사랑해 매화 그림을 많이 남겼다. 또한 사립 학교인 가이토쿠주쿠懷德塾와 더불어 오사카를 대표하는 사설 학원인 바이카주쿠梅花塾를 세운 시노자키 산토篠崎三島, 그리고 그의 바이카주쿠에서 공부하고 그곳을 더욱 발전시킨 시노자키 쇼치쿠篠崎小竹는 매화를 사랑한 대표적인 문인이다.

또 이케다 도쿠겐池田得元이라는 사람은 호를 '매암梅庵' 곧 '바이

안'이라고 했는데, 오사카의 신사이바시에 살며 정원에 매화나무를 심고 그 아래에서 매화 수묵화 그리는 것을 즐겼다. 그는 매화향을 피우고 매화차를 마시며 '매장자梅長者'라는 편액을 걸어놓고 저명한 화가에게 매화 병풍을 그리게 했다. 일생을 매화와 함께했던 것이다.

어느 날 매화를 호로 삼은 바이칸과 도쿠겐이 만나 요도가와강에 배를 띄워놓고 한가위 보름달을 보고자 했는데, 아쉽게도 구름에 가려 달이 보이지 않았다. 이에 같은 자리에 있던 가네야스 햐쿠사이兼康百濟라는 문인에게 시를 짓게 했는데, 꼭 '매梅'자를 넣게 했다. 이미 가을이라 매화는 철에 맞지도 않지만, 그것이 무슨 상관이랴. 햐쿠사이는 다음과 같은 멋들어진 시를 지었다.

서늘한 기운에 소름이 돋으니 몇 잔을 마셨나? 涼氣粟肌過幾杯
배를 매고 둑 위를 정처 없이 걷네. 維舟堤上立徘徊
흰 구름 점점이 달은 어디메뇨? 白雲點綴月安在
그 모습 마치 눈 속의 매화를 찾는 듯하네. 情況恰如探雪梅

18세기 한일 문인의 만남

—

가쓰 시킨은 1764년 1월 「갑신년 초봄, 강가 누정에 오르다」라는 한시를 지었다. 그 마지막 구절은 "해가 져도 신선 뗏목 보이지 않으나日落仙槎猶未見 저녁 바람 들판의 매화향 불어 보내네晚風吹送野梅香"인데, 이 시 뒤에는 "올봄 조선 사신들이 올 것이다"라는 주석이 있다.

1763년 계미년 8월 3일 서울을 출발한 조선통신사는 에도(도

───── 왼쪽부터 순서대로 조선통신사의 성대중, 원중거와 요사 부손의 도장.
다이헤이 서옥太平書屋 편, 『가쓰 시킨 전각집葛子琴篆刻集: 476과四七六顆』, 도쿄: 다이헤이 서옥, 2010 수록.

쿄)까지 가서 도쿠가와 막부의 쇼군에게 국서를 전한 후, 거의 1년 만인 다음해 7월 8일 귀환해 영조에게 복명했다. 이 사행은 한국문학사에서 김인겸의 장편가사 「일동장유가」로 잘 알려졌으며, 또한 통신정사通信正使 조엄이 고구마를 가져온 것으로도 유명하고, 무관 최천종崔天宗이 일본인에게 살해당한 사건으로도 알려져 있다. 위의 시는 오사카를 지나 도쿄로 간 조선통신사가 다시 오사카로 돌아오기를 기다리며 쓴 것이다. 통신사의 행렬은 보이지 않지만 그들의 맑은 문학적 향기가 멀리서 불어오고 있음을 표현했다.

　　시인은 오사카로 돌아온 조선통신사의 서기 성대중成大中에게 '윤집기중允執其中'이라고 새긴 도장을 선물했고, 서기 원중거元重擧에게는 '원중거자재인元重擧子才印'을 새겨 보냈다. '윤집기중'은 『논어』에 나오는 구절로 중국 고대 성인인 요임금이 순임금에게 왕위를 물려주며 했다는 말이다. 중용을 잘 지키라는 뜻이다. 성대중의 자가 '사집士執'이니 그것을 이용한 것으로 짐작되고, '원중거자재인'은 원중거의 자가 '자재子才'이니

—— 기무라 겐카도, 〈겸가당아집도〉, 한국 국립중앙박물관 소장.

그렇게 새긴 것이다.

가쓰 시킨은 시인 요사 부손이 애용했던 부손의 호인 '사장경謝 長庚' 도장 외에, 계미년 조선통신사 교류로 조선에도 이름이 알려진 문인이자 화가인 기무라 겐카도木村蒹葭堂 등 오사카 지역 문사들을 위해 전각도를 휘두른 전각 명장이기도 하다. 이 해 조선통신사는 최천종 살해 사건의 해결을 위해 1764년 4월 5일부터 5월 6일까지 한 달 이상 오사카에 머물렀는데, 아이러니하게도 한일 간의 불미스러운 사건으로 인해 오히려 문사들 간에는 친밀한 교류가 이루어졌다.

〈겸 가 당 아 집 도〉와 학 예 공 화 국
—

가쓰 시킨이 인장을 새겨주기도 한 기무라 겐카도는 오사카 상인의 아들로 양조업자이면서 문인 화가였다. 그는 재산을 아낌없이 쏟아부어 골동과 서책을 사 모은 수집가이자 장서가로도 유명하다. 기무라 겐카도는 1764년 조선통신사와 만나 한시를 주고받으며 교류했는데, 직접 〈겸가당아집도蒹葭堂雅集圖〉를 그려 성대중에게 주기도 했다. 겐카도의 한국 한자음인 '겸가당'은 당호堂號, 즉 그의 집 이름이다. 또한 〈겸가당아집도〉는 자기 서재에서 개최한 시회詩會 풍경을 그린 것이다. 자기 서재에서 이렇게 아름답고 훌륭한 문학 모임이 이루어지고 있다고 조선통신사에게 자랑한 셈인데, 이 그림은 조선에 와서 홍대용과 이덕무 등 학자들의 절찬을 얻었다. 이 그림을 통해 조선과 일본 문인 사이에 '학예공화국'이라 부를 만한 교류의 공간이 형성되었음을 알 수 있다.

기무라 겐카도에게서 큰 자극을 받은 화가 다노무라 지쿠덴田
能村竹田은 만년에 종이를 가늘게 꼬아 만든 끈으로 오사카 풍경을 그린
적이 있는데, 바로 〈나니와교조망도難波橋眺望圖〉다. 나니와는 오사카를
가리키는 다른 이름으로, 이 그림은 그윽한 오사카의 분위기를 훌륭하
게 묘사한 걸작이다. 기무라 겐카도와 다노무라 지쿠덴이 그린 두 장의
오사카 그림은 오사카 찬가의 알파요 오메가다.

〈참고문헌〉
다카하시 히로미高橋博巳, 「기무라 겐카도가 자아내고 김정희가 짜낸 꿈—동아시아 문인사회의 성립」, 가사야 가즈히코笠谷和比古 편, 『도쿠가와 사회와 일본의 근대화』, 교토, 시분카쿠 출판思文閣出版, 2015.
정민, 『18세기 한중 지식인의 문예공화국』, 문학동네, 2014.

――

다카하시 히로미_전 일본 긴조가쿠인 대학金城學院大學 교수
문예학의 관점에서 전근대 동아시아의 교류를 추적하고 있다. 저서로 『동아시아의 문예공화국 – 통신사, 북학파, 겐카도東アジアの文藝共和國—通信使·北學派·蒹葭堂』, 『에도의 바로크 – 소라이학의 주변江戸のバロック—徂徠學の周邊』 등이 있다.

――

옮긴이 **신철우**

인드라의
보석으로 만들어진
에메랄드 불상이 있는 도시

방콕의 18세기는 새로운 수도를 건설하는 시대였다. 1782년 태국의 라마 1세는 라따나꼬신 왕국을 건설하고, 짜오프라야강 동쪽 연안에 새로운 수도, 방콕을 건설한다. '끄룽텝마하나컨'으로 시작되는 세계에서 가장 긴 이름을 자랑하는 도시로 새롭게 탄생한 방콕은, 230년 넘는 시간 동안 태국의 수도로 굳건히 자리하면서 많은 변화와 발전을 이루어왔다.

라 따 나 꼬 신 섬
—

'끄룽라따나꼬신'은 1782년 건립 때부터 불려온 태국의 수도 이름으로 오늘날 태국어로는 '끄룽텝마하나컨 กรุงเทพมหานคร'으로, 영어로는 '방콕Bangkok'으로 불리고 있다. 동시에 이는 수도를 건설하던 때부터 오늘날까지 짜끄리 왕조가 이끌어가는 왕국의 이름이기도 하다. '끄룽'은 도시를, '라따나'는 보석을, '꼬신'은 인드라를 뜻한다. 즉 라따나와 꼬신이라는 두 단어를 합하면 '인드라의 보석'이라는 뜻이 된다. 이는 곧 에메랄드 불상을 의미하는데, 그 이유는 이 에메랄드 불상이 인드라의 보석으로 만들어졌다는 믿음 때문이다. 따라서 끄룽라따나꼬신은 '인드라의 보석으로 만들어진 에메랄드 불상이 있는 도시'를 의미한다.

라따나꼬신섬은 라따나꼬신 왕국의 성안 지역, 즉 왕궁을 포함한 그 주변부를 가리킨다. 이 지역은 짜오프라야강과 운하에 둘러싸인 섬 형태를 지니고 있다. 서쪽으로는 짜오프라야강이 흐르고, 동쪽으로는 옛 수도인 톤부리 왕국의 동쪽 해자였던 럿 운하가 흐르는 가운데 라따나꼬신섬이 있다. 라따나꼬신섬은 내부 섬과 외부 섬 두 부분으로 나누어진다. 내부 섬은 짜오프라야강과 럿 운하로 둘러싸인 지역으로 면적이 1만 8천 제곱미터인데, 여기에 왕궁과 에메랄드 사원이 있다. 외부 섬은 서쪽으로 럿 운하와 북쪽으로 짜오프라야강, 동쪽으로 방람푸-웡앙 운하(수도를 에워싸는 운하 연결망), 남쪽으로 짜오프라야강이 둘러싼 지역으로 면적은 2만 3천 제곱미터에 이른다.

라따나꼬신섬은 수도 방콕에서 가장 오랜 역사와 전통을 지닌 곳이다. 싼싸오락므앙(도시 건설 시 지주地柱를 모신 사당), 왕궁, 왓프라깨우(에메랄드 사원), 왓포, 방콕의 옛 요새들, 그리고 국립박물관 등 주요 관광지가 여기 있다.

라마 1세가 라따나꼬신섬에 새 도읍을 건설한 이래 역대 왕들

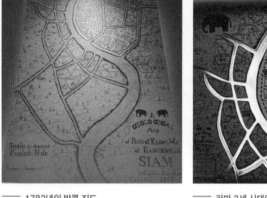

————— 1782년의 방콕 지도.　　　————— 라마 3세 시대의 방콕 지도.

을 거치면서 도시는 확장되었고, 라따나꼬신섬과 그 주변부도 많은 성
장과 변화를 거쳐왔다. 1977년 정부가 재건을 목적으로 이 지역을 공
식적으로 라따나꼬신섬이라 명명했고, 1981년에 역사·문화 보존 지역
으로 지정했다. 그리고 내부 섬 지역에는 높이 16미터 이상, 외부 섬
지역에는 20미터 이상의 건축물을 짓지 못하도록 제한했다.

랏차담넌 도로를 따라
라따나꼬신섬으로 들어가다
—

　　약 120년 전에 백성들의 과수원과 논밭으로 둘러싸인 소나무
숲이 있던 조그만 길은 라마 5세가 1899년 도로 건설을 명한 이후 역

사적인 길로 바뀌는 운명을 맞이한다. 라마 5세가 1897년 첫 유럽 순방을 마치고 돌아와 수도 방콕에 유럽의 애비뉴Avenue를 본뜬 대로를 건설하는데, 그것이 바로 두싯 궁전과 왕궁 사이를 연결한 랏차담넌 도로다.

'랏차담넌'은 '왕의 행차로'라는 의미다. 영어로는 'King's Road'라 할 수 있는데, 영국 런던 퀸스파크Queen's Park의 퀸스워크Queen's Walk에서 영감을 받은 이름이라고 한다. 라마 5세는 랏차담넌 도로를 건설하면서 토지를 강제로 몰수하지 않고 땅주인들에게 보상금을 지급하도록 했다. 랏차담넌 도로는 도시계획에 따라 건설된 태국 최초의 도로로 간주된다.

랏차담넌 도로는 내선, 중앙선, 외선의 세 개 선으로 구분되는데, 라따나꼬신섬을 둘러싼 세 개의 운하(럿 운하, 방람푸 운하, 파둥까셈 운하)와 도로를 잇는 세 개의 다리(판피폽리라 다리, 판화리랏 다리, 막카완랑싼 다리)로 연결되어 있다. 내선은 왕궁 앞 나프라란에서 럿 운하의 판피폽리라 다리까지(525미터), 중앙선은 판피폽리랏 다리에서 방람푸 운하의 판화리랏 다리까지(1,200미터), 외선은 판화리랏 다리부터 파둥까셈 운하를 건너는 막카완랑싼 다리를 지나 두싯 왕궁까지(1,475미터)다.

판화리랏 다리를 건너는 순간 왕복 12차선의 곧고 넓게 뻗은 중앙선 도로가 시작된다. 판화리랏 다리를 지나 왼쪽으로 로하쁘라삿이 있다. 로하쁘라삿은 라마 3세 때 지은 청동 첨탑으로 장식된 건축물이다. 이 로하쁘라삿 앞으로 국왕이 국빈 맞이 행차 때 사용하는 임시 거처인 마하쩻싸다버딘 행궁行宮이 있다. 건너편에는 옛 성벽의 일부가 남아 있는데, 팔각형의 마하깐 요새가 바로 그것이다. 따라서 판화리랏 다리부터 라따나꼬신섬으로 진입하는 지점이라 하겠다.

—— 랏차담넌 도로 쪽에서 본 판화리랏 다리 쪽 전경. ⓒ신근혜
멀리 보이는 네 개의 흰색 교각이 판화리랏 다리고,
우측 가장자리에 위치한 흰색 건축물이 마하깐 요새다.

그 길을 따라 조금 더 달리다보면 태국 민주화의 성지라 할 수 있는 민주기념탑을 만난다. 태국은 1932년 발생한 입헌혁명으로 절대 군주제에서 입헌군주제로 대대적인 통치 변화를 겪었다. 민주기념탑은 이를 기념하기 위해 1939년에 만들어진 것이다. 이 탑은 중앙의 둥근 탑과 이를 둘러싼 날개 모양의 탑 네 개로 구성되어 있다. 중앙의 둥근 탑 상부에는 이중으로 된 황금 받침대 위에 싸뭇타이가 놓여 있다. 싸뭇타이는 종려나무 잎에 새긴 태국 전통 책인데, 이것은 1932년 헌법을 의미한다. 이를 둘러싸고 있는 네 개의 날개는 헌법을 수호하는 육·해·공군과 경찰을 상징한다.

이후 1973년 이곳에서 비극적인 '씹씨 툴라14 ꗯꗯꗯ(10월 14일 학생 의거)'가 벌어졌다. 타넘의 군사독재에 반대하는 시위를 일으킨 학생들을 무력으로 진압해 900여 명의 사상자가 발생했다. 1976년 10월 유혈 쿠데타, 1992년 '검은 5월Black May' 민주화 사태, 2010년 레드셔츠가 중심이 된 반정부 시위, 2013~2014년 태국의 정치 위기에 이르기까지 수십 년에 걸쳐 이곳은 정의와 민주주의를 외치는 집회 장소로 그 역사를 만들어왔다.

1939년 민주기념탑이 세워진 이래 랏차담넌 도로는 민주기념탑과 함께 태국 현대 정치사에서 민주주의의 역사를 상징하는 이정표가 되었다.

'방꺽'에서 '끄룽텝마하나컨'으로, 새로운 수도의 탄생

—

아유타야 시대에는 현재 라따나꼬신섬이 위치한 지역을 '방꺽 บางกอก'이라 불렀다. 현재 짜오프라야강으로 인해 동서로 나뉘어 있는 방콕과 톤부리 지역은 원래 붙어 있던 하나의 땅이었다. 방꺽은 1350년 우텅왕이 아유타야 왕국을 건설했을 때부터 존재했다. 당시 방꺽은 강가의 조그만 농촌 마을로, 사람들은 물가에 지은 집이나 수상가옥에 살면서 농사를 짓고, 교통은 물길에 의존했다. 방꺽은 아유타야 왕국의 번영과 더불어 성장하고 인구도 늘어났다. 서양인들이 아유타야로 진출해 아유타야와의 교역이 늘자 방꺽은 관문도시로 발전을 거듭했다.

원래 짜오프라야강은 매우 꼬불꼬불해서 무역에 큰 장애가 되었다. 아유타야의 왕들은 바다에서 아유타야로 들어오는 선박의 물길을 단축하기 위해 운하를 건설했다. 1534년부터 1547년까지 재위한 프라차이라차티랏왕 시대에 이르러 현재 방꺽너이 운하와 방꺽야이 운하가 있는 지역을 관통하는 운하를 건설했다. 이 직선 운하로 말미암아 원래 한 덩어리였던 방콕과 톤부리가 둘로 나뉘었고, 짜오프라야강은 현재와 같이 방콕을 동서로 나누며 관통하게 되었다. 또한 과수원과 논밭이 있던 조그만 마을 방꺽 역시 아유타야 시절 내내 300년 이상 중요한 관문도시의 역할을 하게 된다.

방꺽이라는 이름에 대해서는 두 가지 설이 있다. 하나는 원래 짜오프라야강이 매우 꼬불꼬불해서 어떤 곳은 섬의 형태를, 어떤 곳은 구릉의 형태를 지녀 '방꺼섬마을'라 부른 것이 방꺽이 되었다는 설이다. 또하나는 이 지역에 마껏 나무가 많아 '방마껏마껏 마을'이라고 부르다가 이후 마 발음이 사라지고 방꺽만 남았다는 설이다. 방꺽은 당시 짜오프라야강을 드나드는 모든 상선으로부터 세금을 거둬들이는 세관도시 기능을 했기에 무역을 하며 아유타야를 드나들던 많은 외국인에게 '방꺽'이라 불렸고, 이것이 오늘날의 방콕이 되었다.

아유타야 왕국이 미얀마에 의해 멸망한 1767년에 딱신왕은 짜끄리 장군과 함께 미얀마로부터 독립을 쟁취하고 톤부리에 새로운 왕도를 건설한다. 그러나 딱신왕은 재위하던 15년간 끊임없는 전쟁을 치르다 결국 정신적으로 지쳐 종교에 심취하기 시작했고, 이로 인해 백성들은 고통을 받았다. 급기야 반란이 발생해 왕을 구금하고, 왓쨍(왓아룬의 옛 이름)에서 출가시키는 사건이 일어난다. 당시 군대를 이끌고 캄보디아 원정길에 올랐던 짜끄리 장군이 반란 소식을 접하고 급히 톤부리로 귀환한다. 백성들은 그를 칭송하며 고통의 시대를 평정해줄 것을 요청하고, 왕궁에 도착하자 모든 관료가 머리를 숙이며 그를 왕으로 추대했다고 한다. 1782년 4월 6일 딱신왕이 숨을 거두자, 같은 날 짜끄리 장군은 라마 1세로 즉위한다.

라마 1세가 1782년 4월 6일 짜끄리 왕조의 초대왕으로 즉위하고 가장 먼저 한 일은 수도를 짜오프라야강 서쪽에서 동쪽으로 옮긴 것이다. 천도를 결정한 이유는 크게 세 가지였다. 일단 톤부리 왕국의 왕궁이 왓아룬과 왓타이따랏 사이에 위치해 공간이 매우 협소하며 왕궁을 확장하기가 어려웠다. 또 톤부리 수도 내부에 짜오프라야강 양쪽으로 이미 가옥이 밀집해 있는데 수도의 요새는 오른쪽으로만 있어 적이 공격해올 경우 방어하기 어려운 점도 이유였다. 그리고 톤부리 왕국의 기존 왕궁이 만곡부에 위치하고 있어 그쪽으로 물살이 계속 치고 들어오면 건축물의 안전을 영구적으로 도모하기 힘들다는 점도 꼽았다.

반면에 만 바깥쪽인 왼쪽은 지대가 높아 영구적인 가옥과 건축물을 세우기에 적합하고, 양쪽 강을 도시의 해자로 사용할 수 있으며, 도시 주변을 둘러싸는 운하를 파서 적으로부터 방어하기에 더 용이하다고 판단했다. 이처럼 전략적·지리적 측면과 도시개발의 적합성까지 고려해 라마 1세는 새 수도를 건설하도록 하니, 이것이 바로 라따나꼬신 섬의 탄생이다.

라마 1세는 원래 방꺽이라는 이름으로 불리던 새로운 수도에 새로운 이름을 하사했다. 그 이름은 '끄룽텝마하나컨 아먼라따나꼬신 마힌타라웃타야 마하디록폽 놉파랏랏차타니부리롬 우돔랏차니 웻마하싸탄 아먼피만아와딴싸팃 싹까탓띠야윗싸누깜쁘라씻กรุงเทพมหานคร อมรรัตนโกสินทร์ มหินทรายุธยา มหาดิลกภพ นพรัตนราชธานีบุรีรมย์ อุดมราชนิเวศน์มหาสถาน อมรพิมานอวตารสถิต สักกะทัตติยวิษณุกรรมประสิทธิ์'이다. 이 이름은 세계에서 가장 긴 도시의 이름으로 기네스북에 등재되어 있다.

이름의 의미는 '신의 도시처럼 광활한 수도, 에메랄드 불상이 안치된 곳, 난공불락의 도시. 견고하고 찬연한 아름다움을 지녔네. 아홉 가지 보석으로 완벽한, 더없이 행복한 도시. 신이 현신하셔서 머무는 신전과 같은 웅대한 왕궁이 있네. 인드라께서 비슈누에게 나라를 다스리는 왕으로 현신해 창조하게 하신 곳'이다. 이렇듯 긴 이름을 태국인들은 짧게 맨 앞부분의 '끄룽텝' 또는 '끄룽텝마하나컨'으로 부른다. 외국인들의 경우 아유타야 시대부터 불러온 방꺽의 영어 표기인 '방콕'으로 부른다.

왕궁과 에메랄드 사원,
새로운 수도의 상징

—

현재 왕궁이 위치한 곳은 아유타야 시대부터 터를 잡고 살던 중국인들과 중국인 부호 프라야라차쎄티의 집이 있던 곳이다. 왕은 이들을 원래 위치에서 조금 더 강 하류로 내려간 오늘날의 쌈펭 지역으로 이주하도록 명하고 그들이 살던 곳에 새로운 왕궁을 건설한다.

왕궁은 사면에 성벽을 둘렀는데, 성벽 둘레는 1,900미터에 달하며, 총면적은 21만 8천 제곱미터에 달했다. 왕궁은 북쪽을 향하고, 왼쪽으로 짜오프라야강이 흐르며, 에메랄드 사원은 왕궁의 북서쪽에 위치한다.

1782년 라마 1세가 즉위한 후 새로운 왕궁을 건설할 당시에는 프라마하몬티안과 두싯마하쁘라삿의 두 궁전이 있었고, 다른 건축물들은 이후 차례로 건설된 것이다. 프라마하몬티안은 라마 1세 때인 1785년에 지어진 건물로, 세 채로 이루어져 있다. 이들 세 공간은 각각 대관식을 거행하는 장소, 라마 1세·2세·3세가 기거한 침전, 왕을 알현하던 장소이자 조정으로 쓰였다.

두싯마하쁘라삿 궁전은 라마 1세가 1782년에 왕궁을 건설하면서 최초로 지은 태국식 건축물의 모체로, 원형 그대로 보존하고 있다. 4층의 타일로 된 지붕과, 여러 겹의 첨탑으로 이루어진 건물이다. 이곳은 라마 1세의 거처이자 정사를 논하는 곳으로 쓰였기에 대신들은 이곳에서 왕을 알현했다. 라마 1세는 이곳에서 승하했는데, 자신의 시신이 화장되기 전 이곳에 안치되기를 바랐다고 한다. 역대로 왕과 왕비 그리고 존경받는 왕족이 사망하면, 왕궁 앞에 위치한 싸남루앙에서 화

장식을 거행하기 전 시신을 이곳에 1년 동안 안치해 일반인들이 조문할 수 있게 한다. 2016년 10월 13일 서거한 라마 9세의 시신이 2017년 10월 26일 다비식이 치러질 때까지 이곳 두싯마하쁘라삿 궁전에 안치돼 있었다.

라마 1세는 왕궁 건설과 더불어 왕궁 내에 사원도 짓게 했다. 그리고 자신이 1778년 라오스의 수도 비엔티안에서 가져와 왓아룬에 모셔두었던 에메랄드 불상을 이곳으로 옮겨오도록 했다. 높이 66센티미터의 옥으로 만들어진 에메랄드 불상은 황금 옷을 입고 있는데, 계절에 따라 1년에 세 번, 여름·우기·겨울마다 국왕이 직접 불상의 옷을 갈아입히는 행사를 주관한다.

사실 녹색의 옥을 깎아 만든 이 불상이 에메랄드 불상이라 불리게 된 이유는, 이를 처음 발견한 스님이 녹색의 돌을 '깨우머라꼿', 즉 에메랄드라고 생각해 그리 불렀기 때문이다. 라마 1세가 하사한 에메랄드 사원의 원래 이름은 '왓프라시라따나사사다람'으로 따로 있지만 '프라깨우머라꼿', 즉 에메랄드 불상이 모셔진 사원이라 하여 '왓프라깨우'로 불렸고, 외국인들에게도 에메랄드 불상이 안치되어 있는 에메랄드 사원으로 불리고 있다. 에메랄드 사원은 왕실의 중요한 불교 행사에 사용할 목적으로 건축된 왕실 사원으로, 스님은 여기에 기거하지 않는다.

에메랄드 사원의 상층부 테라스에 중요한 건축물 세 개가 있다. 이 건축물들의 지붕 모양을 통해 태국의 다양한 불탑 양식을 살펴볼 수 있다. 프라씨라따나쩨디는 '쩨디'라 부르는 스리랑카 양식의 불탑으로 스리랑카에서 가져온 부처님의 진신사리를 모신 황금빛 둥근 탑이다. 그 옆에 있는 프라몬돕은 '몬돕'이라 부르는 태국식 불탑 모양으

—— 에메랄드 사원 상층부 테라스에 위치한 건축물들.
앞에서부터 프라씨라따나쩨디, 프라몬돕, 쁘라쌋프라텝비던.

로 사각형의 층을 이루고 있는데, 불교경장을 소장하고 있는 장서각이다. 이어서 있는 쁘라쌋프라텝비던은 지붕이 '쁘랑'이라고 하는 크메르 양식을 하고 있는데, 이곳에 짜끄리 왕조 라마 1세에서 8세까지 역대 왕들의 입상 조소상이 모셔져 있다.

사원을 둘러싼 회랑 내부의 벽면에는 인도의 대서사시인 『라마야나』의 태국어 버전인 『라마끼안』의 장대한 스토리가 화려한 벽화로 그려져 있다. 라마의 영광이라는 뜻을 지닌 『라마끼안』은 선과 악으로 상징되는 프라람과 톳싸깐이 세상에서 가장 아름다운 여인 시타로 인해 전쟁을 벌인다는 이야기다. 이 이야기는 '정의는 불의에 승리한다'는 주제를 보여주는데, 짜끄리 왕조의 왕을 지칭하는 라마는 바로 이 『라마끼안』의 라마에서 온 것이다. 왕의 혈통을 이어받지 않았던 라마 1세가 왕권의 정통성을 부여하고자 창작한 것으로 알려져 있다. 라마는 비슈누의 일곱번째 화신이다. 방콕의 이름에서도 알 수 있듯이, 라마 1세는 자신을 비슈누의 현신으로 간주한다. 벽화는 제1실에서 제178실까지 모두 178개 방으로 구성되어 있다. 라마 1세 때 처음 그려진 후 습기 등으로 벽화 일부가 떨어져나가고 변색돼 여러 번 보수 작업을 거쳤다. 또 라마 4세는 『라마끼안』 벽화의 각 장면을 설명하는 시 「크롱라마끼안」을 지어 회랑의 기둥에 붙이도록 했다. 따라서 사원에 입장해 시계 방향으로 한 바퀴 돌면 『라마끼안』 이야기 한 편을 마치 그림책을 읽듯이 글로 읽고, 그림으로 감상하는 셈이다.

라마 1세는 방콕에 새 수도를 건설해 이 왕국이 아유타야와 마찬가지로 안정되고 아름다운 곳이 되기를 희망했다. 그때부터 왕궁, 사원, 저택, 집, 상점, 도로 등이 생겨나면서 수도는 점차 활력을 띠고, 점점 확장되었다. 짜오프라야 강변을 따라 여러 마을이 생겨나면서 라따나꼬신섬은 생명력과 다채로움을 갖춘 새로운 수도가 되었고, 지금의 방콕으로 성장했다. 라따나꼬신섬은 여전히 방콕의 심장으로 다양한 인종이 평화롭게 공존하며, 문화, 건축, 종교, 생활방식에 이르기까지 과거와 근대와 현재가 어우러진 곳이다. 과거의 전통을 기반으로 살아가는 이곳 사람들이 계속해서 역사의 장을 써나갈 것이다.

〈참고문헌〉
สุจิตต์ วงษ์เทศ. กรุงเทพฯ มาจากไหน. กรุงเทพฯ : ดรีม แคทเชอร์, 2012.
สุพรรณี. ตามรอยประวัติศาสตร์เกาะรัตนโกสินทร์. กรุงเทพฯ : แสงดาว, 2011.

━━━
신근혜_한국외국어대학교 태국어과 교수

한국외국어대학교 태국어과를 졸업하고, 동 대학원에서 태국문학 전공으로 석사 학위를 받았다. 태국 국립 쭐라
롱껀 대학교에서 비교문학으로 석사 학위를 받았고, 한국외국어대학교에서 비교문학으로 박사 학위를 받았다.
현재 한국외국어대학교 태국어과 교수로 재직중이며, 한-태 비교문학, 문학작품을 통한 태국의 사회와 문화 읽
기가 주요 연구 분야다. 논문으로는 「『쿤창쿤팬』에 나타난 꿈 모티프의 해몽 양상과 태국인의 민간신앙」「한·태
여성교훈서에 나타난 규범적 여성상 비교연구」「태국 소설 『막다른 골목』과 한국 소설 『난장이가 쏘아올린 작은
공』에 나타난 "집"의 의미 비교연구」 외에 다수가 있으며, 번역서로는 『Ditto(동감)』, 『베트남 전쟁과 태국군』 (공
역)이 있다.

바타비아,

차별과 혼종성이 공존하는

열대의 네덜란드

현재 자카르타 북부^{Kota Tua}에 해당하는 바타비아는, 17세기 이후 유럽의 아시아 무역을 주도한 네덜란드 동인도회사 무역망의 중심지였다. 성곽, 운하, 벽돌집 등 유럽 도시의 모습이 재현된 바타비아는 흔히 '열대의 네덜란드'로 불렸다. 유럽인뿐 아니라 중국인을 비롯한 다양한 종족과 문화가 동인도회사의 선박을 통해 이 도시로 유입되었다. 이들이 때로 충돌하고 때로 혼합하면서, 18세기 바타비아에는 차별과 혼종성^{hybridity}이 공존하는 사회구조가 형성되었다.

네 덜 란 드 동 인 도 회 사 ,
아 시 아 무 역 , 바 타 비 아

—

16세기에 유럽의 아시아 진출을 선도한 곳이 포르투갈이었다
면, 17세기 아시아 무역을 주도한 유럽 세력은 네덜란드였다. 1602년
결성된 동인도회사를 중심으로 한 네덜란드 상업 세력은 포르투갈 세
력을 대체하면서, 남아프리카에서 인도, 동남아시아, 중국을 거쳐 일
본에 이르는 거대한 무역망을 구축했다. 말레이시아의 믈라카, 광저우,
나가사키 등 각 지역 주요 거점 항구도시들에는 동인도회사의 사무소
와 공장이 설치되었고, 인도네시아 제도의 향료를 비롯한 많은 물품이
거래되었다.

바타비아는 17~18세기 네덜란드 동인도회사 상업 제국의 중
심지 기능을 담당했다. 동인도회사는 다른 지역에서는 주로 무역 거점
과 무역망 확보에 주력했으나 바타비아에서는 정치적, 군사적 힘을 통
해 영토를 지닌 세력으로 등장했고, 이를 통해 바타비아는 아시아 무역
망 중심지를 넘어 동남아시아에서 네덜란드 제국의 영토 확장을 위한
기지가 되었다. 그에 따라 동인도회사의 정치적 영향력이 확대되고 네
덜란드인이 증가했으며 중국인을 비롯해 다양한 인구가 유입됐다. 이
들이 빈번하게 접촉하고 교류하면서 17~18세기 바타비아에서는 독특
한 문화와 사회관계가 발생했다.

순 다 클 라 파 에 서   바 타 비 아 로

—

16세기 말부터 향료 무역을 위해 인도네시아 제도 진출을 시도하던 네덜란드는, 당시 말레이 세계(현재의 말레이시아–인도네시아) 지역 이슬람 세력과의 협력을 통해 포르투갈과 경쟁하려 했다. 포르투갈에 맞설 무역기지를 물색했던 동인도회사는 17세기부터 자바 서부 반텐 지역에 무역기지를 설치했다. 순다 해협에 접해 있으면서 인도네시아 동쪽의 향료 제도Spice Islands, Moluccas와 믈라카 해협의 경로에 위치한 이 지역은 많은 이슬람 상인이 드나드는 요충지였다.

1610년 동인도회사는 술탄의 허가를 받아 인근의 한 지역에 성을 건설하기 시작했다. 이 지역의 옛 명칭은 순다클라파Sunda Kelapa였는데, 16세기 이후 자바섬에서 이슬람이 확산되고 술탄 왕국의 지배를 받으면서 자야카르타Jayakarta라는 이름으로도 불렸다. 이후 동인도회사의 팽창을 우려한 술탄이 영국과 협력해 이들을 몰아내려 했으나 실패했고, 1619년 동인도회사는 이 지역을 완전히 점령한 후 자신들 조상 부족의 이름을 따서 바타비아Batavia라는 명칭을 도입했다.

작은 지역이긴 하지만 바타비아 점령을 통해, 네덜란드는 자바섬 지역 정치의 일원이 되었다. 군사적 점령보다는 주변 정치 세력들과의 교류, 동맹을 통해 경제적, 정치적 안정을 도모하는 경우가 많았다. 포르투갈과 마찬가지로 네덜란드 동인도회사도 아시아에서 현지의 관습, 체제에 잘 적응했고, 바타비아에서는 다양한 구성원과 다양한 문화가 공존하는, 네덜란드나 자바의 다른 지역에서 보기 어려운 독특한 사회가 형성됐다.

열 대 의　네 덜 란 드

—

바타비아에 정착한 네덜란드인들은 최대한 네덜란드와 유사한 경관과 생활 환경을 재현하려고 노력했다. 대표적인 것이 운하 건설이었다. 북부 자카르타의 칠리웅강Ciliwung, 혹은 Kali Besar을 따라 네덜란드 도시와 유사하게 운하가 자리잡고, 운하를 따라 가로수와 벽돌 건물이 늘어선 모습이 17세기 이후 바타비아의 풍경이었다. 지금도 구시가지에 가면 이런 모습이 남아 있는 것을 확인할 수 있다.

건축물, 도시 계획 등에서도 네덜란드와 유사한 양식이 도입되었다. 1710년 완공된 시청을 중심으로 한 광장에 교회, 상점, 관청 건

─── 1770년의 바타비아 풍경과
     시청 건물.

─── 파타힐라 광장의 구시청 건물(현 자카르타 역사박물관) ⓒ여운경

물이 늘어섰다. 건물 대부분은 열대지방의 높은 기온에 대비해 흰색으로 지어졌다. 이 건물들 다수는 그림에서만 볼 수 있지만, 일부 건물은 지금도 자카르타 북쪽에 형태가 보존되어 있다. 당시의 광장이 현재 구시가지 중심지인 파타힐라Fatahillah 광장이다. 대표적인 건축물인 시청의 경우, 두 차례 재건축을 거쳐 현재 자카르타 역사박물관으로 이용하고 있다.

—— 광장에서 처음에 교회가 있던 자리에 새
로 들어선 건물.

—— 이건물은 현재 그림자연극 박물관Wayang Museum으로 이용되고 있다.ⓒ여운경

　　무엇보다 바타비아는 성벽으로 둘러싸인 도시였다. 17세기 초
마타람 왕국의 공격 후 성벽과 해자를 축조했는데 기본적인 목적은 주
변 이슬람 왕국들로부터의 방어였다. 외부의 공격에 대한 두려움으로
유럽인들은 성밖 출입을 자제하는 경향이 강했다. 1684년 반텐과의 평
화조약 이후 성밖 출입이 잦아지고 반둥Bandung처럼 기후가 서늘한 곳
으로 휴양을 가기도 했지만, 여전히 유럽인들은 성내에 머무는 경우가

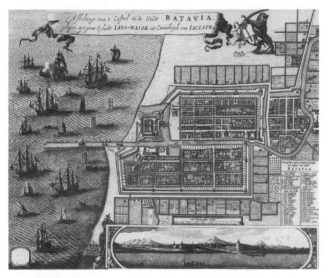

——— **1740년의 바타비아.**
현재 북부 자카르타 지역이 성벽으로 둘러싸인 모습을 보여준다.

많았다. 성내 유럽인들이 완성한, 네덜란드와 유사한 도시 풍경으로 인해 바타비아는 '열대의 네덜란드' 또는 '동양의 여왕Queens of the East'이라 불리곤 했다. 18세기 이전 바타비아의 성벽 내부는 어느 정도 고립된 요새 같은 성격을 지녔다.

성　밖　사람들
—

　　성벽과 주변의 해자는 방어를 위한 것이기도 했지만 한편으로 사회 구성원을 구분 짓는 경계 기능을 했다. 유럽인과 일부 중국인 등 그들의 조력자들은 현재 자카르타 구시가지에 해당하는 성내에 거주했

― **바타비아 성문 앞에 있던 도개교. 코타 인탄 다리Jembatan Kota Intan.** ⓒ여운경
운하를 건너는 데 이용된 교량으로, 선박들이 운하를 따라 움직이도록 다리 가운데를 들어올릴 수 있게
설계되었다. 1628년 처음 축조된 뒤 수차례 보수된, 자카르타에 남아 있는 가장 오래된 네덜란드 시기
의 교량이다.

고, 다른 이들은 성 밖에서 주로 종족 집단에 따라 분리되어 거주했다.
특히 자바인의 성내 거주를 금지했는데, 이것은 당시 서부 자바Sunda에
서 다수를 차지한 무슬림 인구를 성내에 들이지 않으려는 의도로 해석
할 수 있다.

성 내외 구성원의 종족 구성은 매우 복잡했다. 네덜란드인을
비롯한 유럽인과 경제활동을 주도한 중국인 외에 특기할 만한 사회구
성원은 유라시아인(혼혈 인구), 마르디커 그리고 노예들이었다.

'마르디커Mardijker'는 '부유함과 권력'을 뜻하는 산스크리트어의
네덜란드어식 변형으로, 말레이 세계에서는 이것이 해방된 노예를 의
미했다. '독립과 해방'을 의미하는 인도네시아어 므르데카merdeka도 같
은 어원을 지닌다. 이들은 과거 포르투갈 점령 지역 출신 노예들의 후

—— 마르디커 가족.

예다. 인종적 배경은 다양했지만 기독교 신앙을 지녔으며 포르투갈계 언어를 쓴다는 공통점을 지녔다. 이들 다수가 동인도회사에 의해 인도네시아 제도로 들어왔고, 1641년 네덜란드가 포르투갈로부터 믈라카를 획득하면서 그곳에 있던 다수의 마르디커가 포로 신분으로 바타비아로 건너왔다. 이들은 유럽인도 현지인(자바인)도 아닌 독자적 종족으로 인정받았으며, 바타비아에서 두 사회 사이의 중간자 역할을 수행했다.

한편 바타비아 건설 때 이전 주민들을 대거 내보낸 후, 네덜란드인들은 자바 외 다른 지역에서 노예를 들여와 군사, 노동, 가사 등에 이용했다. 당시 유럽인에게 노예의 수는 부의 상징과도 같아서 노예 수가 점차 증가했다. 1670년대 바타비아에는 네덜란드인 2천 명의 거의 여섯 배에 해당하는 노예가 있었다. 1757년에는 성내 거주 노예의 수

—— 발리 출신 노예.

를 1,200명으로 한정하는 규정이 생겼다. 당시 바타비아의 노예는 통상적인 개념과 차이가 있어서, 돈을 벌기 위해 자발적으로 노예 신분이 되는 경우도 있었고 처우도 나쁘지 않은 편이었다고 한다. 그러나 때로 처지에 불만을 품은 노예들이 네덜란드인을 살해하는 경우도 발생했다.

　　이들 다양한 종족 집단 중 17세기 말 최대 다수를 차지한 것은 중국인이었다. 이들은 중국과의 무역에서 중요한 역할을 했을 뿐 아니라 현지 경제와의 관계에서 중간자 역할을 했다. 1610년대 동인도회사 총수였던 쿤Jan Pieterszoon Coen은 중국인 유입 확대를 원하기도 했다. 어베야스커Abeyasekere가 17~18세기 바타비아를 "네덜란드인들이 보호하는 중국 식민지"라고 할 정도로 바타비아에서 중국인의 역할과 위상은 중요했다.

중국 상인의 증가와 경제력 성장은 동인도회사의 경계를 불러왔다. 바타비아 정부가 중국인 이주를 제한하려 들자 중국인들의 반감이 심해졌고, 이런 갈등은 1740년 무력 충돌로 이어졌다. 1740년 정부가 부도덕한 중국인들을 스리랑카로 추방하겠다고 발표하자 이에 반발한 중국인들이 바타비아 외곽 요새를 공격했다. 그리고 이에 대한 무력 대응이 무차별 학살로 확대됐다. 6천여 명의 중국인이 학살되고, 일부는 바타비아를 떠나 타지역으로 도주했다.

혼 혈 인 구 와 여 성 : 혼 종 성 과 문 화 접 변
—

지리적, 사회적으로 경계와 위계가 설정되긴 했지만 바타비아 사회의 종족적, 문화적 정체성은 복합적이었고 다양한 문화가 서로 영향을 주고받았다. 이런 경향이 나타난 이유는 서두에 언급한 것처럼 바타비아가 네덜란드 동인도회사의 중심지였기 때문이다. 과거 포르투갈 점령지의 마르디커, 상업을 주도한 중국인들뿐 아니라, 네덜란드 동인도회사의 여러 거점을 경험한 유럽인, 유럽인 혼혈 인구 등이 새롭게 유입되었다.

수에즈 운하가 개통하기 전에는 유럽에서 바타비아에 도달하기까지 10개월 이상 걸려 유럽인 여성의 비율이 극히 적었고, 혼혈(유라시안) 인구는 점차 증가했다. 이들 혼혈 인구는 남성의 경우 유럽에서 수학하거나 동인도회사의 관리가 되고, 여성의 경우 동인도회사 관리와 결혼하는 경우가 많았다.

대표적인 인물이 코르넬리아 판 네이엔로더Cornelia van Nijenroode

였다. 코르넬리아는 17세기 중반 일본 히라도Hirado에 근무하던 코르넬리스 판 네이엔로더와 일본인 여성 사이에서 태어난 딸로, 유럽식, 기독교식 교육을 위해 바타비아로 보내졌다. 그곳에서 바타비아 관리인 피터르 놀Pieter Cnoll과 결혼했다가 사별 후 네덜란드로 돌아갔다. 그녀의 사례는 17~18세기 바타비아 같은 복합적인 도시에서 종족의 위계 설정과 구분이 어렵고 때로 무의미함을 보여주며, 한편으로는 동인도 회사 무역 거점의 유럽인, 유라시아인들 간에 교류가 활발하게 이루어졌음을 보여준다.

　　바타비아의 네덜란드인 사회 역시 시간이 지나면서 유사한 변화를 경험했다. 바타비아의 네덜란드인, 유럽인들의 경우 바타비아 혹은 다른 동인도회사 거점 지역 출생자가 증가했다. 이들은 네덜란드와 유럽의 전통, 문화보다 오히려 자신들이 활동하는 아시아 사회에 익숙해진 경우가 많았다. 동인도회사의 선박은 네덜란드인 외에 다양한 유럽인과 그들보다 훨씬 많은 사람을 인도, 일본 등 다양한 아시아 지역에서 데려왔고, 이들은 인구 구성과 문화에 영향을 끼쳤다.

대표적인 예가 18세기 바타비아 총독이었던 판 더르 파라P. A. van der Parra다. 콜롬보에서 태어나 계속 동인도회사에서 일하며 아시아에 거주했던 그는 유럽보다는 아시아 사회에 뿌리를 가진 인물이었다. 파라의 취임식에 참석했던 유럽인들은, 행사에 자바인 정치인들이 대거 참석하고, '아시아식' 의례가 행해지는 것에 충격을 받았다고 한다. 바타비아는 외면적으로는 여전히 '열대의 네덜란드' 모습을 유지하고 있었지만, 내부적으로는 아시아의 무역 중심지, 문화 접변의 장이라는 성격이 강해지고 있었다.

바타비아 사회의 복합성을 보여주는 또다른 측면은 여성의 역할이었다. 앞에서 설명한 것처럼 유럽인 여성의 수는 극히 적었고, 엘리트 층 여성 다수는 유럽계 혼혈이거나 현지 여성이었다. 노예, 현지인과의 직접 접촉을 꺼리던 다수 네덜란드인 관리들은 그들의 관리를 여성(부인 혹은 첩)에게 맡겼고, 이들은 네덜란드인의 조력자, 동업자로서 그들과 바타비아의 다른 구성원들 사이에서 연결고리가 되곤 했다. 유럽 순혈주의에 대한 우려 때문에 더 많은 유럽 여성의 이주를 주장한 의견도 있었다. 하지만 혼혈 인구에 대한 거부감이 적어지면서 정부가 이들을 선호하기도 하고, 현지 사회에 대한 이해와 생존율 등을 이유로 현지 여성을 적극 기용해야 한다는 의견도 대두되었다.

—— **얼마 남지 않은 동인도회사의 유산인 목공소.** ©여운경
현재는 식당으로 운영되고 있다.

동 인 도 회 사   해 체 와   바 타 비 아 의   변 화

—

18세기까지 독자적으로 발전해오던 바타비아 사회는 19세기 들어 큰 전환점을 맞았다. 우선 1800년 동인도회사가 해체되면서 네덜란드 정부가 직접 식민지를 관리하게 됐고, 바타비아에서도 네덜란드와의 관계가 중요해질 수밖에 없었다. 이런 경향은 1870년대부터 네덜란드인 인구 유입이 증가하면서 더 심화되었다.

또다른 변화는 18세기 말, 19세기 초에 발생한 환경 변화였다. 운하와 해자, 성 주변 연못 등에서 모기가 증가하면서 말라리아가 확산됐다. 이로 인해 바타비아 성내 인구의 3분의 1이 사망하면서 '열대의 네덜란드'가 '동방의 공동묘지'가 되었다는 한탄이 등장할 정도였다. 이를 계기로 네덜란드인들은 보다 남쪽으로 도시 개발을 진행하고, 그 결과 바타비아 남쪽, 현재의 중부 자카르타 이남 지역이 본격적으로 도시

— 파타힐라 광장은 이제
모든 자카르타 주민이
여가를 즐기는 공원이
자 다양한 문화 공연이
펼쳐지는 공연장이 되
었다.

화되었다. 보고르 등 기후가 서늘한 서부 자바의 고지대 도시들이 개발
되어 관청과 휴양지가 들어섰다.

네덜란드인들이 대거 떠난 바타비아 도심에는 인근에 있던 중
국인과 다양한 종족 집단이 진입해서 거주하기 시작했다. 바타비아 거
주민들은 더욱 다양해져, 이후 출신지에 관계없이 바타비아 사람으로
서의 정체성을 지닌 브타위Betawi라는 새로운 집단을 형성한다. 18세기
전후 바타비아의 역사와 새로운 '바타비아인'의 형성은, 바타비아는 물
론 인도네시아의 복합적인 역사와 정체성을 잘 드러낸다.

〈참고문헌〉
다카시 시라이시, 『바다의 제국』, 류교열·이수열·구지영 옮김, 선인, 2011.
프랑수아 지푸루, 『아시아 지중해: 16~21세기 아시아 해항도시와 네트워크』, 노영순 옮김, 선인, 2014.
Susan Abeyasekere, *Jakarta: A History*, Oxford: Oxford University Press, 1987.
Leonard Blusse, *Visible Cities: Canton, Nagasaki and Batavia and the Coming of the Americans*, Cambridge and London: Harvard University Press, 2008.
Jean Gelman Taylor, *The Social World of Batavia: European and Eurasian in Dutch Asia*, Madison: University of Wisconsin Press, 1983.

━━
여운경_서울대학교 아시아언어문명학부 조교수
서울대학교 동양사학과와 국제대학원을 졸업하고, 미국 워싱턴 주립대학에서 동남아시아사 전공으로 박사 학위를 받았다. 1950년대 인도네시아의 사회경제적 변화에 대한 연구에서 출발해, 현재는 냉전기 인도네시아·동남아시아의 사회, 문화변동에 대한 연구를 진행하고 있다. 역서로 『작가의 망명: 인도네시아의 대문호 프라무다 아난타 투르와의 대화』가 있다.

5부

한국

술꾼으로 흥청망청한

서울의

술집 풍경

18세기 서울의 술집 풍경과 음주 풍속은 어떤 모습이었을까? 잊힌 풍경을 복원해보면 대략 이러했으리라. 수많은 술집이 주등酒燈을 휘황하게 밝혀 행인을 유혹하고, 술꾼들은 삼삼오오 술집으로 발걸음을 옮긴다. 술집은 상점 가운데 가장 큰 비중을 차지할 만큼 번창했고, 서울은 과음에 빠진 술꾼들로 넘쳐났다. 술과 안주의 과소비는 금주령을 불러왔으나 끝내 과음을 막아내지 못하였다.

한 양 제 일 의 술 집 , 군 칠 이 집
—

"담배 사려!" 외치는 소리 끊어졌다 이어지고   童謠賣草斷連聲,

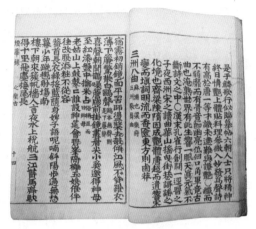

행랑에는 등불 밝혀 골목길이 환하다.　　　　　　　　燈火行廊夾路明.

한가로운 네댓 사람 팔짱 끼고 말하네.　　　　　　四五閒人交臂語,

"밤새 군칠이 집에 술을 새로 담갔다더군."　　　　夜來君七酒新淸.

－「저녁에 종루 거리를 지나가다 짓다暮過鐘樓街上口占」 제3수, 『취사당연화록取斯堂煙華錄』

　　1766년 어느 봄날 남대문 밖 약현藥峴에 사는 양반집 선비 서명인徐命寅은 유사온兪士溫이란 친구와 이야기를 나누다가 집으로 돌아가고 있다. 날이 저물어 남산은 작은 달을 토해놓고 종루에서 저녁 종소리가 퍼진다. 청계천을 거치고 종로 사거리를 들러서 남대문을 거쳐 나가려는데 인파가 몰려들어 흰옷 입은 군중에 휩쓸린다. 길게 이어진 시전市廛을 따라 취객들이 나타나고 곳곳에서 풍악에 맞춰 기생들의 노랫가락이 섞여 들려온다.

　　인구 800만의 조선에서 한양은 8만 가구 30만의 주민 수를 자랑하는 대도회지였다. 종로(당시는 운종가雲從街)는 18세기뿐만 아니라 조선왕조 내내 그리고 근대 이후 20세기 후반까지 경제와 문화의 중심지 역할을 놓지 않았다. 그 중심은 종로 사거리였다. 어둠이 깔리는 거리에선 여전히 담배 사라는 외침이 띄엄띄엄 요란하다. 행랑마다 등불이 켜지고 어울려 지나던 한 무리 사람들이 쑥덕대는 소리가 들려온다.

"지난밤 군칠이 집에 술 새로 담갔겠지?"

술꾼 네댓 명이 한산 걸치자는 제안이다. 틀림없이 그들은 군칠이집에서 코가 비뚤어지도록 술을 마셨을 것이다. 도회지 번화한 풍물을 읊은 짧은 시는 흥미로운 정보를 담고 있다. 1766년경 종로에서 청계천 쪽 가까운 곳에 이름만 대면 누구나 아는 유명한 술집 '군칠이집'이 있었다는 사실이다. 시인은 마지막 구절에 "여자 군칠君七과 남자 군칠이 있는데 모두 큰 술집酒家으로 서울에서 명성이 자자했다"라고 부연하여 설명했다.

이 술집은 작은 주막이 아니라 술을 많이 빚는 대양大釀 가운데 첫 손가락에 꼽는 곳이었다. 적어도 18세기 초반부터 명성을 누렸고, 1766년 무렵에는 여자 군칠이집과 남자 군칠이집으로 확장 또는 분가하였다. 명성이 너무 높아 너도나도 군칠이집이라는 이름을 걸고 술장사를 했다. 그로부터 100년 뒤 한양에서 군칠이집은 술집을 가리키는 일반 명사로 쓰였다.•

군칠이집은 술독이 100여 독 넘는데다 각종 안주를 함께 파는

• 군칠이집은 유만공柳晚恭의 『세시풍요歲時風謠』와 이운영李運永의 『瀨尾編』을 비롯한 각종 기록에 등장한다. 유만공의 『세시풍요』(『閭巷文學叢書』 10책, 여강출판사, 1991) 222쪽, "藉藉當年君七家, 至今街肆借名多. 西京冷酒松京炙, 倣樣來難奈爾何"에 대한 주에서 "주사酒肆에는 옛날에 군칠이라는 것이 있는데 술을 잘 빚어 이름이 떠들썩하게 났다. 그래서 지금도 술집 하면 군칠이집이라 한다(酒肆古有君七者, 以善釀騰名. 至今酒家曰君七家)"고 했다. 한편, 이운영은 부유한 역관이 기녀의 환심을 사기 위해 호사를 부리는 대목에서 "남자 군칠 여자 군칠 집에서 각양각색의 어육魚肉을 사온다(買來男君七 · 女君七各樣魚肉)"라고 묘사했다.

큰 주사酒肆였다. 이 집은 개장국 요리를 잘해서 그 명성이 자자했다. 군칠이집은 술맛으로도 주객을 사로잡았지만 개장국을 주 안주로 하여 갖은 어육魚肉 안주로 술꾼의 입맛을 사로잡았다. 수많은 기록에 이 집은 한양 술집과 음식점의 상징으로 나타난다. 19세기 장편소설 『남원고사』(『춘향전』 이본)에 남원 한량들이 수작할 때 부채질하는 왈자曰者를 책망하며 "이 자식아! 네가 군칠이집 더부살이 살 제 산적 굽던 부채질로 사람을 기가 막히게 부치느냐?"라는 대목이 나온다. 군칠이집은 술을 빚고 음식을 파느라 '중노미' 또는 '더부살이'라고 불리는 고용인을 많이 썼고, 훗날 군칠이집 더부살이라는 말은 술집 중노미 노릇을 가리키는 말로 굳어질 만큼 큰 명성을 누렸다.

한 양 가 게 의 절 반 은 술 집

—

　군칠이집 외에도 한양에는 규모와 종류가 다른 술집이 매우 많았다. 군칠이집만큼은 아니라도 수십에서 100여 개 넘는 술독을 보유하고 술을 파는 큰 술집이 있었다. 또 중소 규모의 술집도 곳곳에 포진하고 있었다.

　특이한 상점으로 은국전銀麴廛이 종로 시전 거리에 있었다. 이름이 말해주듯이 조정에 역을 지는 시전의 하나로, 술을 빚어 파는 이들에게 술의 원료인 누룩을 독점적으로 공급하는 일종의 도가都家였다. 그런 만큼 은국전은 시전의 특권을 누려 주류 판매의 주도권을 장악한 것으로 보인다. 하지만 그런 특권을 마음껏 누리지는 못했다. 누룩을 파는 중소 규모의 난전亂廛이 많았지만 그것을 막는 데 한계가 있었다.

그래서 술집에서는 규모를 가리지 않고 자유롭게 누룩을 만들어 술을 빚었다.

술집은 한양 상권에서 가장 번성한 업종의 하나였다. 수많은 술집이 서로 술맛과 음식맛으로 경쟁했다. 몇몇 기록을 통해 당시 정황을 짐작해보자. 정조 대 후반 초계문신抄啓文臣으로 활동한 이면승李勉昇은 술 제조 금지에 관한 논란을 논한 「금양의禁釀議」에서 한양의 술집 현황을 다음과 같이 묘사했다.

> 말단의 이익을 추구하는 방법으로는 양조업이 가장 많고, 양조하는 곳은 경성京城에 가장 많습니다. 지금은 골목이고 거리고 술집 깃발이 서로 이어져 거의 집집마다 주모요 가가호호 술집입니다. 그러니 쌀과 밀가루의 비용을 날마다 만 냥 단위로 헤아리고, 푸줏간과 어시장의 고깃덩어리와 진귀한 물고기, 기름과 장, 김치와 채소 등 입에 맞고 배를 채울 먹을거리의 절반을 아침저녁의 술안주로 운반해 보냅니다. 온갖 물건값이 이로 말미암아 뛰어오르고, 도회민이 그 때문에 고통을 겪고 있습니다. 그 밖에 소송이 빈발하고 풍속이 퇴폐해지는 현상은 일률적으로 논할 수 없습니다.
>
> —이면승, 「금양의」, 『감은편感恩編』, 규장각 소장 사본.

한양의 시장과 골목이 술과 안주를 소비하며 흥청망청하는 술집으로 도배된 풍경을 폭로하고 있다. 글의 성격상 어느 정도 과장되었다 하더라도 실상을 크게 왜곡한 것은 아니다. 그는 같은 글에서 한양성 안에 있는 술집酒戶이 수천 호이고, 그 술집에 종사하거나 연관되어 있는 호구戶口가 수만 명에 달한다고 적었다. 그 숫자는 한양성 전체 인

구의 10분의 1에서 10분의 2에 이르는 엄청난 비중이다. 과장이 있다
손 치더라도 경악할 만한 수준이다.

　　18세기 후반의 상황이지만 18세기 초반 역시 근본적으로는 다
르지 않았다. 『승정원일기』 1734년 11월 22일자를 보면, 1728년 형조
판서 서명균徐命均이 영조에게 보고한 내용에서도 비슷한 현황이 보고
되기 때문이다. 그의 보고에서는, 당시 한양 도회민의 생계가 어려워
지자 술집에 종사하는 이가 크게 늘어 여염집에서 주사가 10 중 7 내
지 8이 되고 그들이 빚는 술의 양이 많게는 100여 섬斛이며, 아무리
적어도 60, 70섬 아래로는 내려가지 않는다고 했다.

　　서명균의 보고는 특히 금주령 실시를 주장하기 위한 목적이 있
기에 과장이 상당히 가해졌다고 보는 것이 옳다. 그래도 술집이 상가에
서 차지하는 비중이 지나치게 많았다는 실상이 바뀌지는 않는다. 술집
의 숫자가 지나치게 많다는 생각은 특정한 몇몇 사람이 아니라 다수가
공유하는 의견이었다. 성호 이익 역시 『성호사설』에서 큰 거리의 상점

가운데 절반이 주점임을 개탄하고 있다. 그렇게 보면, 술집은 한양 어디를 가든 마주치는 도회지 풍경의 핵심과도 같았다. 서울의 풍경과 풍속을 장편시로 쓴 일련의 「성시전도城市全圖」 작품마다 한양 거리 풍경의 하나로 술집을 빠트리지 않고 묘사한 것에서도 그 사실을 확인할 수 있다. 몇 가지 예를 들면 다음과 같다.

가련타! 광통교 색주가色酒家는 　　　　　　　　可憐通橋色酒家
별자別字 쓴 등을 걸고 탁자를 늘어놓았네. 　　別字燈掛列卓匜
　　　　　　　　　　　　　　　　　　　　　　　　　　　　　　—신관호

홍등은 후란교를 뒤덮고 　　　　　　　　　　　　紅燈冪歷后欄橋
잘 익은 새 술은 맑고도 맛이 좋네. 　　　　　　發醅新醪淸且旨
　　　　　　　　　　　　　　　　　　　　　　　　　　　　　　—서유구

오리 거위 한가롭게 제멋대로 쪼아대는   舒雁舒鵝恣呷唼
물가 주막에는 술지게미 산더미일세.   酒家臨水糟爲壘
                                                    ―박제가

살구꽃에 주렴 드리운 집은 누구의 술집인가?   杏花簾箔誰家樓
초록 술깃발이 바람에 펄럭이네.   淡碧酒旗風旆旎
                                                    ―김희순

    시마다 서울의 독특하고 인상적인 술집 풍경을 묘사하고 있으
나 묘사 대상이 똑같지는 않다. 그 가운데 공통적인 특징 하나가 바로
술집임을 알려주는 표지로 주등이 걸린다는 점이다. 한양에서는 깃발
보다 등으로 술 파는 곳임을 표시하였다. 1743년의 상소문에서 "도성
의 술집은 곳곳에 등을 달아 걸고 있다都城酒家 處處懸燈"라고 말한 것을
봐도 이를 확인할 수 있다. 19세기 전반기에 그려진 〈태평성시도〉에서
도 술집은 주등으로 표시된다.
    한편, 신관호는 술집 가운데 색주가를 인상적인 풍경으로 묘사
했다. 색주가는 일반 술집과 달리 기생이 술시중을 드는 특별한 술집이
다. 기생이 술을 따르고 심지어 매음까지도 하는 색주가는 고급 술집의
하나였다. 색주가의 술 파는 방식은 점차 일반 술집에까지 영향을 미치
게 된다.
    광통교에 있는 색주가가 많이 거론되는 것은 가장 번화하고 고
급스러운 술집 거리가 그곳에 형성되었음을 뜻한다. 실제로 무일푼의
타지 사람이 광통교에 큰 술집을 열어 많은 돈을 벌어들인 사례를 찾아
볼 수 있다. 다음은 정조 순조 연간의 저명한 문인 심노숭이 밝힌 기록

—— 김홍도, 〈기방쟁웅妓房爭雄〉, 국립중앙박물관 소장.
기생집 안팎의 풍경을 그린 그림으로, 당시 기생이 술시중을 드는 술집의 풍경으로 추정된다.

이다. 『효전산고孝田散稿』 「이후록胎後錄·치산治産」에 실려 있는 그 내용은 다음과 같다.

갑술년1814에 큰 기근이 들었다. 을해년1815 봄 나는 새벽마다 형조에 출근하였는데 형조 문밖의 작은 집안에서 콩죽을 파는 사람을 보았다. 오가는 길에 보았더니 남자나 그 아낙이 새벽종이 치면 일어나서 잠시도 앉아 있지를 않았다. 병자년1816 봄에 홀연히 보이지 않았다. 형조 소속 아전에게 물었더니 이렇게 답을 했다.

"그 사람들은 본래 평강 백성인데 고향을 떠나 서울로 흘러들어와 몇 냥의 돈을 구해 죽을 팔았는데 한 해 만에 수백 냥을 벌었습니다. 광통교 아래에 기와집을 사서 지금 한창 큰 술집을 열어 날마다 수십 냥의 돈을 벌어들인답니다."

홍씨의 계란과 평강 사람의 콩죽이 무슨 수로 사람을 부유하게 만들었으랴? 부유함은 두 사람의 성실함과 근면함에서 얻어졌으니 재산은 성실함과 근면함이 아니면 불어나지 않는다.

글의 취지는 재산이란 성실함과 근면함에 바탕을 두어야 불릴 수 있다는 데 있다. 그런데 콩죽으로 출발한 장사 덕분에 재산이 늘어나자 큰 술집으로 종목을 바꾸었다. 밑천을 가진 자가 큰돈을 벌고자 하면 역시 술장사밖에 없고, 날마다 수십 냥씩 돈을 버는 큰 술집을 할 만한 장소는 역시 광통교가 제일이라는 통념을 엿볼 수 있다.

서울 안에서 술은 대단히 많이 소비되었고, 그에 따라 술 제조 명산지도 부각되었다. 당시에는 남주북병南酒北餅이란 말이 성행했다. 서울 남촌 지역에서는 술을 잘 빚고 북촌에서는 떡을 잘 빚었다는 말이다. 도성 남쪽에서도 남산 밑의 장흥방長興坊과 회현동에서 빚은 술을 제일로 쳤다. 그 술맛은 빛깔과 맛이 좋아서 한 잔만 마셔도 불콰해지고 술에서 깨도 목이 마르지 않았다. 장흥방에 거주한 자하紫霞 신위申緯는 자기 마을에서 나는 술은 전국에서 가장 빼어난 명주요 사람을 나른하게 하는 요물이라며 자부심을 표현했다.

금 주 령 시 대

—

18세기 술집의 역사에서 가장 큰 사건은 두말할 나위도 없이 금주령이다. 금주령은 상시常時로 술을 경계하거나 거리에서 술주정을 금하는 것이 있고, 가뭄과 홍수 시기에 내리는 비상시적 금주령이 있다. 조선 왕조에서는 초기부터 19세기까지 금주령이 비상시적으로 빈번하게 실시되었다. 그런데 18세기에는 다른 어떤 시기와도 비교할 수 없는 기이한 현상이 벌어졌다. 다름 아닌 영조의 특별한 금주령 정책 때문이다. 영조는 왕위에 오른 직후부터 통치 기간 거의 대부분 동안 빈번하게 금주령을 내렸다. 영조 치하 한양에서는 상당한 기간 동안 술의 양조와 매매가 금지되었다.

영조는 척결하고자 하는 세 가지 주요 문제를 통치 기간 내내 강조했는데 바로 붕당, 사치, 숭음이었다. 다른 국왕과 달리 유난스러운 것이 숭음, 곧 술의 숭배를 경계하는 시정 방침이었다. 숭음의 배척은 바로 금주령으로 나타나, 음주를 경계하고 나아가 술의 제조와 판매, 음주를 처벌하는 실질적 금지 방안을 내놓았다. 영조 대에는 술이 기호의 문제를 벗어나 형법에 저촉되는 범죄로 인식되는 안건으로 변했다.

영조는 사치 행위와 흡연을 싫어해 다양한 사치 근절책을 내놓고 금연책을 강력하게 시행하기도 했다. 금주령은 그와 같은 영조의 시책과 궤를 함께하는 정책이었다. 금주령 실시 이전에는 한양 가게의 절반에 육박하던 주점이 금주령 때문에 대거 폐업하는 사태가 벌어졌다. 영조 대 한양의 술집 현황과 금주에 대한 국왕의 의지를 보여주는 생생한 자료가 전한다. 영조 10년¹⁷³⁴ 11월 22일 창덕궁 희정당熙政堂에서 야대夜對를 진행하던 중 영조는 검토관檢討官 김약로金若魯와 다음과 같은 대화를 나누었다.

> 김약로: 시골은 술을 금하기가 쉽고 시장의 술은 탁주에 불과합니다. 경성의 경우에는 한 집에서 빚는 술이 거의 백 석에 이르고, 이것으로 치부致富합니다. 때때로 엄금하는 것 외에는 다른 방법이 없을 것입니다.
>
> 영조: 지금은 대궐문에서 지척 되는 거리 곳곳까지 모두 주등이 걸리니 저번에 풍원부원군(조현명)이 말한 사실과 어긋나지 않는다.
>
> 김약로: 근래 주등이 대궐문 지척에 퍼진 정도는 아무것도 아닙니다. 경성 내외로 말씀드리면 열에 여덟아홉이 술집입니다.
>
> 영조: 때때로 대궐 안에서 높은 곳에 올라가 멀리 바라보면 주등이 대단히 많다. 그렇다고 그 점을 민망히 여겨 금주를 실시한다면 삼사三司의 아전 놈들이 여항에서 폐단을 일으킬 테니 이것이 난처하구나.
>
> −『승정원일기』 790책, 영조 10년¹⁷³⁴ 11월 22일.

영조가 신하들과 서울 안 술집의 현황을 놓고 주고받은 대화가 적지 않은데 흥미로운 내용이 많다. 당시 가장 중요하고 번화한 거리의 하나였던 돈화문로 궐문 밖까지 술집이 대거 침투하고, 경성 안팎 특히 마포를 비롯한 상업 중심지 경강京江에는 술집 거상들이 많았다. 영조는 궐안 높은 지대에서 주등으로 뒤덮인 한양 밤하늘을 바라보며 숭음하는 무리에 대한 증오심을 키웠던 듯하다. 다른 신하에게는 성균관 주변은 밤이면 일찍 등불을 끄고 자는데 유독 멀리서 보이는 것은 주등뿐이라며 한심한 꼴에 개탄을 금치 못했다. 불을 켜놓고 공부해야 할 선비들은 잠을 자고 술집 등불만 켜져 있는 현상을 몹시 못마땅해한 것이다.

특히, 1755년부터 1766년 무렵까지는 국가의 모든 전례에서 술을 배제하는 등 물샐틈없는 금주령을 시행해 전국에서 술의 제조와 음주가 원천적으로 금지되었다. 영조는 1757년과 1762년 각각 「어제계주윤음御製戒酒綸音」과 「어제경민음御製警民音」을 한글로 반포해 음주를 경계하기도 했다. 강력한 시책의 결과 형벌을 당하는 이가 속출하고 처형을 당하는 관료까지 등장했다. 그 때문에 누룩을 생산하여 판매하는 시전인 국전麴廛이 폐지되었을 뿐만 아니라 한양에서 문을 닫는 술집이 속출했다. 그 무렵 한양 술집에서는 주등이 꺼져 술꾼들에게는 견디기 어려운 고통스러운 암흑시대가 연출되었다.

영조가 전반적으로 규제를 통해 사회의 안정을 꾀하고자 했다면 그 손자 정조는 정반대 태도를 보였다. 가뭄 때문에 금주령을 잠시 시행한 적은 있으나 전반적으로 규제를 철폐하는 쪽으로 정책 방향을 취했다. 왕위에 오른 뒤 바로 국전을 은전銀廛과 통합해 시전의 하나인 은국전으로 복구했다. 또 중소 상인들이 한양에서 자유롭게 술을 판매

할 수 있도록 허용했다. 영조 시대에 크게 위축되었던 주점 경기는 정조 대에 과거의 호황을 다시 누렸다. 정조가 왕위에 오르면서 한양 술집에서는 주등이 다시 휘황한 불빛을 발산했다. 지금 전하는 그림 가운데 술집 풍경이 빈번하게 화려한 모습으로 그려진 시기가 대체로 정조 치하와 겹친다. 이는 술을 대하는 국왕의 태도와 무관하지 않다.

정조의 규제 철폐가 술꾼들에게는 환호작약할 일이었으나 다른 사람들에게는 환영할 만한 일이 아니었다. 폭음과 과음이 사회와 가정에 끼친 폐해가 상당히 심했고, 술 과소비로 인한 경제적 문제 역시 만만치 않았다. 그런 탓에 18세기 내내 금주령 내지 술 소비 억제책을 요구하는 사대부들의 요구가 끊임없이 제기되었다. 금주령을 최소한으로 자제한 정조 시대에도 풍속이나 농업 진작 문제를 다룬 상소에서는, 으레 금주를 근본적인 문제 해결책으로 보거나 이를 부차적인 요구사항으로 제시했다. 금주를 요구하는 주장에 대해 정조는 대체로 술의 폐해가 있더라도 이는 법으로 다스릴 문제가 아니며 그러한 주장은 시무時務를 모르는 서생의 고지식한 주장이라 했다. 음주 문제를 사회나 경제, 산업과 연결시켜 보는 이들과 달리 서로를 분리해서 보려는 태도를 취한 것이다. 그 밑에는 아무리 강력하게 억제해도 술 소비가 줄지 않을 것이라는 판단이 깔려 있었다.

빈번하게 음주의 폐해가 제기되자 정조는 금주령 시행 안건을 초계문신에게 시험 문제로 내기도 했다. 그에 대해 홍석주洪奭周와 이면승이 「금양의禁釀議」를 제출했고, 홍석주가 장원을 차지했다. 두 사람 모두 금주령의 전면적 실시를 반대했다. 분명히 정조의 의중을 파악하고 내린 결론일 것이다. 명문장가 연암 박지원도 「주금책酒禁策」을 지어 의견을 제출했는데 아깝게도 그 글은 현재 전하지 않는다. 태호太湖 홍원

섭洪元燮 같은 이가 연암의 글 가운데 가장 낫다고 평가한 글이다. 술을 금할 것인가 허용할 것인가 하는 문제는 국가적 차원의 안건으로 18세기 내내 거론되었다. 이에 대해서는 지식인들 사이에서도 첨예하게 의견이 갈렸다.

주 모 와   취 객
—

18세기에 금주령이 그렇게까지 문제가 된 이유는 조선 사람이 술을 많이 마신 데 있다. 18세기 살인 사건의 동기로 음주는 치정 다음으로 많았고, 음주로 인한 사망사고도 적지 않았다. 남녀노소 따질 것 없이 술을 즐겼고, 아동도 열 살 이전부터 술을 마시기 시작했다.

전국적으로 탁주와 소주燒酒를 널리 빚어 마셨는데 갈수록 독한 술을 선호하여 18세기에는 아이들도 소주를 즐겨 마신다는 개탄이 나올 정도였다. 평양의 홍로주, 여산의 호산춘, 개성의 삼후주 같은 명주가 각 지역에서 명성을 누렸고 서울에도 유통되었다. 한양 술꾼의 풍미를 돋우는 한양의 술로는 소국주小麴酒를 가장 많이 꼽았다.

큰 술집은 중앙 관서의 아전이나 기생, 일반 서민이 운영했다. 색주가는 기생이 술을 따르는 술집으로 인기를 누렸다. 본래 한양 술집의 주된 이용자는 중인 이하 신분이었다. 한양 술집의 풍경과 술꾼이 풍기는 멋은 독특한 정취가 있었다. 19세기 중반 기록에서 다음과 같이 묘사되고 있는데 18세기에도 다르지 않았을 것이다. 서경순徐慶淳이 청나라에서 술을 마시다 한양의 술집을 그리워하며 말한 대목이다.

각전各殿 별감과 정원政院 사령, 그리고 각 집안의 청지기 무리들이 호박풍잠琥珀風簪에 수사세립水紗細笠을 쓰고 반쯤 취해서 비틀비틀 길을 간다. 해가 서산에 지고 까막까치가 날개를 접고 내려앉을 무렵 한 패 두 패가 종로 앞길이나 의금부 뒤쪽에서 만나면 부득불 색주가로 몰려가 한잔 걸치지 않을 수 없다. 술잔을 잡고 노래를 부르며 성명을 주고받고 말을 섞을 때 경우가 맞지 않는다고 그중 한 놈이 대뜸 객기를 부려 주먹을 휘두르고 발길질을 해대며, 술상을 쳐 박살 내고 닥치는 대로 치고받는다. 이것이 부랑자 건달, 난봉꾼들의 제일가는 통쾌한 일이다. 중국인들은 이런 멋을 모르니 결함이라 하겠다.

—『몽경당일사夢經堂日史』

당시 한양 유흥가의 주인이나 이용자가 누구인지, 그들은 어떻게 술을 즐기고 놀았는지 잘 보여준다. 술집의 핵심 고객은 중인과 서민이었다. 반면에 양반들은 보통 술집에서 술 마시기를 꺼렸고, 특히 밤에는 술집에서 술을 마시지 않았다고 한다. 하지만 그런 경계도 점차 무너져 양반들도 술집 출입이 잦아졌다. 양반이 술집을 찾은 기록들이 18세기 들어 자주 나타나는데 그들이 술집에서 술을 사 마시고 취해 거리를 돌아다니는 장면을 연암 박지원은 「취하여 운종교雲從橋를 거닌 기록」에서 재미있게 묘사했다.

그 실상을 담정薄庭 김려金鑢가 잘 보여준다. 대표적인 경화세족 양반 출신인 담정은 서울 술집 주모들과 잘 어울려 술을 마셨다. 담정은 그들에게 시를 주거나 주모의 죽음을 슬퍼하는 시를 남기기까지 했다. 동대문 밖 널다리에서 40년 동안 과객에게 술을 팔던 이초랑李楚

—— 김홍도, 〈점심〉, 국립중앙박물관 소장.
일하는 중에 점심을 즐기는 평민들의 모습을 담은 그림이다. 반주를 즐기는 일꾼과 술을 따라주는 소년의 모습에서 술이 우리 생활에서 큰 비중을 차지한 실정을 짐작할 수 있다.

김홍도, 〈주막〉, 국립중앙박물관 소장.

초가집으로 된 시골 주막의 모습으로, 당시 주막의 풍경을 추정할 수 있다.

娘과도 어울렸고, 호남 출신 기생 은애銀愛가 동대문 안 인수교仁壽橋에 차린 술집에도 자주 출입했다. 또 청계천가에서 술집을 하던 주모 이씨와도 친하게 지냈다. 화사하게 차려입고 오랫동안 그 자리를 지키며 술집을 하던 주모가 죽자 김려는 애도하는 시 10수를 지어주었다. 그중 두 수를 보면 다음과 같다.

광희문 안 두 다리 남쪽에　　　　　光熙門內二橋南
고운 문 구슬 난간이 푸른 못가에 있었네.　繡戶珠欄倚碧潭
주모와 즐기던 장소를 말하려 하니　　欲說阿娘行樂地
처연한 눈물이 나도 모르게 적삼을 적시네.　不堪凄淚滿輕衫

때 못 만나 기구한 병든 수재가	歷落嶔崎病秀才
나귀 타고 터벅터벅 주렴 걷고 들어가네.	靑驪倦踏綠帘開
술이 어찌 사탕 같은 맛이 있어서랴!	何曾酒有砂糖味
주모의 의기를 사랑해서 찾아갔네.	爲愛孃孃意氣來

늙은 주모가 죽자 시를 열 수나 지어 애도했는데 인간적 교감이 깊지 않고서는 있을 수 없는 일이다. 시를 읽으면 출세하지 못한 양반 문사가 찾아가 주모와 대화를 나누며 술을 마시고 거기에서 큰 위로를 받는 술집 풍경이 그려진다. 한두 해가 아니라 수십 년 동안 단골 손님과 주모의 관계가 길게 유지되고 있다. 담정은 주모와 술꾼의 관계를 서슴없이 그려냈는데 다른 양반 문인들은 설령 그런 단골 술집과 주모가 있었다 해도 글로 써서 밝히지 않았다. 양반이 피해야 할 행위였기 때문이다. 그렇더라도 실제로는 김려가 묘사한 단골 술집이 18세기 당시 많은 술집 풍경의 하나였을 것이다.

〈참고문헌〉
『승정원일기』, 국사편찬위원회 한국사데이터베이스.
안대회, 『담바고 문화사』, 문학동네, 2015.
안대회, 「18세기 奇詭尖新 漢詩의 한 양상—徐命寅의 『取斯堂煙華錄』을 중심으로」, 『한국한문학연구』 45집, 한국한문학회, 2010.

안대회_성균관대학교 한문학과 교수
조선 후기 한문학의 감성과 사유를 대중적인 필치로 풀어내 역사 속 우리 선조들의 삶과 지향을 우리 시대의 보편적 언어로 바꿔 생생하게 보여준다. 저서로 『18세기 한국한시사 연구』 『선비답게 산다는 것』 『벽광나치오』 『궁극의 시학』 『담바고 문화사』 『내 생애 첫 번째 시』 『조선의 명문장가들』 『정조의 비밀편지』 등이 있으며, 역서로는 『북학의』 『산수간에 집을 짓고』 『소화시평』 『주영편』(공역) 등이 있다.

세계 변화의 조짐을 보여준

서울의

소설 열풍

소설은 근대의 장르요, 도시의 장르다. 근대는 소설과 함께 성장했고, 소설은 도시와 함께 성장했다. 근대가 되어 더욱 커진 도시에 낯선 사람들이 모여들어 새로운 이야기를 만들어냈고, 타인의 삶에 대한 궁금증이 커진 사람들은 소설을 통해 그 갈증을 해소했다.

소설은 여성의 장르이기도 하다. 소설의 성장에 남성의 기여가 아주 없지는 않았으나 여성의 역할은 더욱 크고 중요했다. 여성 독자의 비중이 높았을 뿐만 아니라 여성 작가도 나타나 소설의 질적 변화를 이루었다. 다른 분야에서 역할이 상대적으로 미약했던 근대 이전 또는 근대 초기 여성들의 상황을 감안할 때, 여성의 역할이 더욱 두드러지는 영역이 소설이었다. 남성들은 술판이다 도박판이다 기생집이다 활터다 자유롭게 다니며 놀고 뜻을 펼 수 있었지만, 여성은 사회적 지위가 낮고 활동에 제약이 많았으니 소설이 거의 유일한 출로였다. 이런 상황에서 소설에 푹 빠진 여성 소설 열독자熱讀者가 나온 것은 필연적이라 할 수 있다.

18세기 서울에 소설 열풍이 불었다. 하루에 수십 권의 소설을 읽는 열독자가 나타났으며, 소설책을 베껴 빌려주는 세책집이 등장했고, 소설 출판은 물론 길거리와 시장에서 소설책을 읽어주는 낭독자가 나왔다. 서울을 중심으로 조선은 소설을 통해 하나의 독서 공동체로 묶여나갔고, 이는 세계 변화의 조짐으로 읽히기도 했다.

소 설   열 독 자

—

황종림黃鐘林이 돌아가신 양어머니 여산 송씨를 위하여 쓴 「선부인어록先夫人語錄」에는 송부인이 소설을 읽을 때 "열 줄을 한 번에 읽어내리고 하루에 수십 권을 보기도 했다"고 했다. 송부인이 이렇게 소설을 읽던 시기는 18세기 말이다. 보통 세책집에서 빌려주는 소설의 한 면에 열 줄 남짓의 글이 위에서 아래로 필사되어 있다. 그러니 송부인은 한 번에 한 면을 쭉 읽어내렸다는 말이다. 지렁이가 기어다니는 듯 흘려쓴 알아보기 어려운 한글 필사본 소설을 한눈에 한 면씩 척척 읽어내려가는 모습이 경이로웠던 것이다. 이렇게 해서 보통 한 권 40장 이상 되는 분량의 소설을 하루에 수십 권 읽기도 했던 것이다. 눈동자를 빨리 굴려 이렇게 읽을 수 있었겠지만, 상투적인 소설 내용을 이미 상당 부분 숙지하고 있었기에 가능한 일이다.

소설 열독자는 송부인만이 아니었다. 유만주俞晚柱. 1755~1788는 『흠영欽英』이라고 이름을 붙인 자신의 일기에서 비슷한 말을 했다. "'열 줄을 한 번에 내리 읽는다十行俱下'는 말의 뜻을 정확히 모르겠다. 하지만 부녀자들이 말하는 것을 들으니, 한글소설을 잘 읽는 사람은 십여 행을 일시에 소리 내어 읽지는 못하더라도 눈으로 보고 이해하며 읽어 내려간다고 한다." 한문 독서권에서 전해오는 '십행구하'라는 말의 의미를 당대 여성들의 한글소설 독서 태도를 통해 짐작했다는 것이다. 유만주는 주로 여성들이 읽는 한글소설이 수만 권 또는 다섯 수레에 그치지 않는다고도 했다. 엄청난 수의 한글소설이 서울을 중심으로 조선에 유통되고 있었던 것이다.

이규상李圭象은 이런 세상의 변화를 「세계설世界說」이라는 글에 적어놓았다. 글에서 그는 세계사의 흐름을 음양陰陽의 반복으로 설명하며 양에 속하는 한문에 비해 음에 속하는 한글의 사용이 종전보다 배나 늘었다고 하면서, 조만간 한글이 조선의 '공행문자公行文字'가 될 것이라고 예견했다. 말기까지도 조선의 공식 문자는 한자였는데 이규상은 100년 앞서 변화를 예언했던 것이다. 당시 중요한 공적 혹은 사적 문서는 모두 한문이나 한자를 빌린 이두를 사용해 적었고, 한글은 특별한 경우가 아니면 사용하지 않았고 사용할 수도 없었다. 그런 한글이 곧 조선의 공식 문자가 될 것이라 예언할 만큼 한글 사용이 늘었다는 것이다. 그런데 한글 사용의 폭발적 증가를 이끈 주역이 무엇인지 묻는다면, 의심의 여지없이 소설을 지목할 수밖에 없다. 위에서 소설과 한글의 성행을 말한 사람들은 모두 서울 사람이다. 18세기는 한글소설의 시대였고, 그 중심은 서울이었다.

세책집의 등장

—

18세기 초 서울에 세책집이 처음 등장했다. 17세기 이후 급격히 성장한 소설 수요를 감당하기 위해 나타난 새로운 유통 방식이 세책이다. 아는 사람에게 소설을 빌려 베껴 보는 방식으로는 늘어난 수요를 감당할 수 없게 되니, 소설을 베껴 돈을 받고 빌려주는 집이 생겨난 것이다. 채제공蔡濟恭이 죽은 아내가 베낀 『여사서』라는 책의 유전流轉에 대해 쓴 「여사서서女四書序」는 세책의 등장을 처음으로 보여준다.

> 가만히 보니 근래 여자들이 다투어 하는 일이 소설稗說 숭상으로, 소설은 날로 달로 증가하여 종수가 100종 1000종이나 되었다. 세책집儈家에서는 소설을 깨끗이 필사하여 빌려보는 자에게 값을 받아 이익으로 삼는데, 부녀자들은 식견이 없어서 비녀나 팔찌를 팔기도 하고 동전을 빚내기도 하여 다투어 소설책을 빌려 긴 날을 소일하고자 하니, 이로써 음식이나 술을 어떻게 만드는지, 또 베 짜는 일은 어떻게 해야 하는지도 모르게 되었다.
>
> 그런데 부인[동복 오씨]은 홀로 습속의 변화를 탐탁지 않게 여기고, 여자가 마땅히 해야 할 일을 하는 여가에 틈틈이 읽고 외운 것이라고는 오직 여성교훈서였으니, 여성들 중에 모범이 된다고 하겠다.

인용문에서 말하고 있는 세책집은 채제공의 아내 동복 오씨의 결혼 시기와 죽은 해를 감안할 때 대략 1740년대의 것이라 할 수 있고, 물론 지역은 서울이다. 본문에서 패설이라고 말한 것은 한글소설을 가리키며, 쾌가라고 부른 것은 세책집이다. 쾌가는 거간이라는 말인데,

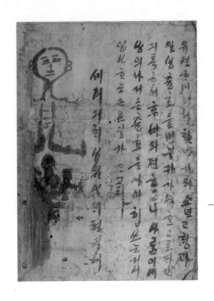

책 거간 곧 책 중개상을 뜻한다. 책을 사고파는 책 중개상이 세책업을 겸한 것인지 세책을 이렇게 표현한 것인지는 분명하지 않지만 서술된 영업 방식은 전형적인 세책이다.

조선 말기까지도 세책집은 비녀, 팔찌 혹은 그릇이나 솥 등의 물건을 담보로 잡고 책을 빌려주며 날수를 계산해 대여비를 받았다. 세책집의 규모를 정확히 밝히지는 않았지만 적게 잡아도 대출 소설의 종수가 100종은 넘는다고 할 수 있으니 후대 세책집의 소설책 보유 권수를 볼 때 수천 책 이상 보유한 집임을 알 수 있다. 세책은 조선 말기까지도 서울 외 다른 곳에서는 나타나지 않았다고 한다. 책 대여라는 것이 일정한 구역 안에 그 업소의 이익을 뒷받침할 수 있는 밀집된 수요가 존재해야 하니, 서울 이외 지역에서는 그 정도의 물적 기반을 지닌 곳이 없었음을 알 수 있다.

18세기 소설 세책의 성행에 대해서는 이덕무李德懋의 『사소절』
에도 기록이 있는데, "한글소설은 탐독해서는 안 되니, 집안일을 버려
두고 여자가 해야 할 일을 게을리하게 한다. 심지어 돈을 주고 그것을
빌려 읽는데, 거기 빠져서 가산을 기울인 사람도 있다"고 했다. 황종림
의 어머니처럼 하루 수십 권을 빌려보는 여성이 있는 집에서는 경제력
이 뒷받침되지 않으면 가산이 기울 수도 있을 것이다. 18세기 세책집이
서울 어디에 있었는지는 확인할 수 없지만, 채제공과 이덕무의 집과 활
동 공간을 볼 때 남대문 근처일 수도 있고 종로 부근일 수도 있다. 후대
의 기록을 보면 을지로 등지를 중심으로 서울 곳곳에 세책집이 있었음
이 확인된다.

궁궐의 임금과 비빈이 즐긴 소설
—

소설은 한 시대의 유행이었다. 임금부터 열독자였는데, 특히
영조는 『승정원일기』 곳곳에서 중국 소설 외에 『구운몽』 등 한국 소설
을 본 것으로 나온다. 『구운몽』은 영조 나이 58세, 68세, 70세 때 모두
세 차례나 보이는데, 영조는 작품이 "아주 좋다"면서 작가가 누구인지
신하들에게 묻기도 했다. 소설에 대한 깊은 관심은 영조에 의해 뒤주에
갇혀 죽은 사도세자도 마찬가지였다. 사도세자는 뒤주에 들기 며칠 전
에 남긴 『중국소설회모본』 서문에서 그가 보았던 것으로 추정되는 90종
에 가까운 소설 제목을 기록했다.

궁궐의 남성들만 소설을 읽은 것이 아니다. 비빈과 궁녀들은
훨씬 많은 소설을 읽었다. 이들 작품은 흔히 '낙선재본 소설'이라고 불

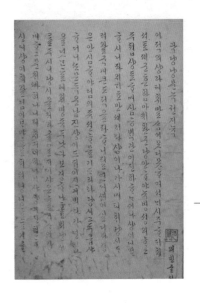

리는데 지금까지도 상당한 양이 한국학중앙연구원 장서각 등에 전하고
있다. 그중에도 『곽장양문록郭張兩門錄』은 정조의 후궁인 의빈 성씨가 필
사에 참여한 것으로 보이는 자료로 주목된다. 또 『한중록』을 보면 혜경
궁 홍씨가 어머니 상중에 여동생과 『유씨삼대록』에 대해 얘기하며 슬퍼
했다고 한다. 『유씨삼대록』은 연암 박지원의 『열하일기』에서 중국 통역
관의 수레에 놓인 것으로 소개되기도 한 작품이다.

하층의 소설 향유, 소설 출판과 낭독자

상층에서 향유된 소설은 대개 장편이며, 이들은 필사와 세책으
로 유통되었다. 반면 하층에서는 단편의 소설이 필사 외에 목판에 인쇄

되어 유통되었다. 글자를 모르는 사람들은 시장 등 사람이 많이 모이는
곳에서 이야기꾼이 읽어주는 소설을 들을 수 있었다. 18세기 종로의 한
담배 가게에서 어떤 사람이 패사稗史 읽는 것을 듣다가 영웅이 극도로
실의에 빠진 대목에 이르러 갑자기 눈을 부릅뜨고 입에 거품을 물고 담
배 써는 칼로 이야기꾼을 찔러 죽인 사건이 있었다. 이 사건에서 이야
기꾼이 읽어주던 패사가 『임경업전』이었음이 근래에 밝혀졌다. 『임경업
전』은 1780년 서울에서 간행된 것이 전하는데, 이런 작품이 하층에서
향유되었던 것이다.

　　　조수삼趙秀三, 1762~1849은 서울 시내에서 사람들에게 이야기를
들려주는 한 늙은이를 소개하는데, '전기수傳奇叟'로 명명한 이 노인은
동대문 밖에 살면서 매달 1일은 제일교第一橋 아래에 앉고, 2일은 제이
교 아래, 3일은 이현, 4일은 교동 입구, 5일은 대사동 입구, 6일은 종루

앞에 자리를 잡았다. 동대문 쪽에서 종로를 통해 광화문 광장 방향으로 올라갔다가 종각에 이르러 거꾸로 내려오고 다시 올라가는 식으로 장소를 옮겨가며 이야기했던 것이다. 그는 『숙향전』 『소대성전』 『심청전』 『설인귀전』 등을 읽었다고 하는데, 읽는 솜씨가 좋아서 이야기가 클라이맥스에 이르면 읽기를 멈추었고, 청중이 돈을 던지며 뒷이야기를 재촉하면 다시 구연을 시작했다고 한다.

소 설 의   도 시 ,   서 울
—

18세기 서울에는 최상층부터 최하층까지 소설과 이야기가 넘쳐흘렀다. 클로드 샤를 달레Claude Charles Dallet의 『한국천주교회사』(1874)는 19세기 초 조선에 와서 조선 민중 깊숙이 천주교를 포교했던 프랑스 신부들의 기록을 토대로 편찬된 책이다. 이 책에 "조선 사람들은 천성이 돌아다니기와 이야기하기를 좋아한다"는 기록이 있다. 외국인이 조선 사람의 특징으로 '이야기 즐기기'를 지적한 것은 이 책뿐만이 아니다. 현대 한국인이 영화와 텔레비전 드라마 등 대중서사극에 열광하는 현상의 원류를 보는 듯하다. 말하자면 한류의 근원인 셈이다.

　　1800년경 조선 전체 인구는 1,500만 명 정도였고, 서울 인구는 30만 명 내외였다. 이런 도시에서 과거 시험이라도 보면 십수만 명의 응시자가 몰리기도 했고, 19세기 후반에는 응시자가 20만 명에 이른 일도 있었다. 조선은 동아시아의 한구석에 있으면서 서양의 기독교가 세계에서 가장 늦게 전래된 곳이라 할 수 있을 정도로 국제적 소통과 교류가 뒤떨어졌고 경제적으로도 열악한 상황이었다. 이야기와 소설은 이런 위축된 상황에서도 조선인들의 삶의 욕망이 끓고 있었음을 보여준다. 조선에서는 극장이라는 것이 온전히 존재하지 않았고 마당극인 탈춤조차 전국적으로 늘 공연되는 것이 아니었으니, 전 국민을 사로잡는 서사물은 이야기나 소설밖에 없었다. 18세기 서울은 소설에 열광하지 않을 수 없었다.

〈참고문헌〉
정병설, 『조선시대 소설의 생산과 유통』, 서울대학교출판문화원, 2016.
이민희, 『조선의 베스트셀러』, 프로네시스, 2007.

정병설_서울대학교 국어국문학과 교수
한글소설을 중심으로 주로 조선시대의 주변부 문화를 탐구해왔다. 지은 책으로는 기생의 삶과 문학을 다룬 『나는 기생이다―소수록 읽기』, 그림과 소설의 관계를 연구한 『구운몽도―그림으로 읽는 구운몽』 및 『조선의 음담패설―기이재상담 읽기』와 『권력과 인간―사도세자의 죽음과 조선 왕실』 등이 있다.

계로 조직된 시민들이

수도를

함께 돌보고 지키다

18세기 조선의 수도 서울은 대개 화려하고 번화한 모습으로 묘사되곤 한다. 가장 널리 알려져 있는 것이 바로 성시城市를 묘사한 시문과 그림이다. 그 속에는 당대 조선의 다른 어떤 도시에서도 찾아볼 수 없는 서울만의 '발달'된 정경이 펼쳐져 있다. 그래서 종루鐘樓 주변으로 펼쳐져 있던 백각전百各廛의 다양성과 조밀성은 서울을 상징하는 대표적 이미지가 되었다. 기다란 도로를 따라 연이어 세워진 건물에, 색색의 물건을 종류별로 판매하는 가게가 들어서 있고, 사고파는 사람과 흥정을 붙이는 사람을 비롯해 구경꾼에 이르기까지 수많은 인파가 왁자지껄 떠들어대는 모습. 문학이나 예술작품에 남겨진 서울의 모습은 그렇게 '눈으로 보고 귀로 들은' 서울에 대한 기록이라고 할 수 있다.

'보이는' 서울은 조선 초기에 비해 양적으로 팽창하고 질적으

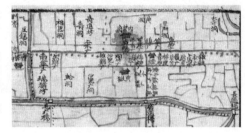

『청구요람靑邱要覽』 중 「도성도 都城圖」의 일부, 서울대학교 규 장각한국학연구원 소장.

종로鐘路을 중심으로 각종 전廛이 늘어선 모습이 잘 묘사되어 있 다. 이들 시전이 국역 체제에서 벗어난 것은 1894년이었지만, 해당 위치는 20세기에 이르기 까지 유지되었다.

로도 향상된 상업도시였다. 물론 당시 서울을 그린 작품 중 〈태평성시 도〉처럼 사실적 묘사와 거리가 먼 경우도 있는데, 이는 어디까지나 조선 의 사대부가 이상적으로 그리곤 했던 중국적 요소가 가미된 결과다. 하 지만 당시 묘사된 모습에 유통이나 소비, 또는 유흥에 이르기까지 당대 서울의 면모가 어느 정도 반영되어 있음은 분명하다.

18세기 서울에서는 그렇게 물질적으로 발달된 외양이 나타남 과 동시에, 자유로운 상업 및 상품 화폐 경제도 발달했던 것으로 알려 져 있다. 하지만 서울을 순수한 상업도시라고 하긴 어렵다. 왕조 국가 의 수도인 서울에는 왕실이 있었기 때문이다. 모든 재화와 서비스가 조 세 및 조달을 통해 집중되는 과정에서 유통이 활발히 이루어진 측면이 있기 때문이다. 즉 서울의 이면에는 왕실을 지향점으로 한 국역 체제의 유지를 위한 행정 도시의 면모가 숨어 있었다.

방은 없어도, 계는 있었다

—

화려한 겉모습 이면의 보이지 않는 서울을 살피려면 주민들에게 체화된 서울을 들여다봐야 한다. 18세기 서울과 그곳에 살던 사람들을 단 하나의 글자로 압축해서 표현해야 한다면, 단연코 '계契'를 꼽을 수 있다. 서울의 행정 편제에서 계가 새롭게 등장해 정착한 것이 바로 17~18세기이기 때문이다. 조선 초기 이래 서울의 행정구역은 '부部'와 '방坊'으로만 구획되어 있었다. 방위에 따라 동부·서부·남부·북부·중부로 구분된 5부가 있었고, 시기에 따라 다르지만 도로를 기준으로 나눈 46~52개의 방이 있었으니, 각 부에 평균 9~10개의 방이 할당되었던 셈이다. 부와 방 아래에는 자연 발생적인 촌락에 해당하는 동洞이나 리里라고 불리는 마을이 형성되어 있었다.

조선시대에 전체적으로 방의 숫자가 일정하지 않았던 이유는 서울의 인구가 증가하면서 행정구역도 확대 또는 개편되었기 때문이다. 예컨대 현재의 아현동, 연희동, 성산동, 가좌동, 증산동, 신사동, 갈현동, 불광동, 홍제동 등의 지역은 도성 밖 지역으로서 영조 때 이미 북부北部의 일부로 파악되고 있었지만, 방 이름은 부여되지 않은 상태였다. 그러다가 정조 때에 이르러 이들 지역이 연희방延禧坊, 연은방延恩坊 등의 명칭으로 구획된다. 그런데 방이 설정되지 않았던 시기에도 이들 지역에 아현계阿峴契, 연희궁계延禧宮契, 성산리계城山里契, 가좌동계加佐洞契, 증산리계甑山里契, 신사동계新寺洞契, 갈고개계葛古介契, 불광리계佛光里契, 홍제원계弘濟院契 등의 계가 구성되어 있었다는 점이 주목할 만하다.

행 정 도 시 서 울 의 잔 가 지 , 계

—

전통시대 농촌에서 형성되었던 계는 상부상조 또는 상호부조

─── 「도성대지도都城大地圖」의 일부,
서울역사박물관 소장.
각지의 계가 하나하나 표시되어 있
는데, 어떤 방에 속하는지도 병기
되어 있다. 예컨대, '권정승계權政
丞契' 위에 표시된 동그라미 안의
'송松'은 반송방盤松坊을, '미전상
계米廛上契' 위에 표시된 동그라미
안의 '석石'은 반석방盤石坊을 가리
킨다. 반송방과 반석방은 모두 서
부西部에 속한 방이다.

를 위한 조직이었다. 그래서 국립국어원 표준국어대사전에서는 계를
"주로 경제적인 도움을 주고받거나 친목을 도모하기 위하여 만든 전래
의 협동 조직"이라 설명하고, 한국민족문화대백과사전에서도 계를 "우
리나라에 보편적으로 존재하였던 협동단체"라고 정의한다. 이런 경우
의 '계契'는 '계稧'와 혼용되었다는 점, 현대에도 생명력이 다하지 않았다
는 점에서 우리가 상식적으로 이해하고 있는 '계모임' 수준을 크게 벗어
나지 않는다. 다시 말해, 특정 목적을 위해 사람들이 모여서 만든 것이
계다. 그렇다면 사전에서 설명하지 않고 있는, 조선 후기 서울의 행정
단위에 해당하는 계도 마찬가지로 이해하면 될까?

　　　방坊이라는 행정구역은 서울 외의 다른 지역에서도 찾을 수 있
지만, 계는 오직 한성부에서만 출현한 고유의 단위였다. 18세기 서울에
는 320개가 넘는 많은 계가 조직되어 있었다. 그렇다면 부와 방 아래에
동이나 리 같은 마을이 있는데도 굳이 계를 설정해 구분하려 한 이유는
무엇일까? 바꾸어 묻자면, 동·리와 달리 계는 어떤 특징을 가지고 있
었을까? 부·방이라는 서울 행정의 근간이 동·리라는 지엽에 이르지 못
한 공백을, 계가 메워주고 있었던 것은 아닐까? 만약 그렇다면 계는 당

계로 조직된 시민들이 수도를 함께 돌보고 지키다

계로 조직된 시민들이 수도를 함께 돌보고 지키다　　　　　335

대 서울의 이면을 이해하기 위한 열쇠라고 할 수 있을 것이다.

동 리 와 계 의 차 이 점
—

조선시대 한성부에서 관내의 동·리를 얼마나 철저히 조사하고 관리했는지에 대해서는 별로 알려진 바가 없다. 현재까지 파악된 18~19세기 서울의 동·리는 250여 개로, 계에 비해 그 숫자가 적다. 이는 동·리에 대한 면밀한 파악이 행정 당국의 과제나 관심사가 아니었음을 의미한다. 조선 초기에는 100호戶 단위의 주민 편제를 위해 리를 설정한 적도 있지만, 조선 후기의 동·리는 민간에서 자연적으로 형성되어 있는 것, 그 이상도 이하도 아니었다. 또한 동·리는 그 명칭이 주로 우물, 다리, 지형지물 등을 따르고 있었다는 점에서, 주로 지리적인 특성에 입각한 지역 단위의 구분이었던 것으로 보인다.

반면에 계는 정부가 모두 파악한 관리 대상이었다. 또한 계를 설치하고 폐지하려면 정부의 허가나 승인이 필요했다. 17세기부터 계가 발생하기 시작한 것으로 보이는데, 대개는 특정 목적을 위한 인적 결사체 형태였다는 점에서, 농촌의 계모임과 크게 다르지 않았다. 하지만 그렇게 형성된 계는 한성부에서 방역坊役 수행에 동원하기 쉬웠다는 점 때문인지, '부-방-계'라는 체계를 형성하며 서울 행정구역의 하위 단위로 성립되었다. 거칠게 말하면, 조선 초기 서울에서 리가 담당했던 자리를 계가 대체한 것이라고 볼 수도 있겠다. 그래서 계는 기본적으로 지역에 기반한 동·리와 중첩되는 경우도 있었고, 하나의 동에 여러 계가 구성된 경우도 있었다.

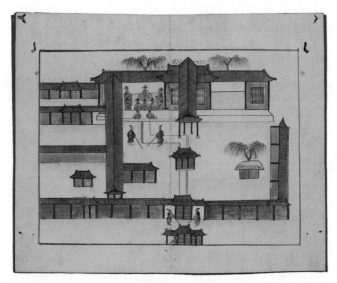

—— 〈의령남씨가전〉,「금오당랑계첩金吾堂郎契帖」, 국립중앙박물관 소장.

의금부 관원의 명단과 모임 광경을 기록한 계첩契帖의 일부다. 조선시대 사대부들은 친목을 즐기거나 풍류를 즐기기 위해 한 계모임을 그림이나 글로 남겨두곤 했는데, 동일 관청의 전·현직자를 중심으로 한 기록이 다수 남아 있다.

—— 『육전조례六典條例』「오부五部」및 「방리坊里」조의 도입부. 한국학중앙연구원 장서각 소장.

19세기에 이르기까지 각 부의 방별로 각종 계가 조사·관리되고 있었음을 잘 보여준다.

여기서 한성부의 방역이란 서울 사람들이 맡아서 처리해야만
했던 일종의 부역이다. 이해를 돕기 위해 몇 가지 예를 들면 장빙藏氷,
치도治道, 제설除雪, 운부運負, 현등懸燈 등이 대표적이다. 즉, 서울이라는
도시가 유지되기 위해서는, 빙고에 얼음을 보관하는 일, 도로를 닦는
일, 눈을 치우는 일, 짐을 나르는 일, 밤길을 밝히는 등을 매다는 일 등
을 누군가 해야만 했으며, 그 구체적인 분담 단위가 바로 계였다. 서울
은 저절로 움직이는 도시가 아닌, 사람이 하나하나 움직여야만 하는 도
시였다. 그리고 그 일을 맡은 것은 서울 주민 개개인이 아니라, 여럿이
모여 형성된 계였다.

거 대 한 역 의 체 제 를 지 탱 한 계
—

호적상 서울 주민으로 등록되어 있던 모든 사람은 정부에 의해
관리되는 계의 일원이었다. 계의 명칭에 동리명이 들어간 경우가 있는
데, 이는 지역적 구분과 계의 설정이 일치하는 경우라고 할 수 있다. 하
지만 계가 어디까지나 인적 결사체였다는 특징을 감안할 때, 어떤 사람
이 어떤 계에 속하는지는 결국 그 사람의 직업이나 소속과 연계된 문제
였다.

동리명이나 지형지물명을 제외하면, 계의 명칭은 주로 기관명,
시전명, 인물명 등을 따랐다. 예컨대, 계의 명칭 중 특정 기관의 '내계內
契'라고 표현된 경우가 많은데, 이런 경우에는 해당 기관에 소속된 사람
들이 그 계에 속해 있었을 가능성이 높다. 또한 갖가지 시전市廛 명칭이
들어가 있는 계는 해당 시전의 인적 조직이 계의 인적 구성과 일치하는

—— 〈신미갑계회첩辛未甲契會帖〉, 국립중앙박물관 소장.
신미년인 1631년에 태어난 사람들의 동갑 계모임. 친목을 위한 계모임을 묘사한 그림은 조선 중기 이
래 여러 점이 남아서 현존하고 있다.

경우였을 가능성이 높다. 특정 인물의 이름이 계 명칭에 들어가 있는
경우에는 그 사람의 위세가 어느 정도였는지 확인할 수 있는 단서가 되
기도 한다.

　　계가 인적 결사체였다는 점을 재확인할 수 있는 정보를 한 가
지 더 찾을 수 있다. 조선 후기 지도를 살펴보면, 중부처럼 도성 내 인
구가 밀집한 지역에서는 계의 밀도가 높고, 도성 밖 지역처럼 인구가
많지 않은 지역에서는 계의 밀도 역시 낮았다. 또한 특정 계는 인구의
증가에 따라 1계, 2계 등 번호를 붙여 세분화했는데, 이때 반드시 지역
적 팽창이 수반되는 것은 아니었다. 계의 목록을 잘 정리해 살펴보면,

────── 〈동국여도東國輿圖〉 중 '도성도'의 일부, 서울대학교 규장각한국학연구원 소장.
인구 밀도가 높아진 조선 후기 서울을 묘사한 지도다. 구획별로 빼곡하게 들어선 가옥은 특정 색깔로 도
색되어 기와집과 초가집으로 구별되고 있다.

장기적으로는 대체로 변화가 없었으나, 단기적인 생성과 소멸, 즉 조
정이 이루어지고 있었다. 국가가 파악하려 한 것은 지역별 인구 규모가
아니라, 지역별 인력의 배정 현황이었던 것이다. 조선 후기 서울은 거
대한 역役의 체제였으며, 계를 단위로 국가에 의해 관리 또는 동원되고
있었다.

군 사 동 원 단 위 로 서 의 민 방 위 체 제
—

17세기에 등장한 이래 서울의 주민을 동원하기 위한 인적 편

『어제수성윤음御製守城綸音』 중 〈도성삼군문분계지도都城三軍門分界地圖〉의 일부, 서울대학교 규장각한국학연구원 소장.

빨간색으로 표시한 금후禁後와 금우禁右는 각각 '금위영 후위', '금위영 우위'를 가리킨다.

제로 활용되었던 계는 18세기 들어 제도화되었고, 19~20세기에 이르기까지 지속되었다. 이는 현존하는 『어제수성윤음御製守城綸音』 『동국문헌비고東國文獻備考』 『호구총수戶口總數』 『육전조례六典條例』 등 각종 관찬 자료에서 계의 목록을 쉽게 확인할 수 있다는 점을 통해 알 수 있다. 그런데 이들 자료 중 일부에서는 도성 수비와 관련된 정보가 동시에 확인되고 있다. 예컨대 훈전訓前, 금좌禁左, 영중營中 등의 구분이 보인다. '훈전'은 '훈련도감 전위前衛'를, '금좌'는 '금위영 좌위左衛'를, '영중'은 '어영청 중위中衛'를 가리킨다.

이를 통해 계가 단순히 방역의 부과 단위로서만 기능한 것이 아님을 알 수 있다. 도성 수비를 위한 군사 동원 단위로서 계를 활용하고 있었던 것이다. 당시 도성을 지키는 '수도 방위군'은 훈련도감, 금위영, 어영청이었고, 이들 부대에 속한 군인들이 상비군으로 서울에 주둔하고 있었다. 군인을 제외한 나머지 서울 주민은 계를 편제 기준으로 이들 세 군영에 배속되어 일종의 민방위 대원으로 활약했던 것으로 보

계로 조직된 시민들이 수도를 함께 돌보고 지키다   341

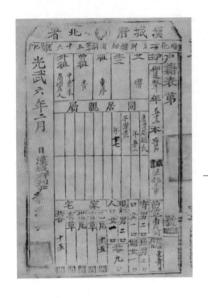

『고문서집성』 제58책, 「1902년 유원성柳遠聲 호적표」.

갑오개혁 이후 서울의 5부五部는 5서五署로 개편되었다. 이 호적표는 "한성부漢城府 북서北署 순화방順化坊 상패계上牌契 세포동細浦洞 제56 통 제9호"의 호주 유원성의 것이다. 20세기 들 어서도 서울의 행정구역으로서 '계'가 여전히 유 효한 단위로 기능하고 있었음을 보여준다.

인다. 이들 세 군영이 각각 전前·후後·좌左·우右·중中의 다섯 지역으로 분할되어 각 계를 관리하는 형태로 서울 인구 전체를 나누어 맡고 있었 다. 다시 말해 계는 세 군영씩 다섯 지역, 즉 열다섯 개 권역으로 나뉜 군사 조직 역할을 수행하면서, 군사도시로서의 서울을 유지했다.

계 를 통 해 조 직 된 유 기 체 로 서 의 서 울
—

처음에는 자연 발생적인 인적 결사체였던 서울의 계가 행정구 역으로서, 부역 동원 단위로서, 군사 조직으로서 활용되고 있었으며, 그러한 정비는 18세기 영·정조 때 이루어졌다. 또한 계는 시기에 따라 적절히 신설되거나 분리되거나 소멸되는 등 조정을 거치면서 단기적으 로 유동하는 인구를 반영했다. 건국 초기에 왕조의 새로운 수도로 계획된 서울의 모습이 다시금 새롭게 정비되었던 것이다. 이러한 변화는 도시가 팽창하면서 확장된 행정구역인 성 밖에서만 일어난 것이 아니라, 도성 내 주요 지역에서도 마찬가지였다.

그러므로 계는 지역을 관할하기 위한 것이었다기보다는 인간을 통제하기 위한 묶음의 단위였다고 할 수 있다. 그리고 그렇게 짜인 계를 통해 서울은 움직이고 있었다. 18세기 한성부는 잘 조직된 계로 엮인 하나의 거대한 유기체였다.

〈참고문헌〉
고동환, 『조선시대 서울 도시사』, 태학사, 2007.
양보경, 「朝鮮後期 서울의 人口 및 行政區域」, 『서울의 景觀變化』, 서울학연구소, 1994.
李相泰, 「古地圖를 利用한 18−19世紀 서울 모습의 再現」, 『서울학연구』 11, 서울학연구소, 1998.

──
조영준_한국학중앙연구원 한국학대학원 사회과학부 부교수
고문헌에 대한 깊이 있는 이해를 기반으로 경제학과 역사학의 접목을 통해 한국경제사를 입체적으로 조망하기 위해 노력하고 있다. 저서로 『조선 후기 왕실재정과 서울상업』, 『시폐市弊』 등이 있고, 공저로 『장돌뱅이의 조직과 기록』, 『잡담雜談과 빙고憑考』, 『조선후기 재정과 시장』 등이 있다.

계로 조직된 시민들이 수도를 함께 돌보고 지키다

모든

물건은

이곳으로 오라

어떤 시대의 도시가 가진 특징을 알 수 있는 방법 중 하나는 그 도시를 외부자의 시점에서 바라보는 것이다. 평양은 조선과 중국 간 사행로 선상에 있어서 사신들이 머무는 주된 경유지였다. 명대 사신들은 사행차 조선에 오면 평양에 머물면서 대동강에서 뱃놀이를 하거나 부벽루浮碧樓와 연광정練光亭을 비롯한 여러 명소를 둘러보았다. 청대에도 사신을 파견해 조선과의 교류를 지속했는데, 조선 내부에서 관심은 줄어들었지만 사행의 양상은 비슷하게 유지되었다.

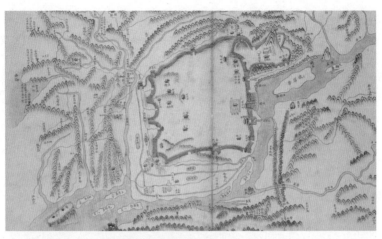

─── 「해동지도」, '평양부' 지도, 서울대학교 규장각한국학연구원 소장.
평양은 대성산과 장산에 둘러싸인 평탄한 지형의 도시다. 대동강과 보통강, 금수산 안에 세운 평양성은
내성, 외성, 북성, 중성으로 구성되었다.

청 나 라 사 신 아 극 돈 의 눈 에 비 친 평 양
—

중국 사신이 조선에 대해 기록한 자료가 다수 남아 있지만, 그 중에서 『봉사도奉使圖』는 그림을 통해 당시 조선의 풍경을 볼 수 있어 특히 흥미롭다. 『봉사도』는 만주인 아극돈阿克敦. 1685~1756이 사신으로 조선에 다녀가면서 지은 시와 화공이 그린 그림 20폭을 함께 담았다. 아극돈은 1717년에 두 차례, 1722년과 1725년에 한 차례씩 조선에 왔다.

그는 압록강을 건너 의주를 통해 입경했고 전례에 따라 의주대로를 따라 한양으로 가는 길에 평양에 들렀다. 중국 사신들이 평양에 오면 누각에 올라 대동강을 구경하거나 기자箕子에 대해 이야기했는데 아극돈도 마찬가지였다. 그런데 아극돈은 이와 함께 이 시기 평양의

—— 아극돈의 「봉사도」 제13폭.
평양 유람을 상징하는 행위는 부벽루나 연광정에 앉아서 대동강을 바라보는 것이었다. 이곳에서는 평양
의 대표적인 명소인 십리장림, 능라도 그리고 누각이 비치는 아름다운 대동강이 한눈에 보였다.

번영을 인상 깊게 본 모양이다. "옥과 금의 공납이 크게 통해 끊어지지
않으니, 어찌 평양이 가난해질까 걱정하리오", "도성이 번성해서 예사
스러운 곳과 다르다"라고 하면서 "안주와 황주, 평양, 개성 등 몇몇 큰
성은 다른 읍에 비해 번성했다"는 기록을 남겼다.

평 양 감 사 향 연 도

———

  "평안감사도 저 싫으면 그만"이라고 했다. 조선시대 사람들에
게 평양은 경치 좋고 기생으로 유명하며 돈이 넘쳐나는 풍류의 도시였

다. 평양은 고조선부터 존재한 역사도시였고, 고려시대에는 중요한 거점도시였다. 그리고 고려에서 조선시대 내내 사신들이 머무는 사행로의 경유지이기도 했다. 중국 사신들은 한양과 평양에서 오래 머물며 쉬었다. 관반사와 관찰사는 사신을 환영하기 위해 대동강 뱃놀이를 준비하고 부벽루나 연광정에서 잔치를 열었다. 여기에는 교방의 기생들도 동원되었다. 이 시기 화려하고 풍요로운 평양의 이미지는 김홍도의 작품으로 전해지는 〈평양감사향연도〉에 잘 나타나 있다.

　　18세기 시인 신광수가 쓴 「관서악부」에서도 비슷한 풍경을 발견할 수 있다. 이 시는 평안감사가 부임하면서 보게 되는 평양의 광경을 묘사했는데, 실제 상황을 보고 쓴 시는 아니지만 사람들은 시 속 평양의 모습이 상상으로 그려낸 비현실적인 광경이라고 인식하지 않았다. 이 시에서 감사를 맞이하기 위해 도열하고 잔치에 나오는 기생들은 한결같이 화려한 치장을 한 모습으로 묘사됐다. 연경 비단옷을 입고 고급 담배인 삼등초를 피우며 비녀와 장신구로 한껏 멋을 부렸다. 그래도 가장 화려한 모습은 잔치가 열리는 대동강 밤 풍경일 것이다. 108수로 이루어진 「관서악부」의 제47수에서 바로 이 장면을 다룬다. 이를 보면 〈평양감사향연도〉 중 '월야선유도'에 그려진 것과 같은 낮처럼 환한 야경이 얼마나 화려하고 성대했을지 짐작할 수 있다.

달 밝은 밤 풍악 울리는 연광정의 잔치엔	笙歌明月練光筵
붉은 사롱 등불을 서까래마다 달았네.	紅燭紗籠掛百椽
맑은 강을 두루 비춰 대낮처럼 밝으니	遍照澄江如白日
천장에 금빛 강 물결이 비쳐 일렁이누나.	金波藻井蕩相連

─── 전 김홍도, 〈평양감사향연도〉 중 '월야선유도', 국립중앙박물관 소장.

평양감사 부임을 환영하기 위해 잔치를 연 모습을 그렸다. 엄청난 인원이 동원된 대동강 뱃놀이는 화려한 풍류가 최고에 달한 광경이라고 할 만하다. 이 큰 폭의 그림에는 당시 평양 사람들의 모습이 자세하게 표현되어 있다.

—— 〈평양감사향연도〉 중 '연광정연회도'.

국립중앙박물관에 소장된 〈평양감사향연도〉는
세 폭이 남아 있지만, 미국 피바디 에세스 박물
관에는 여덟 폭의 그림이 소장되어 있다. 따라
서 원래는 다른 그림도 있었을 것으로 추측된
다. 이 그림에는 화려한 연회와 수많은 군중 이
외에 평양의 민가가 그려져 있어 그 점이 주목
을 끌었다.

부벽루에서 벌어진 잔치 풍경을 묘사한 그림이다. 부벽루 왼쪽에 있는 봉우리가 모란봉이다. 모란봉 뒤로 성벽이 둘러져 있다. 부벽루 오른쪽에 있는 건물은 영명사다.

풍요롭고 화려한 도시

—

수많은 사람을 동원해서 잔치를 열 수 있었다는 것은 평양이 경제적으로 번영했다는 의미다. 평양은 하나의 도시라기보다는 감영이 위치한 평안도 중심지라는 성격이 강했다. 또한 평안감사는 평안도의 군사와 재정을 관할했기 때문에 평양은 평안도의 물산이 모여드는 집산지였다. 평양이 중국에서 오는 사신을 맞고, 중국으로 보내는 사신을 배웅하는 길목이 된 것도 우연이 아니었다.

중국 사신이 오면 조정에서는 접반사接伴使, 외국 사신을 접대하던 임시직 벼슬아치를 보내 한양까지 안내하도록 했다. 이들이 일반적으로 이용하던 사행로는 의주에서 평안도를 관통해 한양으로 이어지는 의주대로여서, 사신이 오면 평안감사도 동행했다. 중국 사신들은 평안감사가 있는 평양에 머물러, 이곳에 평안도의 물력物力이 총동원되었다.

이렇게 사신을 접대하는 데 막대한 비용이 들었기에 평안도는 각종 세금 부담이 적은 편이었다. 그러나 평안도가 늘 부유했던 것은 아니다. 병자호란 이후까지 청의 사신이 자주 조선에 왔고 조선에서 청에 파견하는 사신도 많아졌다. 평안도는 이들을 대접하고 예물을 안겨주느라 엄청난 경제적 부담을 짊어져야 했다. 또한 토지가 척박해 농사에 적합한 땅이 적었고, 『속대전』에는 평안도 강변 7읍에서 화폐를 사용하면 사형에 처한다는 규정이 생겨났다. 이는 동전의 절대 수량이 부족한 상황에서 중국으로 동전이 반출되는 것을 막으려는 조치였다. 허락 없이는 함경도와 평안도를 오갈 수 없어서 상인의 활동에도 제약이 상당했다.

그러나 17세기에 점차 청과의 관계가 안정되면서 새로운 변화가 생겨났다. 병자호란 이후 전쟁이 일어날 수도 있다는 가능성 때문에 군사비를 마련해두는 차원에서 곡식과 돈을 쌓아두었으나 전쟁 위협이 줄어들면서 군비는 그대로 평안도 재정으로 흡수되었다. 마찬가지로 사신 파견이 줄어들면서 사신 접대 비용이 절감되자, 평안도도 과중한 부담을 덜게 되었다. 평양감영에서 축적된 자본은 상인의 자본으로 이용되었다. 1784년 평안감사를 역임했던 이성원李性源이 관서 지방에서 금을 캔다고 아뢰었던 것처럼 중앙 정부에 보고되지 않는 광산 수입도 있었다. 관서 지방은 물자가 가장 풍부한 곳으로 주목받기 시작했다.

16세기까지만 해도 조선은 일본과 명을 잇는 중계무역을 했지만 상황이 달라졌다. 청의 요구로 교역이 합법화되자 평안도의 상업도 활기를 띠기 시작했다. 17세기 중엽에 시작된 책문 무역으로 무역이 크게 증가했고 평안도 지역민이 참여할 여지가 많아졌다. 책문 무역은 중국으로 간 사행단이 오가는 과정에서 역관 또는 지방 관아의 무역별장들과 결탁한 사상인私商人들이 감행한 것으로, 공식적인 상행위가 아니라 비합법적인 밀무역이었기 때문에 후시後市라고도 불렸다. 아극돈이 『봉사도』에서 언급한 것처럼 평양은 안주와 황주, 개성과 함께 번성한 지역이었는데 모두 서로西路라고도 불린 서울-의주대로 선상에 있었다. 이 도로는 중국에서 서울, 다시 동래로 이어지는 조선의 간선도로인 동시에 일본과 중국을 연결하는 도로였다.

18세기에 이중환은 『택리지』에서 "부유한 상인이나 큰 장사치는 앉아서 재화를 움직여 남쪽으로는 일본과 통하며 북쪽으로는 연경북경의 옛 이름과 통한다. 여러 해 동안 천하의 물자를 끌어들여 수백만 금의 재물을 모은 자들도 더러 있다. 이런 자는 한양에 많이 있고, 다음은 개성이며, 그다음은 평양과 안주다"라고 할 정도였다.

이중환은 "온 나라 장사꾼이 모두 말에다 화물을 싣고 다니나 목적지가 멀면 비용이 많이 들어 이익이 적다. 그러므로 배에 물자를 실어 교역하는 이익이 더 많다"고 했다. 이 말은 평안도에도 해당되었다. 경강에서 평안도로 가는 뱃길에는 장산곶이라는 물살이 센 지역이 있어서 자유롭게 항해할 수 없었다. 16세기까지만 해도 이 지역의 해상운송을 금지했으나 조선 기술과 항해술의 발전으로 18세기 후반에는 장산곶을 경유해 자유롭게 항해할 수 있었다.

1782년정조 6에는 흉년으로 서울 지역의 쌀값이 폭등하자 이 문제를 해결하기 위해 평안도에 보관하던 관서미 3만 석을 서울로 옮기도록 했다. 이때 대형 선박인 경강대선으로 관서미를 운반했다. 그동안 장산곶 같은 급류 지역으로 인해 평안도는 폐쇄된 지역이었으나, 18세기 후반에 장산곶이 뚫리면서 해상 교통은 삼남三南과도 이어져 상인들의 활동 영역이 넓어졌다.

평양의 시장과 상인

—

18, 19세기 서유구의 『임원경제지』에서는 전국 각지의 시장을 간략하게 제시했다. 이 기록에 따르면 평양에는 관전장館前場을 비롯해 10개의 시장이 있었다. 평양은 다른 지역에 비해 시장의 수도 많고 다루는 품목도 많았다. 그러나 평양의 시장에 대한 기록은 그다지 많지 않다. 1905년에 간행된 『평양지』에 와서야 공식적으로 '장시場市' 항목이 생겨났다. 여기에서도 평양은 관서 지방의 큰 도시이고 북으로는 연경과, 남쪽으로는 동래로 이어져 여러 재화가 모여드는 '옛날의 페르

시아古之波斯' 같은 곳이며 길가에 연이어 있는 점포에는 없는 물건이 없다고 설명했다.

평양은 버드나무 많은 고장이라는 의미에서 '유경柳京'이라 했고, 평양 상인도 '유상柳商'이라고 했지만 그 구체적인 활동을 발견하기는 쉽지 않아 여러 기록을 통해 간접적으로 추측할 뿐이다. 『조선왕조실록』에 1733년 영유현永柔縣에서 근무한 윤득화尹得和가 올린 상소문에 따르면, 관서 지방은 농사하기 적합한 땅이 아니라서 백성들이 농사를 버리고 장사에 쏠려 따라가는 사람들이 열에 여덟이라고 했고, 1739년에는 조현명趙顯命이 근래 인삼이 부족한 이유가 관서 지방과 개성의 잠상潛商, 밀무역하는 상인 때문이라고 하는 대목이 나온다. 18세기 말의 대표적인 상품 작물인 담배는 평안도 성천에서 대량 재배되어 서울로 유통되었다. 놋그릇의 제조와 판매도 성행했다. 평안도 청정의 납청정에서 생산된 놋그릇은 박천 진두장津頭場을 거쳐 배편이나 육로를 통해 평양을 비롯한 서북 지방 일대로 상권을 넓혀나갔다.

평양 상인에 대한 공식 기록은 거의 없다. 그러나 남아 있는 야담을 통해 당시 사람들이 평양 상인을 어떻게 생각했는지 짐작할 수 있다. 야담 속에서 평양 상인은 주로 중국 무역상으로 나타난다. 조선 후기 야담집 『청구야담』에는 정鄭씨 성을 가진 상인이 평안감영에 진 빚을 갚기 위해 돈을 빌려 인삼과 모피를 사서 중국 남경에 팔러 갔다가 큰돈을 벌었다는 이야기가 실려 있다. 북한에서 전하는 구전설화에는 중국과 무역해서 부유한 상인이 된 전장복의 이야기도 전한다. 그는 우연히 서해 바다 가도에서 풍랑으로 배가 침몰되고 간신히 목숨만 건진 남경 상인 상리병의 사연을 듣고, 장사를 할 수 있을 만큼의 목돈을 빌려준다. 이후 상리병이 크게 성공해 은혜를 갚는다.

흥미롭게도 두 야담에서 평양 상인과 중국 상인은 서로에 대해 강한 신뢰를 보여준다. 사람들에게서 돈을 빌려 물건을 산 정씨 상인이 중국에서 성공할 수 있었던 것은 절친한 북경 상인이 도와주었기 때문이다. 장사하러 왔다가 타국에서 모든 것을 잃어버린 남경 상인은 생판 모르는 평양 상인의 도움을 받았다. 상리병은 집으로 돌아갈 노잣돈을 빌려달라고 했지만 전장복은 장사하는 사람이 빈손으로 돌아갈 수는 없다면서 장사 밑천을 대주었다. 국경을 초월한 상인으로서의 유대감을 보면, 평양 상인이야말로 진정한 코스모폴리탄이라 할 수 있다.

〈참고문헌〉
국사편찬위원회, 『거상, 전국 상권을 장악하다』, 두산동아, 2005.
김정설, 『평양전설』, 한국문화사, 1998.
오수창, 『조선후기 평안도 사회발전 연구』, 일조각, 2002.
정승모, 『시장의 사회사』, 웅진출판, 1992.
『청구야담』(전3권), 최웅 옮김, 국학자료원, 1996.

——
이은주_서울대학교 기초교육원 강의교수
한국 한문학을 전공했고 18세기 문인 신광수의 「관서악부」로 박사 학위를 받았다. 지역 문화와 지역 문인의 성격에 대해 관심을 가지고 있다. 20세기 초 개성 문인과 조선시대 평양 제영시에 대한 논문을 썼으며, 번역서로 『평양을 담다─역주 『평양지』·『평양속지』』, 공저로 『내가 좋아하는 한시』 『하루 한시』가 있다.

모든 물건은 이곳으로 오라

화산花山이 바라뵈고

물길 따라

버드나무가 우거진 도시

　　뒤주에 갇혀 비극적인 죽음을 맞은 사도세자의 무덤인 영우원永祐園은 야트막한 야산인 배봉산(지금의 서울시 동대문구 휘경동 소재)에 있었다. 1789년정조 13, 정조는 아버지 사도세자의 무덤을 풍수지리상 명당으로 알려진 구舊 수원읍(지금의 경기도 화성시 안녕동)으로 이전하고 그 이름을 '현륭원顯隆園'으로 고쳤다. 이로 인해 구 수원읍에 살던 원주민들이 이주할 곳이 필요해졌다. 오늘날의 수원은 이러한 역사적 배경하에 탄생했다.

정 조 가 건 설 한 신 도 시

—

『정조실록』에 따르면, 정조는 1793정조 17 1월 12일에 수원의 이름을 '화성華城'으로 고쳐 부르도록 명하였다. 본래 '화華'라는 지명은 고대 동아시아의 성군으로 추앙받는 요堯임금이 그곳의 문지기에게 세 가지 축원을 받은 고사로 잘 알려진 이름이다. 그런데 현륭원이 위치한 산의 이름이 화산花山이고, 한자 '花'는 '華'와 통하는 글자이므로 그렇게 고친 것이다. 정조는 아버지를 추모하는 마음과 요임금을 본받고자 하는 마음을 모두 담아 화성이라는 이름을 지었다.

신도시 화성의 축성은 1794년정조 18 1월 7일 시작되어 1796년정조 20 10월 16일 완료되었다. 화성의 둘레는 총 5,744미터이고 면적은 총 1만 3천 제곱미터. 성의 시설물은 여러 개의 문루, 수문, 공심돈, 장대, 노대, 포루, 각루, 암문, 치성 등 총 48개다. 이 정도 규모의 성을 3년도 안 되는 기간에 건설할 수 있었던 것은 과학적인 설계와 시공이 뒷받침되었기 때문이다. 뿐만 아니라 건설 현장에 투입된 백성들에게 공공노동의 대가를 비교적 합리적으로 보상해준 노임제勞賃制 또한 축성 기간 단축에 영향을 끼쳤다.

이 거대 역사役事의 총괄 디자이너는 당시 삼십대 초반의 젊은 실학자 정약용丁若鏞, 1762~1836이었다. 그는 중국의 축성 관련 전문 서적은 물론, 서양의 과학 서적까지 두루 연구해 기존 성과 차별화된 양식으로 화성을 설계했다. 또한 거중기를 고안하는 등 당대의 최신 과학 기술을 활용해 화성을 건설했다.

화성 성곽은 18세기 동아시아 성곽을 대표하는 빼어난 건축물의 하나로 꼽혀, 1997년 유네스코 세계유산으로 등재되었다.

자연과 어우러진 생태도시

—

화성 성역城役의 전 과정은 1801년에 발간된 『화성성역의궤華城城役儀軌』에 상세히 기록되어 있다. 『화성성역의궤』는 총 10권 9책 규모로 된 '화성건설백서'라 할 수 있다. 20세기 전쟁의 참화 속에서 화성이 상당 부분 파괴되었음에도 불구하고 다시 원형에 가깝게 복원할 수 있었던 것은 『화성성역의궤』의 방대하고도 정밀한 기록 덕분이다.

그런데 『화성성역의궤』를 보면, 신도시 화성이 군사·행정·상업 기능을 두루 갖춘 도시로 기획되었을 뿐만 아니라 자연과 어우러진 '생태도시ecological polis'로 기획된 사실이 엿보여 흥미롭다. 먼저 주목되는 것은 물길이다. 본래 인근의 광교산光敎山에서 발원한 물이 화성 성내를 관통하고 있었는데, 축성 과정에서 자연스러운 물길을 잘 살려 하천을 준설했다. 아울러 하천 범람의 피해를 막도록 여러 개의 수문을 만들고, 가뭄에 대비하고자 여러 개의 저수지를 조성했다. 『정조실록』 1800년정조 24 6월 1일자 기사에 이와 관련된 정조의 언급이 보인다.

수구水口가 크고 넓으면 백성이 풍요롭지 못하다고 말하는 사람이 있으나 한마디로 전혀 근거 없는 말이다. (…) 조정이 화성을 보는 비중은 주周나라의 기읍岐邑이나 한漢나라의 관중關中과 다름없으니, 백성의 생활 터전을 중시하는 정치를 조금이라도 소홀히 할 수 없다. 일만 석石의 물이 흐르는 도랑을 성 북쪽에 뚫고 아홉 길 높

—— 팔달문八達門. ⓒ김수영

화성의 4대문 중 남쪽 문으로, 축성 당시의 형태가 보존되어 있다.

—— **북암문北暗門.** ⓒ김수영
화성에 있는 다섯 개의 암문 중 하나로 벽돌로 축조되었다. 방화수류정과 동북포루 사이에 있다.

이의 보를 성 서쪽에 쌓음으로써 관개용수가 서쪽에서 남쪽으로 흘러가 마침내 온 경내에 미치고 다시 그 경내에서 멀리 팔도에까지 두루 미친다면 그로 인한 이로움이 어찌 넓고 크지 않겠는가.

– 『정조실록』 정조 24년 6월 1일자 기사

이처럼 화성의 물길은 본래의 자연스러움을 살리면서도 백성들의 수리시설로 적절히 이용될 수 있도록 조성되었다.

다음으로 주목되는 것은 나무 심기다. 정조는 화성 곳곳에 버드나무, 뽕나무, 개암나무, 밤나무 등을 많이 심을 것을 명했으며, 심지어 집에 나무를 심지 않을 경우 벌금을 징수하라고까지 했다. 『정조실록』 1800년 6월 1일자 기사에 다음과 같은 언급이 보인다.

우선 금년부터 나무를 심되 버드나무, 뽕나무, 개암나무, 밤나무 등 아무것이나 가리지 말고 많이 심어 숲을 만들어서 경관이 크게 달라지도록 하는 것이 또한 먼저 조처해야 할 일이다. 부읍府邑과 마을에 집집마다 나무를 심으라고 예전에 여러 번 지시한 적도 있지만, 집에 나무를 심지 않을 경우 구실을 징수한 것은 곧 『주관周官』(『주례周禮』의 별칭)에서 정한 법이다. 경卿은 부디 편한 대로 잘 조처하여 조정이 화성 백성을 위해 밤낮으로 걱정하는 지극한 뜻을 저버리지 말라.

– 『정조실록』 정조 24년 6월 1일자 기사

정조는 강가에 숲이 조성된 평양성의 사례를 참조하면서, 경관을 아름답게 하는 동시에 백성들의 살림살이에 보탬이 되는 나무심기

—— 〈장안문외도長安門外圖〉, 『화성성역의궤』.

를 적극 권장했다.

버들잎 형상의 도시

—

18세기 문인화가 이인상李麟祥의 〈유천점柳川店〉이라는 그림 왼쪽 상단에는 "유천점 봉놋방에서 장난삼아 패필을 잡다. 원령柳川店蓬爐. 戲拈敗筆. 元靈"이라는 관지款識가 보인다. 수원의 팔달산 남쪽에 버들이 우거진 시내를 '유천柳川'이라 불렀고, 거기에 유천점이 있었는데 이인상의 그림 속 유천점이 바로 그곳을 가리키는 것으로 추정된다. 이인상은 사근역沙斤驛 찰방察訪으로 있으면서 서울과 함양을 오갔는데, 그

—— 〈은구도隱溝圖〉, 「화성성역의궤」.
화성의 수구와 연결하여 조성된 상남지上南池와
하남지下南池 안팎에 나무들이 우거져 있다.

때 이 유천점에 묵곤 했던 듯하다. 수원은 삼남三南으로 연결되는 교통
의 요지였다.

유천은 18세기에 수원의 명소이자 상징적인 자연지형물로 꼽
혔던바, 수원은 '유천성柳川城'이라고도 불렸다. 이 점과 관련해 화성이
완공된 뒤 쓰인 「화성기적비華城紀蹟碑」의 다음 대목이 참조된다.

> 성의 둘레는 무릇 4,600보이니 도합 12리이고, 성의 모양은 가로
> 로 길게 비스듬하여 무르익은 봄의 버들잎 형상 같으니 이는 '유천'
> 이란 지명에서 취한 것이다.

가로로 길게 비스듬한 화성의 모양이 '무르익은 봄의 버들잎

형상'같다는 점을 말하고, 그런 모양을 취하게 된 이유가 '유천'이라는 수원의 오래된 지명과 관련 있음을 밝히고 있다. 그런데 『정조실록』 1794년정조 18 1월 15일자 기사를 보면, 꼭 그 이유만은 아님을 알 수 있다.

> 이 성을 쌓는 것은 장차 억만 년의 유구한 대계를 위함에서이니 인화人和가 가장 귀중한 것이다. 또 면 장래를 생각하는 방책을 다해야 하는데, 아까 성터의 깃발 세운 곳을 보니 성 밖으로 내보내야 할 민가가 있었다. 어찌 이미 건축한 집을 성역 때문에 철거할 수 있겠는가? (…) 화산과 유천이 서로 바라보고 있으니 우리나라의 억만 년 유구한 태평 시대를 여는 기업基業이 될 것이다. 성을 쌓을 때 버들잎柳 모양을 본뜨고 내 천川자의 형태를 모방하여 구불구불 돌아서 기초를 정하고 민가들도 성안에 들어와 살게 해야 할 터인데 경들은 어떻게 생각하는가?

본래 정약용이 제안한 설계 원안에는 성벽의 길이가 3,600보 (약 4.2킬로미터)로 되어 있었다. 그런데 최종 완공된 성벽의 길이가 1,000보나 늘어난 4,600보가 된 것은, 인화를 귀중히 여긴 정조의 뜻이 반영된 결과다. "어찌 이미 건축한 집을 성역 때문에 철거할 수 있겠는가?"라는 말에서 잘 드러나듯이, 정조는 화성 성역 과정에서 백성들의 보금자리를 함부로 철거하지 않게 했다. 그 결과 화성은 원안에 비해 좀더 가로로 길게 비스듬해진 버들잎 형상을 지니게 된 것이다.

〈화성전도華城全圖〉,
『화성성역의궤』.
화성의 성곽은 버드잎
의 형상으로 설계되
었다.

방 화 수 류 정

—

화성은 지금도 곳곳에 버드나무가 많지만, 그중에서 풍광이 아름다운 명승지로 단연 방화수류정訪花隨柳亭 일대를 꼽을 수 있다. '방화수류'는 본래 중국 송대 성리학자인 정호程顥가 지은 「봄날에 우연히 짓다春日偶成」라는 시 중, "꽃 찾고 버들 따라 앞 시내를 지나가네訪花隨柳過前川"라는 구절에서 따온 말이다. 그런데 이 시구 중 '화花'자는 '화산'과 관련지을 수 있고, '류柳'자는 '유천'과 관련지을 수 있으므로, 방화수류정은 화성의 미적 정수를 함축한 공간으로 볼 수 있다. 이서구李書九가 지은 「방화수류정상량문訪花隨柳亭上樑文」에 이 점이 잘 드러나 있다.

일만 송이 연꽃 같은 뭇 봉우리는 날아올라 춤추는 듯한 형세를 보이고, 일천 줄기의 버들 같은 긴 시내는 엄화계罨畵溪와 같은 풍광을 펼치네. (…) 드디어 목수에게 명하여 아름다운 건물을 세웠다네. 기다란 기둥이 물가에 미쳐 채색 무지개와 함께 구불구불 이어

──── 방화수류정과 용연의 버드나무. ©김수영

　지고, 높다란 난간은 별에 닿을 듯해 흰 띠 같은 시내와 구불구불 연결되네.

　인용문 중 "일만 송이 연꽃 같은 뭇 봉우리"는 화산을 가리키고, "일천 줄기의 버들 같은 긴 시내"는 유천을 가리키는 말이다. 방화수류정이 그 가운데 아름답게 세워져 있는 모습을 읊고 있다.

　박윤묵朴允默도 「방화수류정」이란 시를 남겼다.

　붉은 정자 사방에 구름 걷혀 새롭고　　　　　　紅亭面面拂雲新,

유천과 화산에 모두 다 봄이라네.　　　　　　川柳山花都是春.

다시 물고기 구경하며 호상의 즐거움 누리나니　　更有觀魚濠上樂,

유리 같은 천 이랑 물에 물고기들 푸르네.　　　琉璃千頃碧鱗鱗.

　　이 시 제2구의 원문에, "천류川柳"와 "산화山花"라는 말이 보인다. 이 시어 역시 '유천'과 '화산'이라는 화성의 두 상징을 표현한 것이다.

　　화산이 바라뵈고 물길 따라 버드나무가 우거진 도시, 18세기의 수원은 문화적 깊이를 지닌 그윽한 생태도시였다.

〈참고문헌〉

박윤묵, 「방화수류정訪花隨柳亭」, 『존재집存齋集』, 「화성십영華城十詠」 한국문집총간 292, 한국고전번역원.

『정조실록』, 한국고전번역원 고전DB.

『화성성역의궤』, 경기문화재단, 2005.

김동욱, 『실학 정신으로 세운 조선의 신도시, 수원 화성』, 돌베개, 2002.

박희병, 『능호관 이인상 서화평석: 회화편』, 돌베개, 2018년 근간 예정.

유봉학 · 김동욱 · 조성을, 『정조시대 화성 신도시의 건설』, 백산서당, 2001.

『이곳에 가면 수원의 역사가 보인다』, 수원시사편찬위원회, 2014.

김수영_서울시립대학교 국어국문학과 교수

한국고전산문을 공부하고 있으며, 고전을 중심으로 한국문학과 한국문화의 특질을 밝히는 데 관심을 두고 있다. 논문으로 「〈천군기〉 연구」 「〈어득강전〉의 희극성 구현 방식」 등이 있고, 번역서로 『새벽에 홀로 깨어−최치원 선집』이 있다.

18세기 도시

교류의 시작과 장소의 역사

ⓒ 정병설·김수영·주경철 외 2018

1판 1쇄   2018년 6월   8일
1판 3쇄   2018년 7월 30일

지은이 정병설·김수영·주경철 외 | 펴낸이 염현숙
기획·책임편집 구민정 | 편집 이현미 | 독자모니터링 김경범
디자인 엄자영 | 마케팅 정민호 이숙재 정현민 김도윤 안남영
홍보 김희숙 김상만 이천희
제작 강신은 김동욱 임현식 | 제작처 한영문화사(인쇄) 신안제책(제책)

펴낸곳 (주)문학동네
출판등록 1993년 10월 22일 제406-2003-000045호
주소 10881 경기도 파주시 회동길 210
전자우편 editor@munhak.com | 대표전화 031)955-8888 | 팩스 031)955-8855
문의전화 031)955-3578(마케팅) 031)955-2671(편집)
문학동네카페 http://cafe.naver.com/mhdn | 트위터 @munhakdongne
북클럽문학동네 http://bookclubmunhak.com

ISBN 978-89-546-5151-6 03900

www.munhak.com